hänssler

BIOGRAPHIE

Otto Riecker

... mit 60 fing mein Leben an

Pfarrer Dr. theol. Otto Riecker, 1896–1914 Pforzheim, 1914–1918 1. Weltkrieg, 1919–1923 Studium in Tübingen, Leipzig, Marburg, Berlin, 1923–1927 Vikar in Karlsruhe, Weinheim, Pforzheim, 1927–1935 Pfarrer Ahorn-Buch, 1936–1950 Heidelberg, 1950 Eppingen-Adelshofen

Die Deutsche Bibliothek – CIP-Einheitsaufnahme

Riecker, Otto:
... mit 60 fing mein Leben an / Otto Riecker. – 2. Aufl. –
Neuhausen-Stuttgart : Hänssler, 1996
(Hänssler-Biographie)
ISBN 3-7751-2683-X

Dieses Buch ist bereits als TELOS-Paperback Nr. 2013 erschienen.

hänssler-Biographie
Bestell-Nr. 392.683

Titelfoto: Lebenszentrum Adelshofen
Printed in Germany

Inhalt

Vorrede 7

Die Heimat 9
- Die Wurzel 9
- Zwei Welten 12
- Vor der Tür 14
- Die Weiche 17
- Junge Liebe 19
- Die bürgerliche Welt 21
- Der Einzug der Technik 24
- Das Vaterland 26

Der Krieg 34
- In der Uniform 34
- Der Wind bläst durch und durch 36
- Auch ein Krieg geht zu Ende 41

Werdejahre 46
- Theologe 46
- Die blaue Blume 48
- Ausweglosigkeit 52
- Kunst 57
- Berlin 59
- Idealistischer Vikar 62
- Hingegebenheiten 66
- Die Wende 68
- Neuanfang 70
- Die Gefährtin 73
- Das Morgenland 75

Der Aufbruch 78
- Der Ruf 78
- Neues Leben 80
- Die Partei 81
- Der Kampf 85
- Die »Gruppe« 89
- Großarbeit in Dänemark 91
- In der Mannschaft 93

Die Stadt am Strom 99
- Die langen Flure 99
- Begegnungen 102
- Pfarrermission 105

Psychologie ... 109
Krieg! ... 112
Überwacht ... 115
Die Niederlage ... 120
Die Schuttmasse ... 123
Überrollt ... 126
Kriegsverurteilt ... 128
Hunger ... 130
Ausbruch ins Freie ... 132
Leiden ... 135
Zwei Geschichtswerke ... 137

Die Erfüllung ... 141
Das kleine Dorf ... 141
Das Erwachen ... 145
Der Gnadenzug ... 148
Widerstände ... 152
Gemeinschaftsgestaltung ... 158
Erweckte Jugend ... 161
Die Lieder ... 165
Der Schritt ins Freie ... 168
Abschied ... 170
Die Bibelschule ... 174
Nöte mit Menschen ... 179
Das alte Pfarrhaus ... 182
Der Glaubensweg ... 184
Der Tiefpunkt ... 187
Die Kommunität ... 189
Welch ein Freund ist unser Jesus! ... 190
Ungeübte bauen ... 192
Wieder ein Haus ... 195
Die große Familie ... 197
Kontakte ... 200
Gott macht nicht Stop ... 204
Drollige Skala ... 206
Bewältigung des Alters ... 209
Was ist jetzt vorrangig? ... 214
Mühen um die Kirche ... 215
Die Geistfrage ... 220
Kommunikationsstelle ... 222
Erfüllte Tage ... 226
Ohne Sicherungen ... 227

Literaturverzeichnis ... 233

Vorrede
(kann überschlagen werden)

Literarisch interessierte Leser möchte ich hier zunächst etwas in die Überlegungen hineinblicken lassen, die ich vor Abfassung dieses Buches anstellte. Nachher wird der Ton anders. Man kann also auch frisch und fröhlich gleich bei der eigentlichen Erzählung (S. 9) beginnen.

Eine Autobiographie ist eine anspruchsvolle Sache. Was soll man schreiben? »Lebenserinnerungen eines alten Mannes«? Geschichtliche Erinnerungen? Selbstbetrachtungen? Selbstverherrlichungen? Kulturgeschichtliche Beiträge? Darstellungen eines frommen Wandels? Ungeschminkte Dinge? Ergebnisse eines reifen Lebens? Sichten, wie die Zeitgeschichte sein soll, wie sie ist, und wie sie von höchster Hand gesteuert wird?

Ist es ein literarisches Epos, das werden soll? Vielleicht mit Breiten und Längen, ein schwarz gewalztes Stück Leben gleich einer Asphaltstraße? Ein Kunstwerk? Eine psychologische Reflexion mit tagebuchartigem Einschlag? Eine Norm oder eine Ungewöhnlichkeit? Spritzig oder gelassen, schriftstellerisch oder erbaulich? L'art pour l'art, also nach reinen Kunstprinzipien, oder geführt? Steht die Person im Mittelpunkt oder Gott? Soll gestaltet werden oder berichtet? Sachlich oder persönlich? Lehrhaft oder überlassend? Vordergründig oder nur Hauptzüge? Illustrierend oder theoretisch? Sprache von heute oder von gestern? Roman oder Darstellung?

Wer soll es lesen? Literarisch Gebildete oder auf Erbauung Bedachte? »Außenstehende« oder »Gläubige«? Die Jugend vor allem, oder auch Alte, gerade die? Verständnisvolle, die um den Kampf eines Herzens wissen, oder Sensationshungrige? Soll der Atem einer Größe wehen dürfen, die Gott schafft, der Größe eines jeden Lebens, das aus seiner Hand hervorgegangen? Er hat durch viele Irrungen hindurchgeführt, zum Ziele hin. Dürfen sie sprechen? Ich muß mich schämen, wenn ich an sie denke, aber soll ich sie verschweigen? Soll ich sie von damals oder von heute her gesehen beschreiben?

Ich habe vieles überwunden, noch ist vieles zu überwinden. Bin ich fertig? Gewiß nicht! Aber ich kenne Gott.

Will mir jemand Antwort geben? Was soll ich machen? Nun, ich werde eben schreiben.

Dies soll eine Linie sein: Wie ich die Zeitgeschichte persönlich erlebte, und wie ich persönlich Gottesgeschichte erlebte. Und wie in dem allem sich meine persönliche Berufung herausschälte, die ich zuerst nur ahnte, die sich aber dann mit vielen Schmerzen durchsetzte.

Als Schreiber komme ich bei dem allem von selbst auf die Darstellungsweise des von mir geliebten van Gogh hinaus, wie er seine Gemälde schuf, mit klaren, kräftigen Strichen, einer nach dem andern, leuchtend und durchsichtig.

Vorwort zur 2. Auflage

1977 als 81jähriger hatte der Verfasser seine Biografie zum Abschluß gebracht. Zehn Jahre waren ihm danach noch vergönnt. Ein Leben voller Bewegtheit, auch im hohen Alter. Dazu ist ein weiteres Kapitel dieser Biografie angefügt (siehe Nachwort).
Nun, 20 Jahre später, wird dieses Buch wieder aufgelegt. Es hat nichts von seiner Aktualität und Lebensnähe eingebüßt. Viele Leser, namentlich im Senioren-Alter, haben aus dieser Lebensgeschichte Mut gewonnen, auch im Alter noch Neues zu wagen. Das Leben kann noch mal beginnen – auch mit 60 und darüber! Das zeigen die biblischen Gestalten, die Kirchen- und die Weltgeschichte und auch dieses Leben. Möchte diese Autobiografie in ihrer Neuauflage vielen jungen und alten Lesern eine Sicht vermitteln, was Gott aus einem Leben machen kann, das ihm zur Verfügung steht.

Peter Lohmann

Die Heimat

Die Wurzel

Jeder Baum hat eine Wurzel. Es sind die Eltern. Meist fängt man also bei denen an. Mein Empfinden geht viel weiter zurück. In der Tiefe fühle ich mich von den Vorfahren her geworden, von den vielerlei Handwerkern und Kleinbauern schwäbischer und wohl auch fränkischer Erde und ihren Frauen. Ich bin völlig, freudig bejahend Süddeutscher, nicht mit Selbstruhm, sondern als Geschöpf, als Produkt, als Gestalt. Unter anderen Arten. Aber ich liebe dieses Land, seine in fernem Dunst verschwimmenden Höhenrücken, seine frischen Auen. Nahe sind mir seine Menschen, die vor Jahrhunderten hier einwanderten, diese Gefilde besiedelten, aber nun die ihren wurden. Hell, freudig, duftig. Die Blumen sind ja so, die schönen, und ich liebe sie. Das Heitere, das die Süddeutschen haben, liebe ich, gerade weil ich so ernst bin. Mein Vater hatte es, und jener Großvater meiner Mutter, Bäcker und Wirt, der auf dem Heimweg zu den Klängen der Tanzkapelle unten aus dem Städtchen sich nochmal auf der Straße drehte. Es ist wohl auch ungarisches und waldensisches Blut in meinen Adern, so sehr ich Deutscher bin. Das macht die Musik, und das scharfe Denken. Ich liebe es. Beides. So bin ich geschaffen. Wie schön! Es ist schön, Mensch zu sein.

Manchmal hat es mich getroffen, daß meine Vorfahren aus Hohenstaufen stammen. Welch geschichtlich Ding! Ich bin ja zur Geschichte geboren. Ich sehe die Hohenstaufen wandern, die Kreuzritter, die Italienfahrer, die Herrscher, mit ihren Knappen, und wohl war auch einer darunter, der Riecker hieß. Rüger oder Rieger oder Rieckher, wie dem auch sei. In Rieck steckt reich, Reich, reg(ieren), in -her ist Heer, Gesinde, Herr. Also reich an Gesinde, Heerführer. Lauter Kommando, Regieren. Ach, es ist schwer zu regieren, zu leiten und auch zu kriegen. Christus lehrt uns das. Ich habe es schon manches Mal für gut erkannt, im Kriege gewesen zu sein, nicht wegen des Tötens, sondern wegen der besonderen Umstände, wegen der Beschlagnahme, wegen des großen Blickes und Verfügens. Denn Christi Reich ist größer und anspruchsvoller als das aller Heerführer.

So kommt der eine Stamm aus dem Württembergischen, von der Alb, weiter aus der Nähe Marbach und Heilbronn, von der badisch-württembergischen Grenze, und wanderte als Handwerker, der erste als Schmied, von Ort zu Ort. Zuletzt der Vater nach Pforzheim. Die Mutter ist aus alemannischem Holz geschnitzt, zäh, wie die Knollen der Schwarzwaldwurzeln, aus deren Welt sie stammte. Bei Nagold waren ihre Vorfahren daheim, und mein Großvater trug auf dem Rücken die Bilder und Spiegel über alle Berge, als er sie in der Wiener Bankkrise 1881 auf den Märkten feilstellen mußte, statt daheim seine Fenster zu fabrizieren. Auch er kam nach Pforzheim, und da fanden sie sich. In der Au, wo Enz und Nagold zusammenfließen – nun die Geschlechter.

Großmutter Helber, der früh Verstorbenen, muß ich hier ein Denkmal setzen. Sie war wie eine Blume Gottes, die zum Lob ihres Herrn unbeirrt blühte und still duftete. Ich hörte als junger Mensch von ihrer jüngeren Schwester etwa folgendes: Anna Maria Roller aus Egenhausen/Altensteig war jung bei ihren Verwandten in Wien; die Lebensart dort gefiel ihr aber nicht, so ging sie wieder heraus. Stille, Friedsamkeit, gutes Wesen liebte sie. Ein von ihr gestickter »Haussegen« unter Glas hängt gegenüber meinem Schreibtisch. Er ist mir wie ein Anruf, in ihrer Richtung zu gehen:

Wo Glaube, da Liebe,
Wo Liebe, da Friede,
Wo Friede, da Segen,
Wo Segen, da Gott.
Wo Gott,
da ist keine Noth.
M. R. 1867

Sie war ein feines Mädchen, die lieblichste von den Geschwistern, auch schön, großer Gestalt und edlen Gesichts, schlank und gütig. Zu ihrer Mutter kam Mutter Helber aus Haiterbach und meinte: »Du, deine Marie wäre eine Frau für meinen Christian.« – »Annemeile« wollte davon nicht viel wissen (sie hatte um des Herrn willen eigentlich ledig bleiben wollen, und Christian war bei aller Treue und Besorgtheit eine etwas rauhe Natur, ein gewisser »Rauhbauz«); sie sträubte sich, aber ließ sich schließlich doch bestimmen. Er war wenig damit einverstanden, als nach der Verheiratung Anna Maria in Pforzheim begann, in die methodistische »Kapelle« zu gehen, sie ließ sich davon aber nicht abhalten und hatte hier Grund und Freude. Im ganzen war sie sehr beliebt und geliebt, wo sie hinkam, auch in Pforzheim in der »Au« bei den Nachbarn. Sie redete der Erzählerin bei deren Hochzeit einigemal zu, sie solle doch nicht so traurig sein an ihrem Hochzeitstag; diese hatte wohl manches Unglück in ihrer späteren Familie vorausgeahnt. Auch tanzte sie an jener Hochzeit zum Erstaunen der Braut einigemal herum, »wo sie schon eine sehr fromme Frau war«. Sie kam einmal von Pforzheim auf Besuch heim, in den hübschen, städtischen Kleidern. Ihre Mutter, verwitwete Bäckerin, Wirtin und energische Ernährerin vieler Kinder, sagte zu ihr: »Wenn du nicht ein Häuble aufsetzt, gehe ich nicht mit dir ins Dorf.« Da zog sie das Baurehäuble ruhig auf, obgleich's nicht passen wollte zu den anderen Kleidern.

Ihr erstes Kind war Marie, später Mutter Riecker. Bald nach der Geburt des zweiten starb die junge Frau und der Säugling. An ihrem Lager saß wohl das »Meile« von Haiterbach, aber, »wie's halt mit so einem Meile ist«, – eines Morgens lag die Wöchnerin still im Bett, unter diesem war viel Blut, ein schönes, ruhiges Licht war erloschen.

In die Ferne nach Pforzheim hatte der jungen Frau deren Tante aus Egenhausen rührende Briefe geschrieben, von dem »Burburrögle« (Purpurröckchen), das der Herr für sie alle getragen habe. Die Schwester war auf dem Haus geblieben und hatte mit ihrem Mann die Bäckerei und Wirtschaft »Zum Löwen« übernommen. Sie ließ am Tag nach dem Tod ihres Gatten das Wirtsschild hereinnehmen. Auf ihm umrahmen Trinkgläser zwei Löwen, die eine helle Brezel in den Krallen halten. Es ist heute noch vorhanden, ein Zeichen, daß man die Bedeutung dieses Schrittes erkannte. Die bisherige Wirtin las nun einigen Männern aus dem »Brastberger«-Erbauungsbuch vor, sammelte Missionsgelder im Dorf ein und war überhaupt die »Missionarin« des Ortes. Später rief sie methodistische Prediger aus dem Nachbarstädtchen und räumte ihnen die bescheidene ehemalige Wirtsstube als Versammlungslokal ein. Ich stand schon in diesem ehrwürdigen Raum, bewegt von dem Gedanken, daß da eine Quellenstätte sei bis hin zu dem Werk in Adelshofen. Von dieser Familie und diesem hübschen alten Haus ging die lebendige Segenslinie in meinem Geschlecht aus und blieb auch bei der dortigen Verwandtschaft frisch. Der aufgeweckte, unbesiegbare, gerade und innige Sinn stammt von hier, meine Mutter hatte ihn.

So vereinigte sich Neckarland und Schwarzwald, Aufgeschlossenheit und Zähigkeit, Heiterkeit und Festigkeit miteinander, eine gute Mischung, als meine Eltern heirateten. Ich bin schon oft dankbar dafür gewesen. Man hat ja nichts, was man nicht mitbekäme, und diese einfachen Dinge sind wichtig, die Ausstattung fürs Leben.

Von Großvater Riecker muß ich nun erzählen. Es war der Vater meines Vaters. Eine poetische Natur. Diese hatte er wohl von seiner

Mutter. Als junges Mädchen diente sie lange in Augsburg im Hause eines reichen jüdischen Kaufmanns. Es gab dort wohl eine Liebestragödie, jedenfalls erschoß sich der Sohn des Hauses ihretwegen. Da folgte sie dem Ruf des verwitweten Seifensieders Riecker in ihr Heimatdorf. Es sind darüber noch reizende Briefe aus dem Jahre 1813 und ein Siegelring vorhanden, den sie ihm schenkte. Zeit ihres Lebens behielt sie wohl etwas Feineres bei. Jedenfalls bekam ich auf meine Erkundigungen die etwas zögernde Antwort, sie habe zum Ärger der Bäuerinnen immer einen Schurz angezogen, wenn sie die Betten machte. »Das tut doch sonst nur die Frau Pfarrer.« Sie starb jung, und »ihr letzter Wunsch war, daß man ihr tun möchte, wie in Jakobus 5, 14 geschrieben steht«, trug ihr Mann in die Familienbibel ein. Ihr einziges Kind, mein Großvater, war als Schreinergeselle lange in Hamburg Mitglied der »Lyra« und sang mit dieser vor dem greisen König von Dänemark, als dieser nach dem großen dortigen Brand im dänischen Altona erschien. »Der Wind spielte in den Silberlocken des Königs, die im Mondlicht erglänzten«, notierte Joseph in das überaus romantische Tagebuch jener Zeit. Als überzähliger Esser mußte der »Ausländer« während der Hungersnot 1848 nach der Heimat zurückkehren.

Auch dort war er gleich wieder Mitbegründer eines Gesangvereins, besprach allerdings trotz aller Romantik auch Vieh und hatte wohl deshalb allerhand Unglück in der Familie. Sein Zauberbuch verbrannte meine Mutter. Die Formeln von der Heiligen Dreieinigkeit und ähnlichem sah ich noch selbst.

Zwei Welten

Mein Vater erlebte als junger Eisenbahner 1888 das »Dreikaiserjahr« in Berlin. Bei den Feierlichkeiten zur Bestattung Wilhelms I. und Friedrichs III. und zur Krönung Wilhelms II. mußte er paradieren. Er erzählte oft von seiner Wander- und Soldatenzeit und betonte, in letzterer habe er Pünktlichkeit und Entschlossenheit gelernt. Früh strebte er aufwärts, und als ihm im Gesellenverein in der Schweiz eine rote Fahne gezeigt wurde, sagte er sich: »Damit habe ich nichts zu schaffen«, denn er wollte ja Meister werden. In Pforzheim kaufte er von einer Witwe das Blechnergeschäft, nahm aber nicht sie, sondern meine Mutter als Frau. In zwei Jahren hatten sie abbezahlt.

Die er heiratete, war als junges Mädchen in Wien und in Elboeuf gewesen. Zu Hause hatte sie eine Stiefmutter, dann noch eine zweite.

Sie war rötlichblond, darum hieß sie bei den Geschwistern »die Rot«. Sie habe wenig Liebe erfahren, deshalb wolle sie uns mehr von ihr erzeigen, sagte sie später (soweit ihr das Geschäft und ihre Natur das ermöglichte). Ihr Vater war so sparsam, daß er sie mit dem langsamen Personenzug nach Wien reisen ließ. »In Eutingen« (der nächsten Station) »hat es schon gehalten.« In Frankreich erlebte sie als Erzieherin der Kinder einer jüdischen Familie zwei gute Jahre, dann war sie das viele Fremd- und Fortsein leid und gab meinem Vater eine Zusage, als er ihr schrieb, ob sie nicht kommen und seine Frau werden wolle. Sie schaute immer an seiner Tüchtigkeit hinauf, und sie verstanden sich gut; ob da aber auch die eigentliche Liebe war?

Schon früh hatte das einsame Kind Gott gesucht. Ihre eigene Mutter war ja, wie erzählt, nach der Geburt eines zweiten Mädchens verblutet, ohne daß ihre Betreuerin dies merkte. Aber gewiß hatte sie für ihr erstes Töchterchen gefleht. Als Konfirmandin schickte dieses sich an, ernst zu machen, aber ihr Vater sagte: »Mädle, mach's no net z'arg, immer der goldene Mittelweg!« Er las zwar täglich aus dem »Starcken-Buch« zur Hausandacht und war ein ehr- und strebsamer Handwerksmann, aber ob er je seine erste Frau, die Methodistin, verstand? Um ihn nicht herauszufordern, schloß sich jedenfalls meine Mutter der fast identischen »Evangelischen Gemeinschaft« und nicht den Methodisten an, als sie sich bei letzteren bekehrt hatte.

Hierzu griff Gott in ihr Leben ein. Vater brachte einen Dachkanal an einer dreistöckigen Villa an. Er trat wohl fehl und fiel vom Gerüst mit dem Kopf voraus in die Tiefe. Er erinnerte sich, daß er beim Militär eine Kniebeuge vollzogen hatte, um den Stoß aufzufangen, und beschloß, eine Armbeuge zu machen. So schlug er sich nur die Stirn auf. Man brachte ihn aber besinnungslos nach Hause. Meine ältere Schwester stürzte mit sechs Jahren durch ein offenstehendes Loch im Hof auf die Holzkohlen des Kellers und schlug sich die Schläfe auf. Durch ein Röhrchen mußte dann der Eiter abfließen. Diese Schrecken und die langanhaltenden Schmerzen ihres Kindes, das schon schrie, wenn der Arzt in seiner Kutsche um die Ecke bog, waren die Veranlassung, daß sich nun die junge Frau nicht mehr abhalten ließ zu suchen, bis sie gefunden hatte. Durch alle Kirchen und Gemeinschaften der Stadt sei sie gegangen, erzählte sie oft, bis sie bei einer Evangelisation in der »Kapelle« Frieden gefunden habe.

Ihre Freude war groß. »Wenn Friede mit Gott meine Seele durchzieht... Mir ist wohl, mir ist wohl in dem Herrn« sang sie, oder: »Ich weiß einen Strom...« Als sie während eines Ferienaufenthaltes auf dem Bierhälder Hof bei Heidelberg, wo ich den Schmetterlingen nachrannte, sagte: »Bub, dir ist's aber wohl!« erwiderte ich keck: »Mama, du singst ja auch den ganzen Tag: ›Mir ist's wohl!‹« Daher weiß ich es. Ihr Singen zeigte mir etwas mir Unbekanntes und Großes in ihrem Leben.

Das war die Spur. Auf dieser echten Fährte hat sich Jesus meinem Leben genaht, auf dem Glauben meiner Mutter. Es gab noch viele Nöte und Kämpfe, auch Auseinandersetzungen mit diesem Glauben, aber hier war der Weg.

Das Klima aus dem Heimatort meines Vaters war ein ganz und gar weltliches. Bestimmenden Einfluß übte dort durch 40 Jahre ein liberaler Pfarrer aus, Jäger und Raiffeisen-Gründer. Die Christin seufzte oft über diesen Geist, wie er auch in der Mutter und in den zeitweise bei uns lebenden Brüdern meines Vaters wohnte. Ich vermute, deren Welt war auch okkult besetzt. Nie fanden wir Kinder ein wirkliches Verhältnis zu unserer Großmutter – gewiß auch aus eigener Schuld und der ihrer Schwiegertochter. Auch zu Vater hin bestand ein Graben, was die Glaubensdinge anbelangte. Als wir schon heranwuchsen und mehr von diesen Dingen verstanden, wurde er mehr »Außenseiter«, so nett und fröhlich er war, und so lieb es in der Familie zuging. Mutter konnte sagen: »Vater ist eben nicht gläubig.« Das hemmte und trennte uns. Ein verbindendes Wort darüber hätte wohl gefunden werden sollen.

So ging der schmerzliche Riß, der um Jesus, schon durch unsere Mitte. Wir vier Kinder besuchten die Schülerbibelkreise und waren stark zentral eingestellt; meine beiden Schwestern wurden bewußt gläubig. Sonntag früh schritten sechs Paare einträchtig hintereinander die Straße hinab zur Kirche; Vater war Kirchenausschußmitglied, nicht uninteressiert, aber einen vollen Schritt tat er nie. Die durchdringende Weltlichkeit der Gesinnung und wohl auch seiner Herkunft war einfach eine Realität, von der er nie loskam. Mutter konnte nicht mit ihm in Urlaub gehen und er in Mode und Lebensauffassung nicht der ihre sein. Hier wurde uns diese letzte Scheidung, Berufung und Versagung vorexerziert, die mit Jesus in die Welt kam; wiedergeboren und nicht wiedergeboren. Es kamen Kompromisse, Brücken, aber der Tatbestand blieb.

Vor der Tür

Ich sehe ihn noch vor mir stehen. Eine lange Gestalt. Der Vikar. Er hatte die Frage an uns gestellt, an Mutter und mich, ob ich nicht an den Schülerzusammenkünften im »Melanchthonhaus« teilnehmen wolle. Gerne bejahten wir. Das war der Anfang meiner christlichen Laufbahn, was Gemeinschaft anbelangt. Als ich, ein Obertertianer (9. Klasse), zum erstenmal dort war und er so viel vom »B.-K.« redete, wußte ich nicht, was das war. Es bedeutete »Schülerbibelkreis«. Ich sollte dies noch erfahren, denn nun vollzog sich, alsbald statt bei den »Kindern« bei den »Großen«, mein Schülerleben unter diesen jungen Menschen. Heute sehe ich, daß das ein Teil der Erweckungsbewegung war, die damals durch die Lande ging. Ich stand für mich persönlich darin, wuchs hinein in ein vom Glauben her bestimmtes Dasein, ohne das Letzte zu erreichen.

Ich blieb vor der Tür. Ich liebte Jesus, rief ihn an in meinen Schülernöten, las morgens die Bibel, ging mit auf »Ferientour« und war dort sogar des »Obersten« »Adjudant«. Er, der Vikar, wartete im Schulhaus am Bodensee, wo wir einquartiert waren, vergeblich auf Besuch von uns jungen Leuten oder lud mich zu Hause zu sich ein. Es kam – leider – zu keiner Aussprache; ich hätte mir so manche Jugendnöte erspart und hätte voll zu Jesus gefunden, dem ich zugetan war. Aber vielleicht war der Freund zu ernst, fast finster und wir alle zu einem solchen letzten Schritt ihm gegenüber zu gehemmt und unfrei; die Zeit war wohl noch nicht reif. Irgendwie mußte der Leiter Fähigkeiten bei mir entdeckt haben; er ließ mich eine biblische Einleitung machen, die noch ziemlich nach seinen Unterlagen ausfiel, und zum Geburtstag wünschte ich mir von den Genossen dieser Jahre ein biblisches Handwörterbuch.

Ein schönes Jugendleben entwickelte sich. Wir waren weitaus die stärkste Jugendgruppe, und mit 100 oder 120 Leuten marschierten wir durch die Straßen. Wir trugen die Speere mit den Filzpfropfen geschultert und sangen: »Brüder, seht die Bundesfahne...« Der eifersüchtige Sportlehrer, der Leiter der kleineren »Jungdeutschland-Gruppe«, nannte uns die «Hallelujachristen». Mutter liebte uns sehr und lud uns ins Haus ein, einmal auch zusammen mit den M.-B.-K.-lerinnen (Mädchen-Bibel-Kreis). Wir Älteren feierten beim Sommerhäuschen meiner Familie draußen vor der Stadt ein einmaliges Gartenfest mit Lampions, Johannisbeertorte und »Mariechen saß auf einem Stein«, der Jüngste wurde da umkreist. In einer kleinen Hütte weiter oben saß der einzige, der im Geruche stand, »bekehrt« zu sein, spielte Laute und sang. Er ist dann gleich zu Anfang des Krieges gefallen. Auch wir Jugendfreunde und Gottesreich-Anwärter wurden später alle auseinandergerissen und fanden nicht mehr zusammen.

Von meinen Eltern hatte ich zum 18. Geburtstag eine schöne neue Taschenbibel mit umlegbaren Klappen erhalten. Wie rein waren diese Seiten und der Druck darauf. Diese Heiligkeit und Sauberkeit sprach mich besonders aus Lukas an. Als meine Schwester eines Abends vom B.-K. nach Hause kam und rief: »Mutter, ich habe den Heiland gefunden!«, beneidete ich sie tief. Nach dem Weggang des ersten Vikars hatten wir uns in einem Kreuzbogengewölbe des alten Schlosses zu einer Gebetsgemeinschaft zusammengefunden. Da drängten mir Not und Sehnsucht die Worte über die Lippen: »Herr, es ist jetzt Advent. Komm auch zu mir!« Mit Tränen in den Augen und tief bewegt ging ich nachher mit den anderen den Schloßberg hinunter.

In jenen Jahren um den 1. Weltkrieg herrschte reges religiöses Leben. Jakob Vetter hörte ich in einem Zelt auf dem Turnplatz predigen. Als Student sah ich Samuel Keller in Reutlingen auf der Kanzel. Den jungen Vikar schaute bei einer Freizeit auf dem Thomashof Ernst Lohmann mit seinen blauen Augen an, und man scheute sich beinahe, hineinzublicken. In der »Evangelischen Gemeinschaft« der Heimat waren wahre Gottesmänner an der Arbeit. Sie knieten, bevor sie sprachen, und schütteten Gott ihr Herz aus. Auch ich kniete, auf einem kleinen Taschentüchlein, mit in einer der Reihen. Heiligkeit, Ehrfurcht und tiefer Glaube ging von diesen Botschaftern im Gehrock aus. Der Chor sang, auch er war durchdrungen. Man wußte, viele aus ihm beteiligten sich an der Seelenrettung und Trinkerarbeit. Am Schluß stand der Prediger am Ausgang und gab die Hand. Alles im Saal war so vertraulich, persönlich und nahe. – Der erste Eindruck, den ich von einem bezeugenden Christen überhaupt hatte, war der in einem früheren Lokal jener Gemeinschaft. Die blitzenden blauen Augen des Sonntagsschullehrers, wie sie mich kleinen Mann beim Reden anblickten, sind mir sehr denkwürdig. Dem Primaner, der von einem ihrer Gottesdienste nach Hause ging, näherte sich ein Herr aus jenem Kreis und fragte ihn, ob er nicht bei ihnen Prediger werden wolle. Meine Mutter gehörte hierhin und zugleich zur Landeskirche. Ich zog es vor, in deren größerem Raum zu bleiben. Aber viel von erwecklich-aktivem und erwecklich-gemeinschaftsmäßigem Leben habe ich dort kennengelernt. Als ich jenen ersten Lehrer bei der 50. Feier meines Abiturs tags zuvor nach ihrem Gottesdienst wieder traf, umarmte ich ihn im Vorraum des Saales. Verwundert stand der Prediger dabei: Er hatte sich wohl vor seinem Stuhl, aber nicht mehr wie früher auf der Kanzel niedergekniet, und auch die Gemeinde stand nun beim Beten aufrecht.

Die Weiche

Sollte ich Theologe werden? Unser Kontorfräulein prophezeite mir dies des öfteren. Aber ich widersprach heftig. Ich sollte und wollte ja Blechner werden. Mein Vater rief mich Vierzehnjährigen eines Tages zu sich. Er saß auf dem Sofa und hielt Pläne auf den Knien. »Siehst du – ich kann das Haus gegenüber kaufen und diese Fabrik in den Hof bauen, aber nur, wenn du Blechner wirst. Sonst spare ich mir die Mühe und bleibe im alten Haus.« Ich bejahte. Die roten, weitläufigen Linien gefielen mir. Pläne haben mich noch stets gelockt. Ein zweckmäßiges, großes Anwesen! – und für mich! So wurde das Haus gebaut.

Ich hatte immer gern im Geschäft gestanden. Schon als Kind sehe ich mich in einer Holzkiste mit Blecheinsatz, später nagelte ich diese zu. Als Primaner vertrat ich das »Fräulein« 14 Tage in den Ferien und freute mich, Telefon, Schalterbedienung, Bucheintrag und Weitergabe an die Arbeiter »schmeißen« zu können. In der Kasse lagen in einem besondern Blechbüchschen die blanken Goldstücke. Aus ihnen wurde mein Schulgeld bezahlt. Aber als es soweit war, daß ich aus dem Gymnasium austreten sollte, wollte ich nicht. Warum? Ich wußte es selbst nicht. Hatte der Humanismus das Herz berückt? Hatte ich zuviel gelesen? Ich war eine schreckliche Leseratte, schon so etwas wie ein unersättlicher Geist. »Alter Leser« nannten mich die Geschwister. Meine Mutter ließ mir die Schülerbibliothek sperren – ich ging in die volkstümliche Bücherei und las weiter. Eine Brille saß über den kurzsichtigen Augen. Mama riet mir klug, aber erfolglos, in den Wald zu gehen, die grüne Farbe täte den Sehorganen gut.

War jetzt eine unsichtbare Weiche gestellt? Hatte der Schülerbibelkreis hereingewirkt? Als ich so herumlief und druckste, fragte mich meine Mutter: »Otto, was hast du?« Ich: »Ach, nichts.« – »Doch, du hast etwas! Gelt, du willst nicht Blechner werden?« Nun war das gefürchtete Wort da. Ich sagte: »Nein!« – »Ja, was denn dann?« »Pfarrer!« kam es heraus. Da fiel sie mir voll Freude um den Hals. Ich war baß erstaunt. »Ja, aber der Vater will doch haben, daß ich Blechner werde!« – »Laß mich nur, ich werde schon mit ihm reden.«

Mutter hatte einmal ein Gelöbnis getan. Als damals der Vater vom Bau gefallen und die Schwester in den Kohlenkeller gestürzt und beide mit dem Leben davongekommen waren und sie dann den lebendigen Glauben gefunden hatte, sagte sie: »Herr, ich bin nur eine Handwerkerfrau, ich kann nicht predigen. Aber wenn du eins oder zwei meiner Kinder als deine Diener haben möchtest, will ich sie dir gerne geben.« Nun war ihr Gebet erhört, und auch meine jüngere Schwester trat in den Dienst Gottes.

Mein Vater war damit zufrieden. Er hatte ja noch einen zweiten Sohn, der allerdings dann ebenfalls nicht von Herzen Blechner geworden und es auch nicht geblieben ist. Ich lernte also schnell in den Ferien bei einem Studenten Hebräisch nach und konnte dann nach dem systematischen Pauken fast mehr als die anderen »Freiwilligen«. Der Weg war eröffnet.

Von Hause brachte ich wohl die bürgerliche Lebenswelt, aber wenig eigentlich geistige Tradition mit. Ich hatte bis dahin wohl viel gelernt, aber unbewußt und schülermäßig durchlief ich das alles. In der ersten Gymnasialklasse hatte ich mit tiefer Beteiligung »Wolfzahn, der Siouxhäuptling« gelesen und am Anfang des Lateinunterrichtes von den griechischen und römischen Göttern gehört und gemeint, diese existierten wirklich.

Sollte man nun an sie glauben? Eine Sprache nach der anderen war dazugekommen, und ich war da immer etwas säumig. In einem der mittleren Schuljahre hatte mich zwar einmal der Lehrer »seinen Geschichtskenner« genannt und mir aus Frankfurt eine Ansicht von dem Römerberg, »der deutschen Krönungsstätte«, gesandt, aber ich verstand ihn nicht. Der Sprache wegen schickten mich meine Eltern nach der dritten und vierten Klasse während der Ferien im Austausch nach Paris und in die Nähe von Lyon; ich sah auch viel, aber ich war zufrieden, wenn ich im Park Schiffchen spielen oder im Hof in einer Kistenhütte wohnen konnte. Immerhin machte mir der Eiffelturm und die Sicht auf das dunstige Paris starken Eindruck; Versailles, das Königsschloß, und seine Springbrunnen nicht minder; die großen Museen mit ihren Bildern und naturwissenschaftlichen Raritäten durchlief ich staunend. Aber dann saß ich stundenlang vor einer »Tombola«, wartete, ob die Nummer meiner Eintrittskarte auf dem Zahlenanzeiger erscheine, oder ich rannte frühmorgens in den Jardin de Luxembourg und holte mein primitives Segelschiff vom Brunnenrand, das ein deutschenhassender Junge tags zuvor in die Mitte des Bassins geschleudert hatte.

Die geistige Welt ging mir erst langsam auf. In der Prima las ich Rohrbachs »Weltgeschichte«, Naumanns »Mitteleuropa« und Jäckhs »Bagdadbahn« und wetzte im Abitur in Geschichte andere Schönheitsfehler aus. Ich betete, bevor ich den Preisaufsatz über den literarischen Höhepunkt in Homers Ilias machte, und wurde erhört. Ein junger Lateinlehrer führte uns in die römische Kaiserzeit ein, und die Stunden über Tacitus' »Annalen« sind mir in ihrer hingerissenen Intensität unvergeßlich. Ich bedankte mich nachher bei diesem spröden Mann. Dem Herangewachsenen tat sich sacht ein Tor auf. Der Kriegsausbruch sollte es zunächst wieder zuschlagen.

Junge Liebe

Eine große Freundschaft verband mich Primaner mit einem Schüler der Klasse unter mir. Vorher hatte ich einem gleichaltrigen meine Herzensgeheimnisse anvertraut. Als ich zum B.-K. ging, hörte das auf. Ich sei ein »Pietist« geworden, meinte er, und ob denn alle Menschen verlorengingen, die das nicht seien? Im B.-K. kam dann der Jugendfreund zu mir, ich lernte mit ihm Englisch, trank in seinem Hause nachher Kaffee, er begleitete mich, Hand und Arm verschränkt, heim und ich wieder ihn. Ebenso war meine Schwester mit der seinen befreundet, und morgens pendelte ich mit ihnen ein Stück unseren Schulen zu. Es war ein Duft der Jugend und der Reinheit auf diesen Wegen. Erst als ich Soldat war, wurde die Freundschaft zwischen den beiden Mädchen von außen her getrennt, vielleicht weil man glaubte, weiter zu sehen. Auch den Freund verlor ich durch den Krieg. Er kam in eine andere Ausbildung, und ich schloß mich einem neuen an. Alle drei rückten wir dann in der engsten Mannschaft ins Feld, aber da war der Wechsel schon vollzogen.

Später entschuldigte ich mich einmal, daß ich mich einfach so ab- und dem andern zugewandt hatte. Ich sah ihn im zweiten Krieg als Offizier mit eisernem Gesicht eine Bahnhofshalle durchschreiten und besaß nicht das Herz, ihn anzurufen. Als Gefangener ist er dann in Rußland verhungert. Einem Kameraden gab er noch seine Uhr mit heim. Das erzählte mir später wehmütig seine Schwester.

Das waren die Jahre des ersten Verliebtseins, und auch mich berührte diese Macht. »Oh, daß sie ewig grünen bliebe, die schöne Zeit der jungen Liebe« wurde von anderen aufgesagt und von mir empfunden. Es ist ja so, daß oft schon der Blick eines Auges genügt, um einen wegzunehmen. »...und überhaupt schwärmt der Pennäler jede Woche für eine andere«, wurde im B.-K. einmal gesagt, und empörte mich, aber es war etwas daran. Ein Eingeständnis ist hier notwendig. Sichtlich ist der Reiz, der von der »anderen Seite« ausgeht, so groß, daß er immer wieder seine Wirkung hat: zunächst als Reaktion, Antwort aus dem eigenen Herzen, das ebensoschnell agiert, dann als Bewußtwerden dieser Vorgänge als Aufgabe, schließlich als Einordnung ins Lebensganze und zur Überwindung. Seiner Lebetage ist man hiermit nicht fertig; man braucht Jesus, um darin überhaupt durchzukommen.

Als ein kleines Ding mich Buben einmal »Otto« anrief, traf mich dieser nie fehlende Pfeil. Ihr Name trug das adelige »von«; ich habe sie dann weiter nicht mehr gesehen.

Eine Verwandte schaute mich einmal nach Schluß eines Konzertes so direkt an, daß es mir in die Seele fiel. Ich war dann oft bei einem gemeinsamen Onkel, der wie ich Bienen züchtete, um sie vielleicht dort zu treffen, oder stand hinter einem Hag ihrem Haus gegenüber. Mit meiner Schwester spielte sie vierhändig »marche militaire« von Schubert, und ich bewunderte ebenso sehr – erstmals – die Gewalt dieser Musik wie ihren aufrechten schmalen Rücken. Auch sie ist verschwunden, ohne daß ich je näher Bezug nahm. Durch eine ihrer Bemerkungen kam ich in die «Volkstümlichen Leseabende», wo ich echte Dichter hörte. Sie malte auch hübsch, war überhaupt eine Künstlerin. Bei diesen Autorenlesungen habe ich sie aber nie getroffen.

Zwei Freundinnen spielten sodann in meinem Leben eine Rolle, auch hier auf Abstand. Sie wanderten mit ihren blauen »Kappen«, Schülerinnenmützen, die Straße am Gymnasium vorbei in entgegengesetzter Richtung, so daß man sich öfters sah. Wenn nicht, wartete ich im Ankleideraum nach dem Turnen und schaute hinaus, ob sie vorübergingen. Ich schob das »Brüstchen«, die schildartige weiße Überdeckung des Flanellhemdes, über den Knopf und nestelte den steifen Kragen darüber. Das war dann meine offizielle Beschäftigung. Zuerst schloß ich die eine, dann die andere in mein Herz; die eine war blond, die andere braun. Die eine wandte mir den Rücken zu, als ich bei der anderen nach der Wohnung meines Vikars fragte, worauf deren ängstliche graue Augen mich gefangennahmen. Auch sie ließ mich abblitzen, als ich – mit schwerem Entschluß – ihr meine Begleitung anbot, aber ich folgte noch eine Weile ihren Spuren, bis sie das durch meine Schwester abstellte. Ich ließ ihr sagen: »Zuerst war es die Schöne, dann die Gute.« Die eine heiratete reich und ist früh gestorben, die andere verlor im letzten Krieg ihren Mann. Sie sandte mir in alten Jahren durch meine Schwester einen Gruß.

So war viel vergebliches Weh in meinem Inneren, viel Darandenken und Schreiben von Anfangsbuchstaben auf die Holzbank vor mir;

ich wußte mich selbst nicht zurechtzufinden, es war neu und süß. Auf »Rosestock, Holderblüt« dichtete ich einige Zusatzverse, und erlebte: »kein Feuer, keine Kohle kann brennen so heiß, als heimliche Liebe, von der niemand nichts weiß.« So mag es wohl in vielen jungen Herzen aussehen. Inkonsequent, heroisch, verborgen. Auf Abstand. Verehrend. Das ist dann Schicksal – eben dieser Schülertage. Mit dem Kriege, und eigentlich schon lange vorher, verlief sich das alles.

Die bürgerliche Welt

Das war damals eine goldene Zeit. Das Geld lag auf der Straße. Man konnte es aufheben. In lauter kleinen Beträgen. Die Tafel Schokolade kostete zwanzig Pfennige, die Karte fünf, der Brief zehn. Der Ausläufer wanderte morgens und mittags mit seinem »Schiff« zum Bäcker und verstaute in den Fächern des Tragkorbes die »Fünferlaible« mit Butter und Schnittlauch für die Arbeiter. Schüler spielten mit den Wecken Fußball, und man sagte: »So kann es nicht weitergehen.« Die Handwerker hatten das Ziel, zu »privatisieren«, und mit hunderttausend konnte man das.

Die 400 Mark monatlich genügten zu einem auskömmlichen Leben. Mein Vater sagte nur, sie würden meist sterben, wenn sie sich mit 60 zur Ruhe setzten. Auch er ist, ohne Ruhestand, mit 64 verstorben; meine Mutter vermutete einen Zusammenhang zu den vielen »Vespern« mit Bier und Schweinerippchen, die er im »Russischen Hof« einnahm. Dort versammelte sich der »Stammtisch« zur Handwerker-, Gemeinde- und Reichspolitik.

Dieser strebsame Mann hatte das Geschäft beizeiten in die aufblühende Weststadt verlegt. Er wohnte neben seinem Schwiegervater, der gleichfalls dort gebaut hatte. Eine Durchgangstür verband die beiden Anwesen; oft schlüpften wir hindurch – drüben gab es in einem Keller wunderbare Holzabfälle. Das Bauen war damals Mode. Dieser Großvater errichtete für sich und zwei Schwiegersöhne je ein weiteres Haus und thronte darin als Patriarch am Stephanstag (zweiten Weihnachtstag) unter Kindern und Kindeskindern, lauter ehrenwerte Leute. – Eindrücklich blieb folgende Szene aus der Hauptstraße im Kindesgemüt haften: Bauunternehmer Käser schritt bei einer Beerdigung mit Schleppsäbel (großartig!) und strahlendem Messinghelm neben der Feuerwehrkapelle einher. Sie spielte ehern Chopins »Trauermarsch« an der Spitze eines großen Leichenbegängnisses, das sich langsam und feierlich durch die Stadt wand. Diese Gestalt erschien mir als Hauptmann, Stadtrat und Reicher fast wie ein Gott. Nachher konnte sich meine Mutter darüber aufregen, wenn dieselbe tieftrauernde Kapelle vom Friedhof herab mit lustigen Weisen unten am Haus vorbeimarschierte.

Sonntags spazierte man per Familie am Kallhardt oder am Davosweg und grüßte die halbe Welt. Man kannte sich. Wie schön waren die Tannen und wie schön das Grüßen! Man war zu Hause.

Mein Vater spekulierte nebenbei etwas mit Grundstücken in der »Friedensstraße«; sie betrat man nur mit Respekt, weil hier die »Hautevolée«, die Fabrikanten und Besitzer residierten.

Er kaufte einen Garten vor der Stadt; dort lebten wir sommers, und dort hielt ich meine Bienen. Frühjahrs reiste er in der geschäftsstillen Zeit an die Riviera nach Rapallo oder Bordighera und schickte von dort herrlich duftende Mimosen. Wir durften aber hiervon nirgends etwas sagen, da sonst die Fabrikanten vielleicht ihre Kisten woanders bestellt hätten (so etwas gehörte sich damals für einen Handwerker nicht). Ich sah bei ihm, was Tüchtigkeit und Unternehmungslust ist. Manchmal dachte ich schon, in Amerika wäre er wohl Millionär geworden. Er leitete die Handwerkerinnung, und an seinem Sechzigsten bekam er bei einer Ehrung eine goldene Uhr und ein Teeservice. Freudig stand er auf der Bühne, das war sein Höhepunkt. Wir gönnten es ihm, denn er hatte viel Ärger damit, daß bei seinen Kollegen die Preise eingehalten wurden. Er war ein Mensch des öffentlichen Lebens und der Stadtangelegenheiten. Auf dem Rathaus band er manches Mal »der Katze die Schelle um«, auch dem Oberbürgermeister gegenüber. Wo etwas nicht richtig war, griff er ein. Das hat sich in der Familie vererbt. Er schrieb »Leserbriefe«, wie auch meine Mutter »Leserstimmen« schrieb. So eröffnete er einmal in der Zeitung einem Kaufmann, der ihn in seinem Berufsstand angegriffen hatte, ein Blechner könne wohl Kaufmann, aber ein Kaufmann kein Blechner werden.

Die Mutter verfaßte mehr geistliche Artikel. Pastor Samuel Keller war in der Stadt gewesen und hatte durch seine, die Gebildeten ansprechende moderne Redeweise das Mißfallen mancher Gläubigen erregt. Als Sextaner übte ich gerade: »pastor, pastoris, der Hirte«. »Was«, sagte sie, »pastor heißt ›der Hirte‹?« Und schon verfertigte sie mit ihrer steilen Schrift eine Leserstimme, in der sie diese Hirteneignung wohl in Frage stellte. Sie fuhr zum Kirchenpräsidenten nach Karlsruhe, als ihr Hausmädchen in der Christenlehre die Weihnachtsgeschichte von einem Vikar für eine Legende erklärt bekommen hatte. »Liebe Frau, da können Sie nichts daran ändern.

Das ist in unserer Kirche schon seit 400 Jahren so«, wurde sie vertröstet. »Doch«, erwiderte sie, »das kann man ändern! Fangen Sie heute noch an, Herr Kirchenpräsident!« Und zu mir sagte sie einmal: »Wenn du auch so ein liberaler Pfarrer wirst, schmeiße ich dich mit Steinen von der Kanzel runter!«

Ein tatkräftiger Bürgersinn verfolgte zu Hause in manchen Gesprächen die öffentlichen Verhältnisse und arbeitete verantwortlich mit. Als während einer Eisenbahnfahrt erklärt wurde, Eigentum sei Diebstahl, rief meine Mutter: »Sie, das verbitte ich mir! Mein Mann und ich haben alles sauer verdienen müssen!«

Man stand zu Hause gegenüber der Arbeiterbewegung wie selbstverständlich in der Abwehr und war nicht gewillt, ihr einen Platz einzuräumen. Mein Vater nannte sie »die Sozzen«, und wir hörten einen gewissen Klang darin. Sie und die »Bürgerlichen«, etwa Trinks und Wittum, standen sich bei den letzten Reichstagswahlen vor dem Krieg gegenüber. Das Extrablatt, das den 400-Stimmen-Sieg der Bürgerseite verkündigte, wurde an der Zeitung mit Genugtuung in Empfang genommen, und man erging sich dann wohlgelaunt auf den Straßen. Man verstand nicht, weshalb die Menschen auf den Dörfern ringsum »rot« wählten. Dort waren eben auch die Leute des »Volksfreundes«, die Arbeiter, die morgens den weiten Weg zu Fuß machten und deshalb »Raßler« hießen. Die Parolen am Aushang des genannten Blattes wurden von uns Schülern mit halbem Jux studiert. Hier ging es gegen die »Ausbeuter«; der Klassenkampf wurde proklamiert.

Im Geschäft vertrug man sich zwar ganz gut, man liebte die Arbeit und die Firma, und mancher »Chef« hatte als »Raßler« den Weg in die Stadt gefunden. Aber nun war der Abgrund da, die Klasse, der Stand. »Prolet« war ein Schimpfwort; man nannte sich gegenseitig so, wenn sich einer in der Schule daneben benommen hatte. Der Name käme vom Lateinischen, erklärten die Lehrer, und bezeichne die Leute mit der zahlreichen Nachkommenschaft. »Proletarier aller Länder, vereinigt euch!« klang übel in den Ohren. Sie waren »international« und Bebel ein Schreckgespenst. Er war ein gottloser Mensch, der mit allen teilen wollte. Gleich verächtlich stellte man seine Partei, ebenso wie auch die Elsässer und Polen, im Reichstag etwa auf die Stufe von Volksverrätern. Ein besonderer Anstoß ergab sich daraus, daß im Buch der Reichstagsabgeordneten neben vielen ihrer Vertreter »Diss.«, Dissident, stand, sie also aus der Kirche ausgetreten waren und sie meist auch einen einfachen Beruf hatten. Man bedauerte den Kaiser herzlich, daß er sich soviel mit ihnen herumzuärgern hatte, und als er am 4. August 1914 im Reichstag erklärte: »Ich kenne keine Parteien mehr, ich kenne nur noch Deutsche!« erschien das als ein großes Wunder, eben das Wunder jener Tage. Aber die Frage war nicht gelöst, sie würde sich noch melden. Und wir hatten zu lernen.

Der Einzug der Technik

Ich erlebte noch den Übergang ins technische Zeitalter. Als Kind fuhr ich auf der Reise zu Verwandten eine lange Strecke brav mit der Postkutsche. Dann wurde ich von meinem gleichaltrigen Vetter abgeholt, der mich auf dem Weg ins Heimatdorf sofort in alle sonst den Kindern verborgenen Geheimnisse einweihte. Zu Hause brannte die Erdöllampe meiner Mutter; in deren mildem Licht sah ich sie ihre Stiche durch den Stoff ziehen. Dann klapperte die fußgetretene Nähmaschine. Vater erzählte oft, wie die erste Petroleumbeleuchtung bei ihnen angesteckt wurde. Bis dahin hatte man bei Unschlitt (Kerzen) oder Kienspan gesessen und sich beim Spinnen unterhalten. Nun kam mein Großvater herein und verkündete voll Freude, daß man das Licht bis zum »Sonnengraben« am Gassenende sehe. Ein neuer Erfolg war die Gasbeleuchtung. Die Lichtträger, die »Strümpfchen«, waren sehr zerbrechlich, und sonntags kamen die Leute, um Ersatz zu holen. Wir Kinder wußten schon, wo die Dinger lagen. Abends ging ein Mann mit einer flammenden Zündstange durch die Straßen und setzte die Lampen in Brand. Bald geschah dies durch automatischen Druck.

Dann erfand Edison die Glühbirne. Nun konnte man »knipsen«. Die »Elektrische« fuhr zum erstenmal, und wir Kinder sausten mit ihr durch die Stadt, von Ost nach West, von Süd nach Nord. Vorher hatte es nur Pferdekutschen gegeben, und wir vier Geschwister waren einmal zu unserem Vergnügen mit dem neu eingeführten Taxi hinter zwei Braunen vom Bahnhof zum »Kupferhammer«, dem Wald vor der Stadt, und zurück gefahren. Ein dickes Fünfmarkstück aus der »Bienenkasse« hatte das ermöglicht. Mein Vikar sah uns und schlug vor Verwunderung die Hände zusammen. Wir waren sehr stolz. – Als Knirps stand ich oft am Bahnübergang und bestaunte das Riesenrund der Räder und das Ineinander der Schubgelenke bei den vorüberfahrenden Dampflokomotiven. Mein Vater malte mir ganz früh eine solche in den Neubau meines Großvaters nebenan, und das Bübchen mußte von dort geholt werden, als es nicht zum Mittagessen kam. Auf den Jahrmärkten und in den Kesselhäusern der Fabriken sah man mächtige Kolben und stockwerkhohe Schwungräder. Die trieben die Karusells oder die »Transmissionen« der Werkhallen an. Auf der Bodenseefähre kam ich von dem Ungetüm der Maschine nicht los. Es spuckte und stöhnte; es trieb die Radschaufeln und das Schiff.

Plötzlich hörte man einen neuen Laut. Bei »Kuppenheim« am Bahnübergang pufft e ein Gasmotor. Ein langes, dünnes Abzugsrohr mit Ausweitung oben ragte empor. Der trockene, gleichmäßige Schall hing verwunderlich im Ohr des Jungen, sooft er vorbeikam. Die Zeit der endlosen Geräusche und Automatismen hatte begonnen.

Nun, das war die Zwischenstufe zum Benzinantrieb. Die ersten Autos kamen. Es waren noch ungefüge, schwere, offene Wagen. Else, meine spätere Frau, rannte dem ersten nach, das sie sah, und die Kinder riefen: »Ein Auto!« Hauber gehörte es, dem Grandseigneur in der Luisenstraße. Er besaß dort eine Villa gleich den anderen reichen Leuten, während Bürger nur etwas von Etagenwohnungen wußten. Mit Vater und seinen Freunden fuhr ich – ein großes Erlebnis! – durch den Schwetzinger Forst nach Mannheim. Ich durfte persönlich – und oft! – ein mehrstimmiges Signalhorn blasen, während sonst ein Druck auf den Gummiballon einer Hupe den Ton abgab. Auf der schnurgeraden Landstraße entwickelten wir eine »ungeheure« Geschwindigkeit, der Wind blies nur so! Aber nach wie vor klapperten auch die Bierfuhrwerke durch die Straßen, der Eismann brachte mit lauten Pfiffen seine Stangen, die Post ihre Fracht, und alles hatte Pferde vorgespannt. Ich bewunderte oft die schweren »Belgier«, und die Hufe verführten auf dem Pflaster ein interessantes Konzert, wenn unter uns mit »Hüh«! und Peitschenknall die Transporte die Straße emporzogen.

Im Kriege fuhren da auch nachts die Totenwagen zum Friedhof, als die Grippeepidemie wütete; die Eltern hörten es mit Schaudern. Bei der Mobilmachung wurden die Pferde gemustert, im Heer marschierte alles zu Fuß oder ritt. Der österreichische Motormörser bei Kowno erschien mir als einsame Größe. Hoch saßen die Ulanen zu Roß. Auch ich legte den Weg aus dem Felde in die Heimat auf dem guten Pferd »Hertha« zurück. Es wäre schön gewesen, wenn nicht die Niederlage dahinter gestanden hätte.

Die Entwicklung in den Vorkriegsjahren hörte nicht auf. Nun konnte man auch fliegen! Ein unerhörter Traum war verwirklicht! Farman hatte auf einem Flugfeld in Frankreich einen Kilometer zurückgelegt! Blériot war über den Ärmelkanal geflogen! In Amerika hielten die Brüder Wright ihren »Aeroplan« einige Stunden in der Luft! Wie erstaunlich war das! Wir übten fleißig Flugzeugspielen; den langen Korridor im Hause des Freundes glitten unsere selbstgebauten Modelle mit zwei Tragflächen elegant entlang, über den Hof meiner Eltern ließ ich meinen Eindecker mit gummigetriebenem Propeller schweben. Welche Freude! Die Luft entdeckt! Ja, sie bewältigt! Wir saßen auf den Dächern, als nachts die ersten Flugzeuge durchkommen sollten; sie kamen nicht – immerhin hatten wir oben gesessen! Aber der Zeppelin, der Riesenkerl, erschien nun doch auch uns. Mit Dröhnen durchbrach er die Atmosphäre, die Zigarre schwebte. Auf dem Kathrinentaler Hof landete er. Alles war auf den Beinen. Ich fotografierte. Da lag er, gezähmt, der Luftdurchmesser! Als er nach Berlin flog, trug ich die Fahrt auf meinem Schulatlas ein. Wahrlich, eine gerade Linie! Und der kehrte zurück, etwas nördlicher, aber auch wieder in gerader Linie! Dann wurde der Birnbaum bei Echterdingen sein Verhängnis, er verbrannte. Die Nation trauerte und sammelte sechs Millionen. Damit konnte der Graf erst recht neu bauen. Mein Bruder gab ihm die Hand, als sie unterwegs während der Ferientour auf dem Schiff ihn trafen, und sagte: »Guten Tag, Zeppelin!« Der Bub hatte der allgemeinen Volkstümlichkeit Ausdruck gegeben. Nach der Zerstörung erhielt ich in Paris eine Ansichtskarte des Luftschiffs. Rechts oben stand ein etwas einfacher Bildausschnitt des Grafen. Ich kritzelte einige heftige Zickzacks darüber und rief: »Oh, er ist viel schöner!« Der Vater meines französischen Austauschpartners sah mich eigentümlich an. Warum war dieser Deutsche so entflammt?

Das Vaterland

Die Liebe zum Vaterland, der Stolz darauf, durchseelte das junge Herz. Es war noch nicht lange her, da hatte sich das Volk erst zusammengefunden. Im »Siebziger Krieg«, Onkel erzählte noch von ihm. Mein Papa war damals, noch ein Vierjähriger, zum »Sonnengraben« gesprungen, als sein Vater äußerte: »Die Franzosen kommen!« Er wollte diese sehen. Sie hatten noch schöne rote Hosen an, und die Deutschen siegten über sie. Den Anlaß dazu kannten wir: Dem Gesandten wurde vom König der Rücken hingedreht, als jener ungebührliche Forderungen stellte. Vater hatte dazu aus Berlin einen noch frischen Spottvers mitgebracht:

»Und die Kaiserin Eugenie
war besonders noch diejenje,
die ins Feuer blies hinein.«

Moltke, der konnte es: Bei Sedan nahm er Napoleon gefangen.

»Das war einmal ein Jubeltag,
bei Sedan fiel der große Schlag:
MacMahon war ins Garn gegangen,
der Kaiser und sein Heer gefangen.«

Wir lernten dies in der Schule, und das Gedicht endete:

»Lieb Vaterland, magst ruhig sein,
fest steht und treu die Wacht am Rhein!«

Ein Junge hatte damals statt dessen mit »Lieber Gott, magst...« sein Tischgebet geschlossen.

Auf dem Sedansplatz erhob sich ein Denkstein mit einer Marmorplatte, obendrauf der stolze deutsche Adler. Bei einem Jahrestag jenes Sieges fuhren die »Veteranen« in Kutschen umher – ich betrachtete sie mit Ehrfurcht –, und die Namen dieser Feldzugsteilnehmer standen auf der Platte des Denkmals. An Kaisers Geburtstag fühlten wir uns – etwas unklar – als Teil unseres geeinten Volkes, wenn wir sangen:

»Heil dir im Siegerkranz,
Herrscher des Vaterlands,
Heil, Kaiser, dir!«

Und am Reichsgründungstag, dem 18. Januar, war auch uns Jungen diese Sache mehr als vieles andere wert:

»Deutschland, Deutschland, über alles,
über alles in der Welt!«

Bei den Entlassungsfeiern warteten wir schon darauf, bis am Schluß der oft so langen und unverständlichen Rede das Kaiserhoch erschallte und wir die Nationalhymne anstimmten. In England ist es wohl heute noch so.

Ungeduldig schlug das Herz für das Vaterland. Man liebte es, verehrte es, seine Zukunft, sein Ehemals; Kaiser, Reich, Adler, Fahne waren Symbole eines erfüllten Traumes.

»Ans Vaterland, ans teure, schließ dich an,
hier sind die starken Wurzeln deiner Kraft!«

höre ich noch meinen Freund vor der Schule feierlich vortragen, und so fühlten wir. Ein Idealismus durchzog das Ganze, eine ehrliche Begeisterung. Für das Volk konnte man sein Bestes einsetzen, für diese alte Gemeinschaft, aus der man stammte, und deren Freud und Leid durch die Jahrhunderte auch das unsere war. Ich bekam nach der dritten Oberschulklasse als Belohnung von der Schule das »Vaterländische Ehrenbuch«; ich las es im Abteil allein zwischen Genf und Bourg auf meiner neuen Reise nach Frankreich. Es enthielt die Heldentaten von 1813. Blücher, der Marschall Vorwärts, das war etwas! Opfermut, Kühnheit, Liebe zum Vaterland gegen den fremden Usurpator, daran konnte das Herz erglühen. Zur Feier von 1813 wurde hundert Jahre später in Leipzig das Völkerschlachtdenkmal enthüllt, mit groben, großen Klötzen der Figuren – schon der neue Stil. Dort gab es eine Deutsche Bücherei, in der jedes deutsche Buch stand, und in Nürnberg befand sich das »Germanische Museum«, wie der Lehrer nachdrücklich erwähnte. Gerne hätte ich es gesehen. Der »Bildersaal deutscher Geschichte« enthielt alle diese Gemälde, von den flügelgeschmückten Helmen des arminischen Zeitalters bis zu »Die Deutschen an die Front« des Chinesenkrieges. Ich hatte dieses Buch erhalten, als ich mir »Die griechischen Heldensagen« wünschte. Aber mein Vater meinte, »Die Kreter sind faule Bäuche« stünde schon in der Bibel, er hielt nicht viel von den Griechen. So schenkte er mir auf Rat des Buchhändlers dieses Heldenbuch, und das Volk, seine Geschichte, zerfiel in lauter sprechende Szenen.

Während langweiliger Stunden waren die »Balladen« in der Gedichtsammlung Lieblingslektüre. Von Kaiser Karl las man dort, seiner Meerfahrt, von Roland, der im »Bildersaal« sein Schwert und sein Horn so mutig und verweifelt über die Sarazenen erhob, vom »Trompeter von Vionville«, wie er sich die Fahne um die Hüften band. Des ersten Habsburgers letzte Reise nach Speyer stand darin, und Karls V. Abschied für St. Just... Felix Dahns »Kampf um Rom« wurde verschlungen, Totila, Teja, Witiges, Amalaswintha standen auf. Der böse Cethegus! Zum Schluß war alles verloren, und die Leiche Tejas trug man den Vesuv herab. Oft beschaute ich das tiefbewegt.

Den »Held von Omaruru« las ich, eine der »Räuberpistolen«, wie mein Vater sagte, eines der »Schundhefte« gleich der Reihe »Sitting Bull« und »Texas Jack«, die auch meine Mutter aufregten und die sie mir einmal im Blechkasten des Clopapiers servierte. Ich hatte vergeblich versucht, Indianer und Trapper als »Schützer der Witwen und Waisen« zu verteidigen. Aber hier, in »Südwest«, hielt man wirklich bis aufs Letzte aus und schoß auf die Hereros, bis Hilfe kam. Es bestand keine Frage, wo das Recht war und die Aufopferung. Solche Probleme kamen erst später.

Wir lebten ja damals in der Zeit des Kolonialismus. Die Völker dehnten sich aus. Sie suchten Siedlungsgebiete, Herrschaftsbereiche, Interessensphären. Afrika war erst verteilt worden, und man schaute mit Stolz auf Lüderitz und Peters, die Kaufleute, die in Südwest und Ost Fuß gefaßt hatten. In der Geographiestunde saß ich über dem Atlas und zog um diese beiden Kolonien und um Kamerun eine große, alles vereinigende blaue Linie; es wäre schön, auch das Verschiedenfarbige dazwischen noch in einem afrikanischen Großreich zu besitzen! Die Franzosen hatten es uns ja im Norden vorgemacht. Auch in China schraffierte ich eine beträchtliche Zone ins Innere hinein blau; das deutsche »Pachtgebiet« Kiautschou bot dazu ein Ausgangsterritorium. Großmütig gestand ich auch den Engländern etwas Ähnliches zu; die Japaner hatten es bereits in Korea und der Mandschurei vorexerziert. Es war mir nachher unerfindlich, wie sie uns diesen Ansatzpunkt wegnehmen konnten! »The world becomes rapidly English«, »Die Welt wird rasend schnell englisch« war ein aufregender Satz. Wo sollte man da bleiben? Wir brauchten doch auch einen »Platz an der Sonne«! Mit dieser Seemacht war es schwierig. Wir bauten eine Flotte. Der Kaiser sagte: »Unsere Zukunft liegt auf dem Wasser!«

In jener Zeit wurden die Fremdwörter abgeschafft. Vorher hatte es deren viele gegeben. Man lag ja so nahe an der Grenze. In der Schweiz gelten sie teils heute noch. Oft waren sie volkstümlich eingedeutscht, und man gebrauchte sie, ohne etwas dabei zu denken. Man sagte »merseh« (merci), wenn man sich bedankte, »adjöh« (adieu) beim Abschied. Auf der Bahn kontrollierte der Konduktör die Billette oder die Retourfahrkarte, man stieg vom Perron aus in die Expreßzüge, so wie man von der Straße her das Trottoir betrat. Im Souterrain hatte der Vater seine Kisten, parterre sein Bureau, in der Bel-Etage wohnten die Hausbesitzer mit Salon, Sofa und Fauteuils. Vom Plafond hing der Lüster, der kristallen blinkende Kronleuchter. Als mein Vater 1900 auf der Weltausstellung in Paris war, konnte er sich zum Gaudium des ganzen Abteils (»coupés«) im Zug mittels lauter Fremdwörtern mit einem Kollegen über ihr Fach (branche) unterhalten. Er war dagegen, als wir Kinder diese Sorte Wörter abschaffen wollten, denn man könne sich doch durch sie mit den fremden Völkern verständigen. Auch seine Frau war nicht entzückt, als wir sie plötzlich »Mutter« nannten, »Mama« sei doch viel schöner. Aber wir blieben dabei; aus der Schule und Zeitströmung hatten wir das. Nun sagte man: »Auf Wiedersehen!« und im Krieg »Gott strafe England!« Das taten wir allerdings niemals. Später kam dann das »Heil Hitler!«, da mußte man wieder mitmachen.

Zu unseren Fürstenhäusern besaßen wir großes Vertrauen. Die waren angestammt. Die Zähringer hatten schon früh ihre Burg am Oberrhein, die Hohenzollern in der Alb, in Nürnberg und an der Spree. Vor dem Bild von »Kaisers« stand ich oft und kannte sie alle, die Prinzen und auch die einzige Prinzessin, das »Luisle«, das dann später mit Betonung den Welfensproß heiratete. Das »Eitel« im Namen des Prinzen »Eitel Friedrich« verstand ich nicht, denn eitel sollte man doch nicht sein. Der Kaiser hatte einen eckig-zugespitzten Schnurrbart und stand sehr aufrecht da; Sonntag morgens trug Vater eine Bartbinde, und ich bestaunte dann die gleiche gewinkelte Pracht im Männergesicht.

Die Landeseltern in Karlsruhe wohnten im Schloß; man sah es scheu und neugierig. Ihr Bild hing an der Wand; ich hatte es 1905 zu einem Jubiläum von der Schule erhalten. Schön farbig war es; ein milder, gütiger Herr in langem, weißem Bart, an seiner Seite die Kaiserstochter, mit klarem Profil und gut. In die Residenz war zu diesem 50. Jahr der Regierung der Kaiser gekommen. Der alte Landesherr neben ihm zog alle Blicke auf sich, als sie in der Kutsche durch die Straßen fuhren. Er streckte mir, dem jungen Bübchen, die Hand entgegen, der ich im Arm des Vaters zappelte und wedelte. Hinter uns stand ein Kanonier stramm; die ganze Szene sieht man auf dem Schappschuß eines Photographen von gegenüber.

Später besichtigte uns die Großherzogin auf der Insel Mainau. Die Bibelkreis-Freizeit war angetreten; wir »Offiziere« gingen mit ihr die »Front« entlang. Auch mich fragte sie, was ich werden wolle. »Pfarrer«, sagte ich. Sie: »Da haben Sie einen schönen Beruf erwählt; Gott segne Sie!« Dieser Segen meiner Landesmutter war mir schon etwas.

Im »Simplizissimus«, dem Witzblatt mit den rot-weißen Bildern, wurde auch der Kaiser aufs Korn genommen. Mit einem schlittenartigen Ding sah man ihn eine Riesenhand wie aus einer Ritterrüstung hinter sich herziehen. Er hatte von der »gepanzerten Faust« der Deutschen gesprochen. Maximilian Harden, ein jüdischer Schriftleiter, griff den Kaiser wegen eines Fürsten Eulenburg an, und es gab darüber die Auseinandersetzungen der trüben »Novembertage« auch im Reichsparlament. Im Bürgertum wurde dies sogleich als »Mache« der »Juden« registriert; man war auf diese übel zu sprechen und behauptete, im Geschäftsleben säßen sie überall vornedran. Auch wir christlichen Kinder gebrauchten ohne weiteres die für sie üblichen Schimpfworte, so wie Vater oft auch auf die »Pfaffen«, die »Schwarzen«, die katholischen Pfarrer und Politiker wetterte. Sie waren gegen die evangelischen Hohenzollern, und beide, rot und schwarz, wollten diesen das Grab schaufeln. Es wurde alles persönlich aufgefaßt, und die dahinter stehenden Wirklichkeiten sahen wir nicht oder nur verzerrt. Man verteidigte eine ständische Gegebenheit, die Selbstverständlichkeit des Fürsten-, Adels- und Bürgerstaates. Als der Großherzog bei der Revolution durch ein Fenster der Hinterfront seines Schlosses steigen mußte, um zu fliehen, schien einem das unerhört. Erst schmerzlich und langsam lernten wir sachlich denken; auch die Hitlerzeit war dazu noch nötig.

Eine große Rolle spielte in unserer Jugend das Militär. Die Offiziere waren die ersten Männer des Staates. »Ich dien'«, dieser Königsspruch war ihre Parole, so wurde uns eingehämmert. Generale waren höhere Wesen. Als ich bei einem Manöver einmal einen solchen sah, mit roten Streifen an den Hosen, war der Respekt gewaltig. Als ich selbst Reserveoffizier wurde, stieg ich auch vor mir eine Stufe höher. Man fragte zuerst zu Hause wegen des Vaters nach, dann beförderte man mich. Das Heer war der Schutz des Thrones, Thron und Heer gehörten zusammen und auch Altar. Sie bedeuteten die Mächte des Bleibenden, Festen, und Erschütterungen erschienen irgendwie suspekt, verdächtig. Die große Tradition des Vaterlandes lag doch empfindungsmäßig sehr auf dieser Seite; die Siege und Erfolge der Vergangenheit waren ja zum beträchtlichen Teil militärisch errungen worden. Das Heer war das Symbol, die Macht des Staates; in ihm repräsentierte er sich. Bei Paraden, Flottenschauen, wehenden Fahnen schwoll das Herz. Hier war das Ehrgefühl; Offiziere hatten ihre besondere Ehre. Ebenso der Adel. »Adel verpflichtet« wurde uns eingeprägt. Das Gewöhnliche, Plebejische lag weit darunter. Eine ganze Weltanschauung fiel und stand mit dem Heer, dem Staat.

Wir spielten sehr gerne Soldat. Onkel schnitzte den Säbel, der wurde stolz in den Gürtel gesteckt. Später standen sie da, in langen Zeilen, die Zinnfiguren verschiedener Truppen, sie entstiegen den Spanschachteln der Spielwarenhandlung. Mit mächtigem Knall warf eine Kanone ganze Reihen um. Die Burg wurde mit ihnen besetzt, Belagerungen ausgeführt. Es steckte tief im Blut. Wenn das Militär zu den Feldübungen kam, war man ganz Auge. Der Soldat saß da, putzte sein Gewehr – es wurde hindurchgeguckt, wie blank der Lauf sei. Das Schloß rasselte. Die Munition wurde besichtigt. »Ist sie scharf?« Die Einquartierung lachte. »Das knallt nur!« Auf dem Manöverfeld machte man dann Schlachtenbummler. Herbstlich stand der Dunst über den abgeernteten Höhen und Senkungen. Hörner ertönten, da und dort sah man vorgehende Schützenreihen. Offiziere standen und berieten. Sie waren die Schiedsrichter. Auf dem Heimmarsch ging die Musik voran. Ich stolperte nebendran über die Rasenbänke und Abflußgräben mit. Welch ein Schauspiel! Welch ein Klingen! Besonders tat es mir der Schellenbaum mit seinen hell dazwischentönenden Glöckchen an.

So bin ich als ausgetauschter Junge auch in Frankreich einmal neben einer Militärmusik einhergesprungen und rannte beinahe einen Kinderwagen über den Haufen, derart wichtig hatte ich es. Dort waren es die »clairons«, ganz hohe Trompeten, die mich faszinierten. (Ihre schmetternden Stöße sind dann später bei dem Kehrreim einer Liedmelodie aus dem Unbewußten wieder aufgetaucht: »Freuet euch doch, freuet euch doch . . .!«) Ich fragte verschämt Eugène Bonjour, wie viele Soldaten denn in Bourg seien. Er stand bei mir in ungeheuerem Ansehen, da er der stärkste der Arbeiter im Betrieb meines Pflegevaters war und mit dem Muskel seines Oberarms einen Bindfaden sprengen konnte. »Nein, nein, verratet es nicht! Er will es (Kaiser) Wilhelm sagen, il veut le dire à Guillaume!« rief er. Ich war weit hiervon entfernt, bekam das Bataillon aber nun vom Hausherrn genannt. Er war so friedlich und wiederholte oft: »Die Hauptsache ist, wenn man ein anständiger Mensch ist, quand on est un honnête homme.« Mit seinem Sohn habe ich die Jahre her Verbindung gehabt. An Eleganz der Sprache übertraf ihn keiner. Wir liebten uns und sahen uns nie.

In der satten, guten, ruhigen Zeit des soliden Verdienstes und langen Friedens betrachtete man die politischen Ereignisse mehr wie ein stolzes Spiel der Kräfte und der Ansprüche. Mit den Völkern hoffte und litt man, je nachdem irgendwo Krieg war. Die Buren erfreuten sich großer Sympathie, und General De Wet, der tapfere Führer gegen die Engländer, war in aller Munde. Mit einem Telegramm drückte auch der Kaiser seine Vorliebe aus, die Jugend schätzte Burenhüte, und man war bedrückt, als die Sache doch zusammenbrach. Die Japaner, die »Preußen des Ostens«, besiegten die Russen, bei diesen gab es dann Revolution, und in einer Schaubude des Jahrmarkts konnte man durch goldumrahmte runde Gläser seltsam berührt sehen, wie eine Bombe unter der Kutsche des Zaren platzte. Der »Panther« sprang nach Agadir, Deutschland meldete seine Interessen in Südmarokko an. Das wurde schon ernster. Lange saß man in Algeciras und verhandelte. Schließlich wurde Deutschland mit den »Kongozipfeln« abgefunden, und ich zeichnete sie auf meiner Landkarte ein. König Eduard reiste und sammelte die »Entente« gegen uns. Er besuchte seinen Vetter in Rußland und die Minister in Frankreich. Offenbar war England das große Gegenüber. Mein früherer Freund »Brox«, ein starker, junger Mensch, schrieb im Aufsatz: »Wenn die englische Bulldogge die Faust des deutschen Michels auf der Nase spürt...« Wir lachten, als der Lehrer das vorlas, aber es war auch unsere Meinung.

Der Schuß von Sarajevo fiel. Aus der Pistole eines Serben tötete er den österreichischen Thronfolger. Er zerriß wie ein greller Knall die Stille. Etwas Ungeheures kam herauf. Krieg? Vierzehn lange Tage verrannen, bis sich das entschied. Gerade hatten wir das Abitur gemacht, sollten wir nun die Schüler- mit der Soldatenmütze vertauschen, wie ein Vater bei der Abschiedsfeier mit der Klassenrunde die Frage stellte. Der Schülerbibelkreis hielt vor den Ferien einen Elternabend. Es wurde über das Straßburger Münster berichtet, aber unser Ohr war mehr bei dem Geschrei jenseits des Flusses. Dort warteten die Menschen auf die Extrablätter des »Anzeigers«. Vater ging hinaus, um zu hören, was es gäbe. Dann kam der Tag, wo unter dem Bismarck-Denkmal am Bahnhofsplatz ein Horn ertönte. Als ich mit anderen hinrannte, hörten wir die Botschaft: »Seine Majestät Kaiser Wilhelm II. erklärt den Zustand der drohenden Kriegsgefahr.« Der Krieg war da.

Der Krieg

In der Uniform

Eine namenlose Begeisterung durchzuckte das Volk. »Alles für das Vaterland!« Es war gefährdet, es mußte gerettet, herrlich herausgehauen werden. Eine ungewohnte Gemeinschaft vereinigte uns. Auf der Straße hätte man sich am liebsten umarmt. Es gab einen großen Gottesdienst in der Stadtkirche, den ersten im Kriege. Feldgraue standen schon da, in die neue, noch unbekannte Uniform gekleidet, mit naturfarbenen Stiefeln. Die Stunde vor dem Höchsten umfing ein ungeheurer Ernst, man ahnte die Tragweite des Entschlusses, ein Schauer durchlief die Menschen. Bald wurde dann von mir auf der Straße ein Soldat mit Ehrfurcht betrachtet, bei dem am Band das neue Eiserne Kreuz baumelte. Er war ein Held. Das Leben erschien uns nicht zu gering, um es für das Vaterland hinzugeben. Auch den Franzosen ging es wohl so. Ein Paroxysmus, eine heilige Leidenschaft hatte die Europäer ergriffen. Jeder verteidigte sein Reich, jeder zerstörte das andere. Für uns war der Kampf schon verloren, als er begann.

Einige Tage nach seinem letztlich doch unerwarteten Ausbruch stand die Kriegserklärung Englands in der Zeitung. Vater las sie bei Tisch vor. Ich zitterte. Bei großer Erregung tat ich es. Was sollte das werden? Vater rief: »Und wenn sie alle kommen, schlagen wir sie alle nieder!« und hieb mit der Faust auf den Tisch. Die Italiener erklärten den Krieg nicht, als unsere Bundesgenossen blieben sie neutral. Das war enttäuschend. Alles hing an Deutschland.

Oben am Tunnel fuhren die Truppen durch. Sie waren geschmückt wie zu einem Festzug. Auch in den Straßen trugen die Einberufenen Blumen im Gewehr. An den Bahnschranken standen die Menschen und winkten. Jubelrufe, Hurra, Geschrei. Die fahrenden Soldaten sangen: »Siegreich wollen wir Frankreich schlagen...« An den Pferdewaggons stand: »Rußland wird badisch!« »Auf nach Paris!« Man war überzeugt.

Eine Halsentzündung hielt mich damals zu Hause. Von oben, von der Bahn drang das ferne Schreien der Menge in mein Zimmer. Auch die Stimme meiner Großmutter hörte ich. Sie stand damals kurz vor ihrem Tod und wußte oft nicht, was sie machte. So rief sie jetzt den einen oder anderen ihrer Söhne oben von der Treppe dringend mit Namen. Ich empfand eine unheimliche Einsamkeit. Alle meine Freunde waren schon zum Militär gegangen. Und ich? Ich kam mir wie ein Feigling vor. Endlich, nach drei langen Wochen, war es soweit. Ich konnte mich melden. Zwar hatte ich erst das Alter von achtzehn, aber bedeutete das nicht eine schöne Zahl? Später nannten uns die gedienten Leute «Kriegsmutwillige». Aber wir waren »Freiwillige«! Das war klar. Bei Langemarck fielen diese in Scharen. Ich setzte also mein Hütchen auf und fuhr. Mein Vater hatte die Einwilligung gegeben. Von oben sah ich nun die Straße herunter, an der mein Elternhaus lag. Der Zug fuhr. Ob ich es wiedersah? Tränen traten mir in die Augen. Ich wußte nicht, wie es ginge. Vielleicht wurden wir gleich hinausgerufen und fielen dann im Feld. Etwas griff ans Herz. Nun war es ernst.

Freiwillige konnten sich ihre Truppengattung selbst bestimmen. Ich fuhr nach Rastatt. Dort war schon mein Freund. Sein Vater, der Batterieführer, hatte durchgegeben, daß jetzt wieder Meldungen angenommen würden. Er stand bei der Artillerie, und das schien auch uns recht. Da war man nicht gerade so ganz vornedran. Auch konnte man das Gepäck fahren lassen. Man wich dem Tod nicht aus, suchte ihn auch nicht. Gott hat die Hand über uns gehalten; durch den ganzen Krieg kam ich gut hindurch. Es war nicht selbstverständlich.

Ich kam als Neuling dazu. Ich wurde angebrüllt, weil ich mit einem Blick über die Schulter des Wachtmeisters auf die Uhr bemerkt hatte, daß es erst fünf Minuten vor sechs sei. Man hätte eben wissen müssen, daß man eine Viertelstunde vorher antrat. In den ersten Tagen stand ich noch im Strohhütchen und Schülerröckchen am Ende der langen Kette von Leibern. Dann erhielt ich die blaue Uniform mit den blanken Messingknöpfen, die man so schön fummeln mußte. Wenn der Sergeant montagmorgens schlechter Laune war, trieb er uns auf dem Kasernenhof umher. Er haßte die Schüler und meinte, er werde es uns austreiben, daß wir uns für etwas Besseres hielten. Bestimmt dachten wir nicht so, wir wollten doch dem Vaterland dienen. Ich wunderte mich, als ich den ersten Sold dafür bekam. Wohnen konnten wir in einem Privatquartier. Nicht weit entfernt waren in einem alten Fort französische Gefangene untergebracht. Aus dem Festungsgraben leuchteten ihre roten Beinkleider herauf. Wenn meine Mutter und die meines Freundes kamen und uns abends auf Posten besuchten, wurden sie in dem Schilderhaus versteckt, wenn der Offizier der Runde durchkam. Als er mich junges Blut am Pulverschuppen anschrie, ich hätte mich wohl hingelegt, konnte ich das wahrheitsgemäß verneinen; ich hatte im Gehen geschlafen und ihn so nicht gehört. Wir lernten an den Geschützen zielen und schossen dann auch scharf. Alles war so neu.

Aus Ostpreußen kamen die Nachrichten vom großen Hindenburg; er hatte die Russen geschlagen und viele gefangengenommen. Der Anfang des Krieges brachte eine Zeit der Siege. Ein Stein rollte uns vom Herzen. Auch im Westen ging es vorwärts. Die Armeen durcheilten Belgien und Nordfrankreich und standen vor Paris. Auf der Karte wurden eifrig entsprechend Fähnchen gesteckt. Antwerpen fiel, die »Dicke Berta« hatte mitgeholfen; das war ein 42 cm-Mörser. Alles freute sich über sie. Mit einem einzigen Schuß konnte sie ein ganzes Fort zerschmettern. Der Gedanke, was das für die darin Befindlichen bedeutete, kam einem gar nicht. Sie waren auf der Gegenseite, es ging ums Ganze. Das ist auf der Welt bis heute so geblieben. – Wir feierten den großen Sieg, die Fahnen wehten, und wir belagerten unseren Hauptmann, er möge uns doch möglichst schnell hinausschicken, sonst kämen wir gar nicht mehr in den Krieg. Alle meinten, dieser sei noch schneller aus als der «siebziger». Aber jener sagte mit einem Unterton: »O Jungens, ihr kommt noch alle hinaus!« Sein Sohn war auch dabei.

Dann erfolgte die große Stockung, in Frankreich, in der Marneschlacht. Wir konnten es nicht begreifen. Weshalb ging es nicht vorwärts? Sollte der Sieg aus den Händen gleiten? Warum nun die Schützengräben? Wir warteten.

Schließlich wurden wir Ausgebildete für reif befunden. Wir kamen in das Feld. Vorher gab es noch einen Aufenthalt in »Schwäbisch Sibirien«, auf dem Heuberg. Dort sollten wir die neuen Schlittenkufen ausprobieren, frieren und bei Eis fahren lernen. Es stürzte ein Pferd, als wir in einem Nachtmarsch die Straßen dahinglitten, und ich mußte bei ihm zurückbleiben. Seine blöden Augen starrten ängstlich, wenn ich es hochreißen wollte, immer wieder. Es war vergeblich. Ich weinte, die Nerven rissen. Dann holte man es mit einem Schlitten.

Der Wind bläst durch und durch

Es ging offenbar nach Osten. Alle Anzeichen deuteten darauf hin. Als wir dann in einem langen Transportzug das Saaletal entlangfuhren, schwarz der Fluß in weißem Ufer, wurde das immer klarer. An der Nogat hielten wir, das war schon Westpreußen. Es seien schon viele Züge durchgekommen, meinte ein Eisenbahner, der Hindenburg müsse etwas vorhaben. Er hatte es vor.

Der erste zerschossene Bahnhof kam in Sicht, die ersten verbrannten Häuser. Hier war Kampfgebiet. In Insterburg wurden wir ausgeladen und meinten hierzubleiben. Wir fuhren aber ins Unbekannte, und wir stemmten uns gegen die rutschenden Hafersäcke, bis der erste Halt kam. Die Munitionskarren mußten wir entleeren und auf die Straße ziehen, wenn sie in dem tiefen Schnee seitwärts abgerutscht waren. So begann der Krieg. Nachts lagen wir in einem verlassenen deutschen Dorf, und als ich, noch völlig angekleidet, morgens auf der Strohschütte eines Zimmers erwachte, spielte ein Infanterist auf dem Grammophon: »Du hast ja keine Ahnung...« Das war in Schimkat bei Schuppinnen. Wir holten noch herumliegende Tüten aus dem Ladengeschäft. Die waren praktisch.

In Stallupönen standen die Kasernen in Flammen. Die Russen hatten sie angezündet. In einer heilen lagen die Räume voll ihres Kotes. Als ich mit einem Freund noch einen Platz auf dem Brett eines Ulanen-Bettes gefunden hatte, ging ich aus unserem Gebäude noch einmal hinaus und sah mir das Schauspiel an. So lautlos ein Haus knistern und hellauf die Flammen schlagen zu sehen, ohne daß sich jemand bemühte, war gespenstisch. Nachher haben wir uns an brennenden deutschen Städtchen die Hände gewärmt.

Beim Überqueren der gegnerischen Stellung sah ich den ersten Toten. Er lag da, ausgestreckt, im Morgenlicht. Ein Russe. Mein Herz fühlte sich seltsam berührt. Diese stille Gestalt, sie predigte. Von etwas Unerhörtem. Von einer anderen, unfaßbaren Welt. Später habe ich dann, nun viel weiter drinnen, an einem Stück Graben ein halbes Dutzend Tote liegen sehen. Sie waren schon aufgedunsen, niemand holte sie. Platzende Schrapnells waren auf sie niedergegangen. Einige Männer hatten ihre rosa Verbandspäckchen herausgezogen, sich zu retten. Ein großer Mensch hielt einen Brief; er las ihn, ehe er verschied. Es war russisch. Ich konnte es nicht lesen, nahm es aber mit, als Zeichen des Krieges. Ich werde es nie vergessen, dieses Bild. Hatte er wohl noch seiner Liebsten gedacht? Bei ihr Trost gesucht? Als das Blut zerrann?

Beim Überschreiten der Grenze hörte die Welt auf. Asien begann. Die Straße brach einfach ab. Jenseits waren Ziehbrunnen, Strohdächer, Erdwege. Schlamm und Schmutz verschlang uns, Nässe und Kälte. Der Wind blies durch und durch, der Erbsenbrei gefror in den Tellern. Das viele frische Schweinefleisch in den Feldküchen erzeugte Durchmarsch. Ein Becher Tee mit Rum, vom Wachtmeister persönlich angeboten, war eine Wohltat. Zur Hölle wurde die gewölbte vereiste Straße von Suwalki nach Augustowo. Bis gegen

Morgen rutschten wir darauf von einer Seite zur anderen. Wir mußten den eisernen Hinterwagen an Seilen dirigieren. Eine andere Nacht schliefen wir zwischen den Linien. Aus Versehen war die Munitionskolonne dahin geraten. Unter mir lag ein totes Pferd, als ich morgens aufstand. Über die Scheune waren die Kugeln geschwirrt. Nach drei Wochen Hin und Her hörten wir, daß wir 60000 Russen gefangen hätten. Da kam auch Post nach. Ich hatte nach Hause geschrieben: »Habt Ihr uns denn ganz vergessen?« Die Eltern waren verzweifelt. Zum 19. Geburtstag kam nur ein Schächtelchen von der Mutter (Schwester?) meines Freundes an. Der Wachtmeister hatte mich furchtbar angefaucht, als ich nach je einer Stunde Wache und Schlaf die Nacht vorher hindurch morgens im Wachlokal noch etwas liegenbleiben wollte. Keiner von meinen Kameraden wußte etwas von meinem Geburtstag. Dort lernte ich kriegsmäßig denken.

Es gab eine Pause an der Südgrenze von Ostpreußen. In einem Feldlazarett sah ich wieder eine deutsche Frau. Sie kam mir wie ein Wunder vor. Im Walde überraschte mich auf Posten ein Offizier beim Lesen; das Buch lag auf dem eisernen Munitionswagen, das Gewehr hing über der Achsel. Er war Oberlehrer und zeigte mich nicht an. An dem Rand der Fohlenweide kniete ich manchmal nachts und betete. Ich hatte durch die »Deutsche Christliche Studenten-Vereinigung« das Johannesevangelium geschickt bekommen. Das war eine andere Welt.

Auch das erste Ungeziefer zeigte sich. Ich schämte mich. Nachher war man das gewohnt. Die Sache juckte nur erbärmlich hinten am Hals. Dafür wurde man entlaust, wenn man in die Heimat fuhr.

Die Front nach Polen hin wurde von uns durchbrochen. Es gab einen Dankgottesdienst in der Dorfkirche. »Da war, kaum begonnen, die Schlacht schon gewonnen; der Sieg, er war dein!« sangen wir. Die Generalstäbler waren dabei, auch wir vom Regimentsstab, in den ich inzwischen als Telefonist kommandiert worden war. Am Narew sah ich von einer hohen Baumwarte aus im Scherenfernrohr die russische Stellung jenseits. Auf der Uferhöhe hinter dem Wasser zog sie sich hin, eine unübersehbare Kette von Schießscharten zwischen der Überdeckung des Grabens, drohend, furchtbar. Von dort oben fiel das Feuer auf die Infanteristen, die über den Fluß gesetzt waren. Als wir nachher die Niederung durchzogen, war der Geruch von Verwesung unabweisbar, der über allem lag. So etwas! Abends zuvor hatte eine feurige Lohe von all den brennenden Dörfern am Horizont gestanden; da wußten wir, es geht weiter.

Dann begann der Vormarsch. Er ging vom Juni 1915 bis in den September hinein. Wir rutschten über die Karte hinunter und auf einem Taschentuch fanden sich die Hauptorte weiter verzeichnet. Wir wollten die Russen umflügeln. Das bedeutete maßlose Märsche, Tag für Tag, viele Stunden. Ich rannte in ein Bauernhaus hinein, nahm vor der erstaunten Familie zwei Hände voll Kartoffeln aus dem Topf, nickte – und mußte essend meine Truppe wieder erreichen. Die Pferde wurden den Zivilisten ausgespannt, die uns entgegen wieder ihrer Heimat zuzogen; eine Frau rang auf dem Wagen ihre Hände, als auch ihre Gänse von den Soldaten gejagt wurden. Viele solche abgespannten Wagen standen dort, und zahlreiche dieser leichten Gefährte fuhren bei uns mit im Sand. Tagaus, tagein zog der Heerwurm durch die Gegend, und auch nachts klang noch sein Rollen von der Straße herüber, wenn man schon in irgendeiner Scheune im Schlafe lag. Dieser Feldzug der Beweglichkeit wurde mir seither ein Gleichnis der totalen Hingabe, der letzten Anforderung, des gemeinsamen Einsatzes und des geplanten und bewußten Strebens nach jenem Sieg, der sich aus all diesen Mühen ergibt. Ohne sie käme er nie; er ist aber im Reich Gottes letztlich ein Geschenk.

Damals wurde er uns nicht zuteil. Der Gegner warf größere Kräfte in den Kessel, und wir mußten zurück. Erstmals wie geschlagen. Es ist ein Unterschied, ob man auf der Seite des Siegers oder des Unterlegenen kämpft. Der berühmte Feldherr des Ostens begnügte sich mit dem Erreichten und legte seine Sperrkette von der baltischen See bis zum Schwarzen Meer vor die Heimat. Dort hingen wir noch zwei Jahre fest.

Einmal entließ mich die Ostfront, um mich dann wieder an sich zu ziehen. So wurden die Weichen des Lebens gestellt, denn der verlassene Truppenteil kam später im Westen in schwere Kämpfe, und ich sollte noch in anderen Schlachten dienen: der wahre Krieg, der zwischen Hölle und Geist, zwischen Finsternis und Gott, der um die Menschen, für den das alles höchstens nur Vorübung war, wurde mir dann in mittleren Jahren, ja eigentlich erst im Alter zugemessen. Ich wurde damals umhergeschoben, noch mehrere Male, wie die Figur auf dem Schachbrett, wie die Marionette an der Hand des Lenkers.

Ein Telefonist hatte aus dem Urlaub eine leichte Ansteckung mitgebracht. Eine nässende Flechte am Ohr erforderte auch bei mir Isolierung. Als ich auf die dürftigen weißrussischen Häuser von Pomoscha zurückblickte, schüttelte ich buchstäblich den Staub von den Füßen. Hier beim Regimentsstab hatte ich als »Ausgeliehener« gedient, ohne Anerkennung zu haben. Ich wollte weiterkommen. Also nicht mehr zurück! Und es kam so. Das Feldlazarett am Narotschsee mußte geräumt werden, weil ein Gegenstoß gegen einen früheren Einbruch geplant war. Ich wurde nach Wilna geschickt. Dort sah der »sortierende« Arzt die Eigentümerbezeichnung auf meiner angehängten elektrischen Lampe. »Ah, Sie heißen Biecker?« (wohl sein eigener Name) sagte er. Ich korrigierte. Aber er hatte Interesse gefaßt und fragte: »Wie lange sind Sie im Feld?« »13 Monate« erwiderte ich. »Da tut Ihnen die Heimat auch einmal wieder gut.« Vielleicht konnte er in meinem Gesicht einiges lesen. Als ich Weihnachten zuvor mein Bild nach Hause schickte, hat mein Vater geweint. Die Monate des Grauens, der Entbehrung waren darin geschrieben. Leichengeruch ist Leichengeruch. Ich war schon gesund, als ich ankam, und man überwies mich nach Zossen. Hier, bei Berlin, war die Heimatabteilung.

Mein Aufenthalt dort währte nur kurz. Ich änderte nun selbst meine Situation. Ich mußte reiten lernen, wenn ich nicht einfacher Soldat bleiben wollte. Also sagte ich, ich sei beritten, und man teilte mich zum Telefonistentrupp ein. Ich stellte mich vor die Front, als ich sah, daß dort einige Gefreite waren, die noch nie das Feld gesehen hatten. Beim ersten Ausritt schaute ich, wie die anderen die Zügel hielten, und machte es auch so. Ein Reiter kam angeprescht und rief: »Telefonisten markieren anreitende Kavallerie«, und hinter ihm her ging's in gestrecktem Galopp auf eine Batterie zu. Der Telefonkasten schlug mir aufs Kreuz, der eine Bügel entglitt meinem Fuß, ich schwebte wiegend in der Luft und dachte: »Wenn das nur gut geht!« Es ging gut. Die Pferde waren auch nicht allzu munter; sie fraßen in jenem trockenen Sommer (1916) Heidekraut.

Damals sah ich zuerst Berlin. Es war eine ungeheure Stadt. Mit meinen schweren ungewohnten Reitstiefeln und Sporen lief ich darin herum, ohne je ein Ende zu finden. Ich war grenzenlos einsam; niemanden kannte ich. Ein Mädchen sprach mich an, ob ich nicht mitkommen wolle. Aber ich verzichtete; ein Unvermögen hielt mich vor solchen Dingen zurück. Ich hatte zuviel von Jesus gewußt; auch betete meine Mutter für mich. Ich kam aus dem Krieg heraus, wie ich in ihn hineingegangen war.

Wieder hielt mich die Ostfront, diesmal bei Baranowitschi. Es war ein Grabenkrieg. Die Mine bumste auf den tiefen Stollen. Der Luftdruck löschte die Karbidlampe. Man stand sich nahe gegenüber. Eine Kugel zerschmetterte über mir die Scheibe des Grabenspiegels.

Das war ein Scharfschütze. Ich gewahrte einen russischen Offizier, der aus einer Mulde halb hervorragte und unsere Stellung durchs Glas beobachtete. Ich holte einen Infanteristen und zeigte ihm den Mann in meinem Scherenfernrohr. Wir maßen die Entfernung nach der Karte; es war eigentümlich, so auf Menschenjagd zu gehen. Er visierte in seinem Zielglas; als der Schuß knallte, duckte sich der Fremde blitzschnell: die Kugel war vor ihm in die Brüstung geschlagen. – Auch die Feinde hatten Augen. Als ich von der Grabenbeobachtung nach hinten ging, explodierte über mir auf der Böschung eine Granate; die Stelle war einzusehen. Ich drückte mich an die Wand; es war mehr eine Reflexbewegung. – Im Westen sah ich, wie zwei Franzosen Pflaumen auflasen. Sie hatten sich aus dem Graben gemacht. Ich meldete es und konnte zwei Schüsse abgeben. Beim Schall unserer Geschütze hüpften sie in die Tiefe, und die Geschosse trafen in das leere Feld. – Dafür hat es mich dann beinahe »erwischt«. Ich schaute über die Brüstung des Zugangs meiner Beobachtungsstelle, um einmal die ganzs lange Front im Fernglas zu sehen. Drinnen hatte man immer nur einen Ausschnitt. Ein kriegerischer Anblick! Grau verhangene Höhenzüge mit Stellungen und Stacheldraht. Man mußte meine Silhouette wahrgenommen haben; schneller als ich mich's versah, explodierten zwei »Ratscher«, flachbahnige Schrapnells, kurz hinter mir. Ich war belehrt. Privatallüren passen nicht in den Krieg.

Auch ein Krieg geht zu Ende

In den Westen war ich als ein Todeskandidat gegangen. In Rußland hatte ich zuletzt einen Offizierskurs mitgemacht, und den jungen Leutnant und vielleicht auch Christen konnte man zu einer Neuaufstellung an dieses verrufene Kampffeld abgeben. Aber ich kam an eine ruhige Front. Ja, man schlief sogar in Betten, wenn man sich nicht in der Batterie aufhielt, und besaß Nachttischlampen. Es war der französisch sprechende Teil des damals noch deutschen Lothringen. Die Einwohner lebten mit in den Dörfern. Metz war im Hintergrund, und dort konnte man den »Etappenurlaub« verbringen, einen oder zwei Tage. Die Familie des Garnisonpfarrers, eines Herrnhuters, wurde mir eine Art Heimat. Friedliche Menschen, Liebe, Interesse, Gebet. Die Kinder sahen in mir einen älteren Bruder. Als Student habe ich sie noch einmal in Herrnhut besucht. Die Friedlichkeit der Familie brachte meine zerrissene Seele in Gang; ich habe in ihrem Hause geweint.

Wie lange dehnte sich der Krieg! Ich verhielt vor dem Artilleriegefechtsstand auf der Arry-Höhe und lauschte. Es war Nacht, und da und dort brüllte ein Geschütz. Ich empfand tief den Unsinn der Situation. Wann würde sich das ändern? Ich wollte leben und studieren und war hier gefesselt. In Rußland hatte ich einmal, auch im Dunkel, die Arme gegen die Sterne ausgestreckt: »O du Unendlicher, wo bist du?« In einem österreichischen Unterstand im Wald suchte ich dort Stille und Einkehr. Und nun verbrachte ich auch im Westen Stunden und Tage damit, immer wieder mal durch einen Sehschlitz einen Blick ins Gelände zu werfen und mich im übrigen sonstwie zu beschäftigen. Richtig geistig arbeiten konnte man nicht, aber viel lesen, etwa Öser und oft auch Kapitel im Testament nach Wiese. Ich vergaß dieses bei der Ablösung samt einem Druckbändchen »Geistliche Übungen«. Als ich beides telefonisch anforderte, meinte mein netter Kamerad etwas spöttisch: »Willst du katholisch werden?« – Auf dem Zufahrtsweg im Wald bei der Batterie ging ich und betete und sprach laut; grün war der Wald, und so einsam, so zurückgelassen war ich.

Ich las Agnes Günther »Die Heilige und ihr Narr«, und ein Hauch von Kultur berührte mich. War das eine Welt! Zart, feinsinnig, hochqualifiziert, die Schicksale edel und tief empfunden. »Seelchen« und Graf Thorstein! Da spielte sich etwas ab, was hier undenkbar war. Bei uns gab es nur Kasematten, Offiziere, Nichtsgespräche und Warten. Auch einmal Zunder auf die Batterie, wenn es sein sollte. Dann machte man eben Feuerpause und stieg nach ihr mit schweren Knien wieder hinauf, um zu sehen, ob man weiterschießen konnte. Oder man kroch unter den Drahtverhauen der Franzosen herum, nur um auch das einmal kennenzulernen, diese wilde Romantik des Unbekannten und Überraschungen. Wenn die Infanterie dann auch ihre eigenen Leute »schnappte«, statt der vermuteten Gegner, so war das doch etwas anderes gewesen, die Handgranaten im Gürtel und die Pistole in der Faust. Ich hatte mit dieser tags zuvor geübt. Aber war das Abenteuer es wert, alles zu riskieren? Wo war das eigentliche Leben? War es das der Konzerte und schönen Dinge? Ich fuhr in der Kutsche nach Metz und trug eine tiefe Sehnsucht im Herzen, nach solchen Stunden, und nach anderen Stunden. Im Ohr lagen mir die Doppelachtel des Anfangs von Beethovens »Sturm«. Johanna, meine Schwester, spielte das.

Der Krieg nahte sich dem Ende. Die Amerikaner waren erschienen. Ihre Flagge wehte über den Stellungen. Jenseits der Mosel war der Feind schon durchgebrochen. Man feuerte aus einer Frontecke heraus. Das friedliche Leben hatte aufgehört. Vorher konne man von drüben überm Fluß guten Wein und Champagner erwerben, und ich mußte als der Nüchterne im Artilleriestab die Rechnung führen. Es hatte manchen Spott gegeben, aber man war sich gut. Jetzt stieg die Temperatur um einige Grad. Munition mußte herbeigeschafft werden, ich hatte einen Geschäftsbetrieb und auch für Bohlen und Material zu sorgen. Das war eine gewisse Vorbereitung für später. Organisieren ist wichtig, Verfügen, Disponieren. Nur im Tun kann man das lernen. – Wenn es nachts grollte, konnte es heißen: »Riecker, Munition!«, und ich hatte am Telefon den Bedarf zu erfragen und weiterzugeben. Am letzten Abend der Kampfhandlungen verfeuerten wir alle Gasmunition auf ein in der Karte angegebenes Waldlager, anstatt sie in der Mosel zu versenken. Es war Regen, die Sache also wohl unschädlich und das Ziel ungewiß, aber in uns bohrten Haß und Unterlegenheit. Ich muß dies unter das Blut Jesu stellen.

Am Vortag der Waffenruhe rief mich gegen 21 Uhr mein Bursche ins Dunkel hinaus: »Herr Leutnant, kommen Sie, sehen Sie einmal!« Und in der Tat, über der ganzen Front schwebten unsere Leuchtkugeln wie ein großartiges Feuerwerk. Auf Kilometer hin. Es war grotesk. Gröhlen und Schreien begleitete diese Kriegsschlußszene. Das Gerücht hatte den Waffenstillstand vorverlegt, und nun feierte man ihn. Die Gegner schossen unruhig. Bedeutete das noch einen Angriff? Auf unserem ganzen Rückmarsch brachten sie abends ihre Kanonen in Stellung. Man traute uns nicht. Damals wurden bei uns präzisen Deutschen in der gleichen Nacht die abgeschossenen Leuchtraketen bis in die vorderste Stellung hinein durch neue ersetzt.

Nun war es soweit. Um 12 Uhr letzte Minute des Krieges. Jenseits der Mosel feuerte eine amerikanische Batterie noch wütend bis 12.05 Uhr. Wollte sie den letzten Schuß abgeben? Dann war es still. Ich konnte aus dem Graben heraussteigen und frei übers Feld zum Dorf hinabgehen. In Metz läuteten die Glocken. Es war mir eigenartig zumute. Friede!

Auf die Zimmertapete unserer Unterkunft im Dorf – es war das Pfarrhaus – schrieb ich im griechischen Wortlaut den Anfang des Homer-Verses: »Einst wird kommen der Tag . . .«, und unterwegs sagte ich zu Lothringern auf französisch: »In zwölf Jahren werden wir wiederkommen.« Wir hatten zwar den Krieg verloren, aber wir hielten uns nicht für zu Recht geschlagen. Es mußte noch einmal ein Waffengang kommen, um uns hier zu einer Einsicht zu bringen.

Auch waren wir empört über die Begleitumstände, unter denen sich das alles vollzog. Revolution! Soldatenrat! Die Truppen zogen auf der Straße dahin, die Offiziere zu Fuß, sie führten ihr Pferd. Wir, der Brigadestab, mußten vorausreiten, um die Quartiere und die Verpflegung zu regeln. Wir sprengten neben der Marschkolonne auf den Feldern dahin. Da und dort wurde eine Faust erhoben: »Euch bringen wir auch noch herunter von euren Gäulen!« Hinter einer Feldküche ging ein Soldat im Frauenrock, ich hätte am liebsten nach der Pistole gegriffen. Nachts wurde vom Lederzeug und aus den Vorratswagen gestohlen. Ich empfand das alles als tiefe Schmach. Das Wetter war herrlich, die braunen Wälder der Pfalz leuchteten, das Pferd ging gut, es wäre eine Lust gewesen. Aber so war es Niederbruch.

Als wir im Schloß der Freifrau von Stumm bei Saarbrücken auf altem deutschem Boden übernachteten, schrieb ich ins Gästebuch: »Die erste Bleibe in der Heimat nahm uns die Last der Fremde vom Herzen.« Beim Abschied küßten ihr die anderen Offiziere die Hand; der Süddeutsche verbeugte sich nur. An der Rheinbrücke vor Mannheim erwarteten uns entlassene Soldaten in Mänteln, ohne Achselklappen und Kokarden, und verteilten Flugblätter. In einem Vorort stieg ich vom Pferd und begrüßte Mutter und Schwester, die von unserem Kommen irgendwie Wind erhalten hatten. Meine spätere Frau und ihr Bruder verschwanden vorher um die Ecke, weil dieser nicht vor mir strammstehen wollte. In Heidelberg wurden wir verladen, nach Thüringen, für die Abrüstung.

Im Zug mußte ich mich besinnen. Ich saß allein im Abteil. Was sollte ich werden? Nun stand es drängend vor mir. Ich hatte zwar in der letzten Zeit den Gedanken erwogen, Philologe zu werden, Germanistik und Geschichte interessierten mich, ob die Theologie wirklich das Richtige war? Aber nun faßte die Hand Gottes über ein Buch still und hell nach mir. Ich hatte Walter Flex »Wanderer zwischen beiden Welten« gelesen. Darin stand die Gestalt des Ernst Wurche, streng, heiter, gemessen, rein. Idealist. Aber sie rief mich. Dieser junge Offizier und Theologiestudent mit Gott im Herzen war mir gemäß. Wie er über die Wiese dahinging, die Arme breitete und mit dem Psalm rief: »Herr, mein Gott, du bist sehr herrlich! Licht ist dein Kleid...«, hier war ein Bild, das mich ansprach. Ich dachte, so etwas kannst du werden. Frei und leicht entschloß ich mich, Theologie zu studieren.

Unterwegs hielt unser Transport neben einem Zug mit heimkehrenden französischen Gefangenen. Aus ihrem Fenster hing die Trikolore, die dreifarbige französische Flagge. Das schmerzte mich.

Noch waren wir auf deutschem Boden. Ich ging hin und forderte die Entfernung. »Oh, le tricolore!« riefen sie. Ich machte eine Handbewegung nach der Pistolentasche, da zogen sie sie ein.

In Altenburg wurde die Truppe aufgelöst. Die Pferde sah ich in Reihen zur Versteigerung aufgestellt. Es erschien mir unordentlich und seltsam, als ich die Verschlüsse der Kanonen Rost ansetzen sah. Das war nun vorbei. Ich kehrte heim. In meinem Zimmer warf ich mich auf mein Bett und weinte. Meine Schwester meinte nachher: »Otto, wir haben auch noch gar nicht deine Heimkehr gefeiert!« Ich sagte: »Ich hab sie schon gefeiert!«

Werdejahre

Theologe

Meine Mutter hatte immer viel von Tübingen gehalten. Dort lehrte Professor Schlatter. Er war ein Gottesmann. Auch ich fand das. Wenn er auf dem Katheder stand, den Geißbart, die leuchtenden Augen zur Seite gewandt, frei produzierte, wenn er, nur hier und da ein Zettelchen mit Zitaten aus der Westentasche holend, den »Denkakt« vormachte, war er uns ein Meister und ein großer Theologe. Sein mächtiger Kopf saß auf einem kleinen Körper, er war ein »Männle«. Manchmal legten wir den Federhalter hin und lauschten. Er hatte eine Exegese vor, eine Erklärung der Bibel, dann führte er uns hinein in die Tiefe des Gottesrates, in geistliche Schau, in echte Erkenntnis. Wir lernten: »Was dasteht«, war zuerst zu schauen, noch vor allem Hineingetragenen. Für immer ist mir das geblieben. Manche spöttelten: »Er hält die reinsten Andachten!« Nun, ohne Andacht geht es nicht; sie ist sogar die Hauptsache. Davon lebt der Theologe.

Ich saß auf dem Seminar und arbeitete. Römer 3 lag vor mir. »Auf daß er allein gerecht sei und gerecht mache den, der da ist des Glaubens an Jesus.« Dazu Schlatters »Erläuterungen«. Ich begriff: daß er gerecht sei und gerecht mache, in *einem* Akt. Es war mir, als stünde ich am Eingang zum Vortrags – und Konzertsaal der Stadt, mit seinen Stufen und der Säule in der Mitte, und Jesus träte an mich heran und nähme meine Last von den Schultern und lege sie auf die seinen. So verstand ich die Rechtfertigung, noch mehr gedanklich-einsichtig und doch im Herzen. Ein erster persönlicher Strahl über sie war von mir empfangen. Die Studenten kamen schon wieder vom Mittagessen, als ich ging. Von da an vertrat ich diesen Standpunkt, ebenfalls mehr erkenntnismäßig, und holte mir den Namen »Rechtfertigungstheologe«. In unserer »Christlichen Studentenvereinigung« (D.C.S.V.) sprach man ja viel über solche Dinge.

Einer meiner Freunde wohnte bei Schlatter. Lächelnd zeigte er abends beim Heruntergehen auf die Schuhe vor des Professors Schlafzimmer. Sie waren wie die Rohrstiefelchen eines Zwerges. Öfters konnten wir bei ihm zu den »Offenen Abenden« sein. Es gab dazu Bier und Salzstengel. Ich fragte den Meister einmal, wozu die Eschatologie, die Lehre von den letzten Dingen, diene. Er sprach ernst: Wenn einmal ein Pfarrer ganz verzweifle, weil er in der Gemeinde nicht vorwärtskomme, dann könne ihn die Aussicht auf die Wiederkunft Christi trösten. Das war ein Bezug auf die praktische Gemeindearbeit. In dem schönen Haus, das er gestiftet hat und das heute noch seinen Namen trägt, brach er einmal am Bibelabend bei dem Textwort »Wir sind Gottes Mitarbeiter« ab und sagte: »Höher geht's nicht mehr!« Und als über Römer 7 philosophiert wurde, rief er: »Seid ihr Sünder?« – »Ja!« – »Seid ihr gerechtfertigt« – »Ja!« – »Das ist alles!« Im Seminar über die Offenbarung des Johannes fragte er mich, warum eine bestimmte Stelle den und den Inhalt habe. Ich erwiderte: »Weil sie so dasteht.« Der Respekt vor Gottes Wort sprach aus Schlatter, als er sagte: »Sie haben recht!« Aber dann wollte er doch noch etwas über den näheren Zusammenhang wissen.

Gegen Ende meines dortigen Aufenthaltes kam Professor Heim nach Tübingen. Er besaß eine ausgewogene, tiefgehende und überaus wohlwollende Art. Als er von der Evolutionstheorie, der Entwicklungslehre, ausging, war ich verwundert. In seinen stillen und klaren Predigten hatte er das Herz des Hörers.

Vielerlei Freunde prägten jene Jahre. Reife, aus dem Feld gekommene Männer wie Brandenburg, van Randenborgh, Wichelhaus, Tappenbeck, die beiden Schlingensiepen, Liebendörfer, Kramer und Freytag trugen unsere frische Gemeinschaft. Eine Gewißheit und Wahrheit durchzog die Verkündigung und die Veranstaltungen, und über 200 Namen standen auf der Kreisliste.

Die Zeit steckte voller Probleme. An der Stiftskirche überraschte uns einmal die aufgehende Sonne beim Diskutieren. Sollte man den studentischen Freikorps beitreten, die schon den Münchener Aufstand niedergeschlagen hatten und nun wieder nach Augsburg aufgerufen wurden? Wir liefen ja großenteils in unseren umgeschneiderten Feldanzügen herum! Zum Glück blieb es bei der schwerwiegenden Frage.

Rudolf Steiner erschien und hielt einen komplizierten Vortrag mit vielen »dasjenige, welches ...« Er schwitzte und hatte einen schwierigen Stand gegen die zum Randalieren aufgelegten Studenten. Eine seiner Anthroposophie verwandte Gruppe tat sich auf und verehrte in ihrem studentischen Meister einen noch verborgenen, kommenden großen Weisen und Lehrer. Er behauptete, sein verkürzter Arm stamme aus einem Frevel einer früheren Wiederverkörperung. Freunde traten zu ihm über und gaben die Theologie auf. Von ihm und ihnen wurde nichts weiteres bekannt.

Ein Prophet Häuser erregte Aufsehen: »ICH – BIN – CHRISTUS

– HÄUSER« war in fetten Buchstaben mit viel Zwischentext auf den Plakatsäulen zu lesen. In Pforzheim trat er gegen eine Mark Eintrittsgeld vor Tausenden auf. Seine massiven Angriffe auf die Kirche erfuhren viele Zwischenrufe, darunter auch einen meiner Mutter. Sittliche Delikte führten ihn ins Gefängnis. Einer seiner »Jünger«, auch er im Prophetenmantel und mit Vollbart, diskutierte später mit uns in Leipzig auf der Straße. Auf meine Frage, warum er so auffällig einen Bart trage, erwiderte er mir: »Warum rasieren Sie sich?« Er wurde in seiner Versammlung sehr laut, so daß eine Frau bemerkte: »Schreien Sie doch nicht so!« Darauf donnerte er zunächst auf sie hernieder, wurde aber dann doch leiser. »So ist's recht!« entgötterte sie ihn unter allgemeinem Gelächter. Naturapostel zogen umher, in Pforzheim ein Maler, mit Sandalen und bunten Kleidern; die Frau trug auf dem Rücken im Tuch ihr Kind. Kapp-Putsch und kommunistische Unruhen durchzitterten die Zeit. Es war alles in Gärung.

Die blaue Blume

Da hinein fiel meine Begegnung mit der Jugendbewegung. Diese war ein Aufbruch der deutschen Seele. Ob auch ihr letztes Fest? Am nächsten liegt ihr das Zeitalter der Romantik. Dort streckte man sich auch nach so etwas Unnennbarem, Ungeahntem, Unerreichbarem aus, empfand das Leben und das Eigenste in der Tiefe des Herzens und des Bewußtseins, war allem Formellen und Bürokratismus abhold, fühlte sich durchströmt von den Kräften des Gefühls und auch der künstlerischen Produktion, erlebte die Welt in sich selbst und in Gott.

Diese »Blaue Blume«, die des Ungesagten, war auch die des Wandervogels. Er entstand vor dem Krieg in Steglitz, und seine Geschichte las sich mir sehr inhaltsvoll. Nicht mehr im Zwang der Alten, in Stehkragen und Konventionen, sondern in Unmittelbarkeit des Schauens und der Kameradschaft zog man hinaus in die Natur und durchwanderte sie. Man lag am Feuer und sang die schwermütigen alten deutschen oder die Löns'schen Liebeslieder. Man hatte eine andere Tracht- und Denkweise. Die Mädchen gingen in Miederkleid und Zopfkranz, die Jungen in Samtkittel, Kniehosen und Schillerkragen. Das Ungewohnte, Unbürgerliche, Hocherhobene war Trumpf und durchdrang das Herz. Es war das »Jugendreich«, das man betreten und erobert hatte, die »Jugendkultur«, das eigene, selbständige und originale Leben. Man wußte nicht, *wohin* man aufgebrochen war, aber *daß* man aufgebrochen war, das stand fest.

Das erklärte ich einmal selbst an einem Jugendabend; man empfand das Richtige und Notwendige dieses Aufbruchs im tiefsten Inneren. »Aus eigener Bestimmung, vor eigener Verantwortung, mit innerer Wahrhaftigkeit das Leben zu gestalten«, war die von vielen tief bejahte Zielsetzung der Meißner Formel. Man nannte sich »Du« und kannte sich. Etwas Holdes, Unverfälschtes, Blumenhaftes lag über allem. Die Feste und Feiern, etwa das des »Kronacher Bundes« in Schwäbisch Hall, vereinten eine große Schar solcher Jugendlicher und auch Reifer.

Freilich, ob die Hoffnung sich erfüllte? Es war ein Scheck auf die Zukunft. Was sollte kommen? Die Inhaltserfüllung war schwebend. Sie ging vom Natur-, Kultur-, Jugenderlebnis bis zum Völkischen. Der Nationalsozialismus, zu dessen Gestaltung der jungen Generation sie dann teilweise die Formen gab, verschlang sie. Das Ganze war – klar, gerecht und liebend gesehen – letztlich starker, auf sich selbst gestellter Idealismus, ein Aufbruch gegen die Unnatur und Verkünstelung der Epoche, eine Reformbewegung. Sie verklang, als sie sich seelisch ausgelaufen hatte, und kam nie mehr wieder.

Als ich ihr begegnete, waren viele Saiten berührt.

> »Und wenn das Feuer brennt, so sprühen Funken.
> Ich hatte einen Stern, er ist versunken,
> versunken in der dunklen Nacht,
> und ich muß weinen, weil kein Stern mehr lacht.«

Der Holzstoß lohte, hellauf schlug die Flamme und schwang sich herrlich in die Luft. Die Funken glitten in das dunkle All, einer davon fiel mir ins Herz. Mein Bruder hatte mich mitgenommen; die Wandervögel feierten Sonnwend. Dieses Lied! Diese seine Übereinstimmung mit der Situation! Dieses Tragische! Diese Gemeinschaft! Ich empfand, hier war etwas, was ich suchte.

Erst viel später habe ich erkannt, welche Linien in jener Epoche bei mir zusammenliefen. Diese Dinge hatten geschlummert, nun erwachten sie. Mein Leben war bisher mehr unbewußt verlaufen, nun kam die Selbstfindung. Ich wurde mehr gelebt, als ich lebte, nun wollte ich selber leben. Es war ein Bildungsproblem; der Krieg hatte mich überdeckt und in seiner Auswirkung auch nachher noch in einer strengen Pflichterfüllung gefangengenommen, nun mußte ich mich selbst entwickeln. Wollte ich meine Jugend nachholen? Wollte ich das versäumte Vergnügen und die Weltlichkeit ebenfalls haben? Auch das spielte hinein. Aber sowohl bildungsmäßig als auch personmäßig mußte ich etwas haben, was ich noch nicht besaß. Ebenso sollte die künstlerische Persönlichkeit erst gefunden und entwickelt werden; sie steckte nur im Ansatz in mir oder war noch gar nicht da. Deshalb die Kunst und ihr Anklang. Die Produktion mußte eintreten, koste es, was es wolle. Das ging noch lange hin. Überhaupt rief die große Natur und die große Musik immer wieder diesen Drang nach Unmittelbarem, nach Schöpfung, nach Erfüllung in mir wach. Im Konzertsaal kam mir einmal über den Beethovenschen Violinsonaten ein ganzer schriftstellerischer Aufriß, wie mich am Radio beim Klang des Schubert'schen Oktetts – in tiefgefühlter Vermittlung der Baden-Badener Rundfunkleute – ein furchtbarer Schmerz durchstach, der des unerfüllten »Noch-Nicht«.

Diese Durchgänge sollten sich nun einstellen. Es steckte nur erst in mir, was zu meiner Überraschung heraus wollte. Ich verstand mich selbst nicht. Oft mußte ich in Widerspruch treten zu dem irgendwie Normalen, Pflichtmäßigen, Überlieferten. Ich konnte nur dem Gefühl folgen und wußte nicht wohin. Es ging durch eine äußerst gefährliche Krise, ich konnte zuschanden werden. Aber Gott hat mich gehalten.

Vom 24. bis zum 30. Lebensjahr währte diese Zeit. In mir setzten mit allem dem nun auch äußerliche Ablösungskrisen ein, die zum Elternhaus, zum Pietismus, meiner Jugend, zu den bisherigen Gemeinschaften. Ich konnte es nicht mehr ertragen, unter der Obhut der Mutter zu stehen, unter ihrer Leitung, Vollmacht. Auch wenn sie eine überzeugte Christin war, wollte ich selbst dies nicht ohne weiteres sein, vielleicht gerade deshalb. Sie entsetzte sich einmal, beiläufig zu hören, daß ich kein Testament bei mir hatte. »Was, ein Theologe, und kein Neues Testament?« Als sie von mir meine Beteiligung an der Leipziger Bibelkreis-Tanzstunde erfuhr, war sie ebenso erschüttert. Ich habe ihr viel Schmerzen bereitet. Oft weinte sie nachts, und wenn dann meine Schwester sie fragte: »Mutter, was ist?«, antwortete sie: »Ach, der Otto!« Sie wandte sich einmal an Pastor Modersohn, und er sagte ihr unter Hinweis auf eine andere Mutter: »Ein Sohn, um den soviel geweint wird, kann nicht verloren gehen.« – Meine Schwester meinte: »Otto ist aufrichtig, er wird durchkommen.« Ja, eine letzte Aufrichtigkeit, eine ganz radikale, steckte in dem allem. Ich mußte selbst finden.

Dies bedeutete auch eine Absetzungskrise gegenüber der überkommenen Glaubensart. Meine Eltern hatten schon meinen Bruder nicht verstanden, als er einen Freund, einen späteren Dichter, gefunden hatte und sie nun im Salon auf dem Bauche liegend ihre Literatur lasen oder auf dem Klavier herumhämmerten. Die künstlerische Welt war ihnen, den aufrichtigen Bürgern, verschlossen und das Eingehen in sie verdächtig. Ich habe erst spät gelernt, die Produktivität ganz unter Gott zu stellen und zur Erfüllung gelangen zu lassen. Pubertät und Kunst waren beide von den Eltern bei uns bildungsmäßig nicht zu bewältigen. Unvermögen oder Schuld? Die Ablösung dehnte sich auf die vorhandenen Gemeinschaften und Glaubensanschauungen aus. Die »Jugendbewegten« erfüllte das selbe Sehnen mit mir, ihr Streben nach echtem Leben war das meine. Hier fand ich Gleichdenkende, Gleichstrebende. Auch das kirchliche Dogma ward mir fremd. Ich konnte nicht mehr glauben, daß Jesus auferstanden sei. Ich überlegte mir, ob ich nicht einen anderen Beruf wählen sollte und war deshalb bei einer entsprechenden Auskunftsstelle. Aber das war sehr viel später.

Ich glaube, daß das alles auch stellvertretend geschah. Ich mußte die verstehen lernen, die durch ähnliche Nöte gehen. Aber sehr groß ist auch doch die Schuld, die eigene Schuld Menschen gegenüber, die ich in diesen Wirbel mit hineinriß, und auch Gott gegenüber, für meinen Befreiungsversuch von ihm selbst. Ich erkannte das erst, als ich ganz am Ende war. Ich hatte eben doch noch nicht Jesus wirklich gehabt.

Leipzig zog mich an. Dort war Ihmels, ein Mann mit herrlichen blauen Augen und königlichem Auftreten. Ein Kirchenfürst. Er lehrte ernst und gewaltig, er liebte Jesus. An ihm sah ich, was Glaube ist – Überzeugung, Heilsgewißheit. Er vertrat sie auch. Er sprach zu meinem Herzen. Göttliches macht immer Eindruck.

Daneben hörte ich Theodor Litt, Philosoph und Pädagoge. Auch das redete zu mir, denn er war ein Weiser, Kluger, Könner. Vieles traf in meine Werde-Situation, vieles verstand ich auch nicht. Das Examen näherte sich, und ich saß in wenig benützten Seminaren, um in Ruhe arbeiten zu können. Ich sah unter den Büchern an der Wand ein sehr spezielles der alttestamentlichen Zeitgeschichte, las es, und gerade dieses Thema war das der betreffenden schriftlichen Prüfung.

Ich hatte auf meine Weise viel von diesem Winter. Am königlichen Augustus-Platz lag das Konzerthaus, wo Artur Nikisch dirigierte. Das Gewandhausorchester war damals das erste. Ich stand an für die Hauptprobe. Ich hörte eine Schubert-Symphonie, die für mich eine Offenbarung von Musik war. Ich saß nachher draußen auf einer

Bank wie benommen. Mein Bruder schrieb, es müsse wohl die C-Dur gewesen sein. Es stimmte. Die Thomaner sangen mit glokkenreinen Stimmen. Ich suchte zuerst vergeblich die Künstlerinnen, die da oben tönten. Im Museum waren schöne Bilder, auch die besah ich mir natürlich. Der Welt der Kunst begegnete ich eigentlich da zum erstenmal. Es sprach etwas ganz Tiefes mich an. Etwas ganz Eigenes. Was war es? Es trat an mich heran, ohne daß ich es deuten konnte. Jedenfalls war es einer der echten Eindrücke, die ich suchte. Die »Blaue Stunde« strahlte den romantischen Nimbus jener Zeit aus, Böcklins »Toteninsel« ebenso. Es war auch eine Welt zwischen Größe und Schwulst.

Bei den Christlichen Studenten kam ich in dem Kreis nicht an, dem ich sehr gerne angehört hätte. Hier waren gelockerte, geistliche Leute mit Kunstverständnis. Sie mochten aber doch lieber unter sich bleiben. Später wurde ich um Entschuldigung gebeten, als sie sahen, daß ich auf diese Weise zu den »Rebellen« gekommen war. Hier wurde opponiert, diskutiert, gemeinsam gestritten. Mit Marburg sympathisierte man heftig, wo ein Kreis ebenfalls jugendbewegten Einschlag hatte, und ich las die von dort kommenden Artikel mit Zustimmung. Schließlich ging ich selbst dorthin.

Ausweglosigkeit

Ich fand es in diesem Marburg sehr schön. Die Weihnachtsfeier, die ich zu leiten hatte, war so beseelt, so warm, so unmittelbar; die Kerzen leuchteten an den Tischen und schienen in die Gesichter der jungen Männer und Mädchen. »Vom Himmel hoch, o Englein kommt...« und ähnliches erklang mir so persönlich. Ich trat aber bald von der Führung des Kreises zurück, denn die Krisis hatte mich zu stark überfallen. Der Sommer war noch einigermaßen dahingegangen. Ich nahm an der Schlüchterner Tagung teil, einem Sammelpunkt der jugendbewegten christlichen Kreise. Es war im Sannerz, auf dem »Bruderhof« Eberhard Arnolds. Beim Volkstanz war mein Kopf hart mit einem anderen zusammengestoßen. Die Tänzerin verwandelte sich abends in eine Märchenerzählerin. Ihr sollte ich später nähertreten. Wir sangen: »Seht ihr den Mond dort stehen? Er ist nur halb zu sehen...« Er stand hoch am Himmel und schaute herein. Wir saßen am Hang, die Weite vor uns, und eine unnennbare Gemeinschaft umschloß uns. Ich schlich mich davon, die Tränen waren mir gekommen. Im nahen Wald saß ich auf dem Boden, die Brille versteckte sich im Laub, es drang in Stößen aus mir hervor. Ganz tief von unten herauf. Warum weinte ich? Ich hätte es nicht sagen können. Die Stunde hatte mich überwältigt. Etwas Beglückendes, Lockerndes hatte mich angerührt. War es das Unmittelbare, das Leben selbst? Ich suchte es!

Zu Pfingsten ging ich nicht mit dem Kreis zu einem Treffen, sondern wandte mich ins Gebirge. Ich wollte für mich allein sein. Ein Freund hatte mir ein Büchlein des Teichwolramsdorfer Johannes Seitz mitgegeben, das las ich. Es war eine zentrale Schrift. Das Leben sprach mich daraus an. Wieder ein anderes, das gläubige. Es bewegte mich. Zwei Spuren waren da, die eine – die andere. Welche war mein Weg?

Ich übernachtete an einem Felsenhang. Ich wollte auch einmal die Nacht draußen erleben. Einige Meter unter der Höhe war ein Vorsprung, da ruhte ich. Den weiten Raum über dem schweigenden Wald drunten durchhallte der Schrei des Uhus. Gegen Morgen erwachte ich, ein Raubvogel interessierte sich für mich. Er war nahe herangeflogen, wich aber, als ich mich aufrichtete.

Ich schloß mich der »Gilde« an, den »Freideutschen« der Universität, als Gast und ihresgleichen. »Das Käuzlein laß ich trauern im Astloch Tag und Nacht, ich zieh' aus Stadt und Mauern ins offne Feld zur Schlacht« fingen sie an und hoben flink den Fuß ins Weite. Sie konnten herrlich dreistimmig singen – in Jugend, Stolz und Gemeinschaft: »Ich armes, welsches Schneiderlein, ich kann nicht mehr marschieren.« Selten wie bei diesem kontrapunktischen Sang tönten die Stimmen hinreißend im Takt des Kanons und der dahinschreitenden Reihen. Stefan George, Ästhetiker und Ritter adeligen Geistes, umrundete erhobenen Hauptes den Baum an der Ecke der Universität, seine weißen Haare umrahmten ein aristokratisches Wagner-Angesicht. Ich tat bei der »Sozialen Arbeitsgemeinschaft« mit und erzählte den Buben der Altstadt nachmittags Grimmsche Märchen.

An der Universität lehrte Rudolf Otto. Er hatte großartige, erhaben blickende, undurchdringliche blaue Augen und war ein Erläuterer und Verkündiger des »Numinosen«, des Überweltlich-Göttlichen, des Schrecklichen und Anziehenden an Gott zugleich. »Bakhti«, Liebe war eine reine geistige Potenz von Gott her und konnte schon in Indien gefunden werden. Leiden und Malaria hingen ihm von dort her an, und seine weite, gedankliche Schau sprach aus einem blassen, uns entrückt zugewandten Gesicht. Viel bürgerlicher war ein badischer Professor, der für praktische Theologie, Bornhäuser, ein Freund der Rabbinen, und er lehrte uns aus Jakobus predigen, den er im Vergleich mit den Weisen Israels auslegte. Er war mir freundlich und gut gesonnen.

Nikolai Hartmann machte hingerissen seine »Ontologie« auf der schwarzen Tafel in Zeichnungen klar, ich verstand sie nur zur Hälfte. In seinem philosophischen Seminar arbeitete ich mit und fand sein Gefallen; über der »Kritik der reinen Vernunft« verbrachte ich bald ein Semester und kam doch über die Anfangskapitel nicht hinaus, so konzentriert war das. Dort lernte ich denken.

Jene ganze Zeit war eine Welt der Geistigkeit, des Tastens, des Überlegens, in die ich hineingekommen war, mächtig, dünn, unendlich, ausweglos. Ich befand mich in großer Not. War ich ich selbst oder wer war ich? Was sollte ich? Wo war ich zu Hause?

Ich lag in der Nacht auf der Straße, die Sterne über mir. Sie funkelten. Ich war elend. Ich war ausgewandert. Keine Heimstätte mehr. Preisgegeben dem Geist. Dem, was in meinem Herzen so genannt wurde. War dies das Martyrium des Suchenden, des Entschlossenen, des nie mit einer Lösung Sich-Zufriedengebenden, die Welt des Unbedingten?

Ich lehnte mich dann an den Zaun, einen lebendigen Hag, mit Staketen davor, und hing vornüber. Ich war erledigt, ganz erschossen, die Kraft fehlte mir. Ein Ehepaar hielt an. »Ist Ihnen nicht gut?« – »O doch, ganz gut!« antwortete ich, mich aufrichtend. Mitleidig und zögernd gingen sie weiter.

Aus den Bildern jener Tage schaut ein zerrissener, verdunkelter, unglücklicher Mensch. Eine verborgene, durchdringende, kaum faßbare Traurigkeit lag über dem Leben. Der »Weltschmerz« der Romantik? Der Eros des in sich Gefangenen und in sich schwingenden Lebensgefühls kannte keine Erlösung. Die traurig-nahen Lieder des Volkes, der Liebe, der Bewegung entsprachen dem und gaben nur Ausdruck:

»Herr Aage, wie der reiten kann,
wie der sitzt auf seinem Pferde...
Da sprang sein Herz, und er war tot,
und er saß noch auf seinem Rosse.
Er reitet in die grüne Welt hinaus...«

»Dort nieden in jenem Holze...«

»Da droben auf jenem Berge,
da steht ein goldenes Haus...«

Ich sang diese alten Sachen des »Zupfgeigenhansel«, als ich auf der Kreisleiterkonferenz in Dassel war. Abseits von den anderen, in der Wohnbaracke auf meinem Bett sitzend, gab ich der Gitarre ihre Töne und dem Singen seine Seele. Diese neue Welt hatte sich erschlossen. Als wir sie allerdings, eine kleine Gruppe, auf einer allgemeinen Konferenz vertraten und von da aus alles angesehen haben wollten, wurden wir belehrt, daß der »Geist« nicht das Suchen sei, sondern etwas Gewisses. »Ich glaube an den Heiligen Geist« kam mit Nachdruck. Ich mußte noch oft daran denken.

In Marburg hatte der Kreis um Heiler, den Religionsgeschichtler und Evangelisch-Gewordenen, im »Michelchen«, der St. Michaelskapelle, seine Morgenstunden und Wochenschlüsse. Wie immer zu spät daran, rannte ich dorthin, den Pilgrimstein entlang, stimmte ein, psalmodierte, hörte. Eines Abends, es war in jener großen Tiefe, kam ein Lied in meine Seele und tröstete mich unendlich.

»Gib dich zufrieden und sei stille
in dem Gotte deines Lebens!
In ihm ruht aller Freuden Fülle,
ohn' ihn mühst du dich vergebens.
Er ist dein Quell und deine Sonne,
scheint täglich hell zu deiner Wonne.
Gib dich zufrieden!...
...er weiß dein Leid und heimlich Grämen,
auch weiß er Zeit, dir's abzunehmen.
Gib dich zufrieden!«

Alle diese Verse waren unmittelbar zu mir geredet; ich habe noch selten ein solches Sprechen in eine Lage hinein erlebt. Der Herr sah wohl den Zermürbten, Gequälten. Er tut in unvorschriftsmäßiger Weise Gutes.

Ich lag viel auf dem Sofa und schlief, Ausdruck meines Zustandes. Meine Mitkameraden sagten: »Otto, du verschläfst noch deine ganze Zeit!« Die beiden wohnten mit mir in diesem zweiten Sommer im Haus von Pastor Krawielitzki. Er hatte uns aufgenommen, es war Mangel an Wohnungen. Wir waren nicht gerade seinesgleichen. Die zwei philosophierten viel, sprachen über »objektiv« und »subjektiv« und anderes, mir nicht Zugängliches. Auch spöttelten sie manchmal über den Hausvater, der an seine Diakonissen Briefe im Ton der Apostel schreibe. Sonntagmorgens blies er mit der Trompete hinten zum Fenster hinaus, ich fand dies schrecklich. Er hat mich, seinen Hausgenossen, einmal zum Mittagessen in seine Familie eingeladen, aber ich wurde nicht recht warm mit ihm. Später, nach der großen Wende, auf einer Tagung, hat mir der Mann im Patriarchenbart den Bruderkuß gegeben.

Eine Frau war da, die mich verstand, mir mütterlich und offen entgegenkam, und der ich auch Vertrauen und Verehrung entgegenbrachte: Frau Thimme. Während ihr Gatte meist auf Reisen war, öffnete sie ihr Haus sonntagabends den Studenten, und wir waren gerne dort. Ihre großen, blauen Augen schauten durch und durch, und doch ohne Verachtung oder Mißbilligung. Geist sprach daraus, klarer, blanker Sinn. Der heilige Geist der Liebe. Das wurde ein Trost. Hier fühlte man sich wohl. Die Familie gehörte zu einem. Man sah sich nicht ausgeschlossen. Ähnlich wie damals in Metz. Bei den Christen befand ich mich sonst im allgemeinen etwas schlecht. Ich fühlte mich beurteilt und war ungewiß. Sicher machte ich ihnen auch Not. Als ich in Sannerz meinem alten Vikar gegenübertrat, in Kluft, das Kränzchen in dem gelichteten Haar, die Violine auf dem Rücken, rief er: »Otto!« Es war unfaßlich. Nach Hause ging ich ungern. Es gab Klippen und Tränen.

Langsam richtete ich mich etwas ein. Eine gewisse Doppelspur ergab sich: christlich und idealistisch. Das Herz war unbewußt noch dort, wo es schon immer gewesen war, der Verstand und das Streben ging anders. Ich wanderte ganz fröhlich durch die Heide, einen Verwandten neben mir. Die Landschaft ringsum war groß, es blühte. Einsamkeit, Ferne, Schweigen. Am Wilseder Berg war das Ganze zu überblicken. Atemberaubend, die rotfarbenen Hügelwellen. Als ich den scheinbar erloschenen Kocher mit Spiritus nachfüllte, schlug eine Flamme hervor und aus dem Fläschchen spritzte Feuer. Wir erschraken, die Heide war trocken. Schnell konnten wir die brennenden Spuren ausschlagen. Abends sangen wir noch unter den Bäumen der Jugendherberge. Da kamen wie die Engel eine Reihe Mädchen im Nachtgewand auf die obere Terrasse des Hauses und nahmen Platz. Vor der Fahrt nach Helgoland erreichte meinen Vetter ein Abruf nach Hause. Man fürchtete wohl meinen Einfluß.

Nun steuerte ich allein der Insel Sylt zu. Dort war in Klappholdtal ein Jugendlager voller Freideutscher. Im Sand abseits saßen unbekleidete Gestalten. Das sah ich zum erstenmal. Ich war doch erschrocken.

Ich ging am Strand des Meeres entlang. Die Sonne war am Sinken, der Wind wehte und harfte auf den Saiten. Ein wunderbares Singen entstieg der Gitarre. Das Wasser spülte über meine Füße, seine Zungen erglänzten in Rot und Silber auf dem Strande.

Ich schaute oberhalb Neuchâtel auf die Schneekette der Alpen. Ferne und doch in makelloser Klarheit, rein und groß, standen diese Wunder von Bergen in langem Zuge bis hin zum einsamen Montblanc. Während des Abendessens entlockte der Wirt auf einmal seiner Musikbox ungewohnt psalmartige Klänge. Draußen verglühte der Bergkranz lange, lange purpurn am Himmel.

Gegen Ende meines Marburger Studiums ging ich mit einer Exkursion Prof. Heilers nach dem Kloster Maria Laach. Es lag für sich in der Eifel und bot ein Bild von Mönchtum und Zurückgezogenheit. Die Mädchen mußten im Gästehaus außerhalb bleiben, wir konnten im großen Dachraum des Hauses in lauter Einzelboxen schlafen. »Gelobt sei Jesus Christus!« wurden wir zur nächtlichen Mette gerufen. Unten waren schon die Ordensbrüder am Psalmodieren. Wenn sich einer versprach, kniete er nieder. In der Mitte stand der Abt zwischen den beiden Chören. Als sie weggingen, fiel mir der vergeistigte, blasse, überschmale Ausdruck ihrer Gesichter auf. Sie schienen mir nicht glücklich.

In Köln begegneten wir einer anderen Exkursion, der des kunstgeschichtlichen Seminars Marburg. Ich schloß mich sogleich an. Wir hatten sie unter dem Domportal getroffen, und ich erblickte dann zum erstenmal unter sachkundiger Leitung Dinge wie Stephan Lechners »Dombild« und »Maria im Rosenhag«. Die Riesenleiber der beiden Türme mit ihren Steinkaskaden, die Höhen und Hallen der Kathedrale, ihre himmelstürmenden Linien und Maße waren großartig. Ich reiste noch weiter mit und sah St. Patroklus in Paderborn und Maria zur Wiese in Soest. Eine Welt tat sich mir auf – die der Kunst.

Kunst

»Vor jedem steht ein Bild
des, das er werden soll.
Solang er das nicht ist,
ist nicht sein Friede voll.«

Dieser Goethsche Vers sprach mich schon als jungen Menschen im Unterricht der Schule eigentümlich persönlich an. Ich empfand, hier lag etwas, das erfüllt werden mußte. Die Jugendbewegung bedeutete einen Aufbruch dahin. Nun kam die Kunst hinzu.

Die Musik hatte mich ja schon stark berührt. Die Bauten, Bildauereien und Gemälde erschlossen mir Räume auch der inneren

Seele. Hier war für sie etwas Entsprechendes. Ich konnte daran wachsen. Große Perspektiven außen und innen. Ich liebte besonders die Plastik. Die Amazone vor dem Kaiser-Friedrich-Museum in Berlin, auf ihrem Pferd, mit dem Beil; der David des Donatello in Florenz, später, in seiner bronzenen Grazie, Goliaths Haupt zu Füßen; der Mose des Michelangelo in Rom, seine ungeheuren Umrisse, und noch vieles derart. Es war Gestaltung mit Oberfläche, mit Körper, eine fertige, vollendete Form.

Dazu kam dann die Malerei, die Farben und Linien in der Ebene, schöngeteilter Fläche und beredtem Inhalt. Ein Produkt des Geistes, des Genius, des Menschenkönnens. Zu Höchstem herausfordernd.

Nicht allen ist dies nötig. Aber ich empfand, hier war eine Parallele zu dem, was in mir werden wollte. Hier stand etwas vor mir, was mich tief berührte, wie wenn ich nach Hause und zu Eigenem käme. Ich saß vor der Madonna Raczinski in Berlin. Der eigentümlich süße, herbe, ja fast schwermütige Zug des Gesichtes, das Kind auf dem Schoße, die Engel um sie, die Lilien, im Tondo, im Rund des goldenen Rahmens, es war eine Offenbarung von Schönheit, von Lieblichkeit, von Licht. In diesem Botticelli begegnete mir einer der Großen der Frührenaissance. Ich sah viel Herausragendes, Herrliches, was geleistet war; das brauchte ich. Die Verdichtung, Hingabe, Konzentration, das Einmalige war hier geboten und erfolgt. Großräumigkeit der Seele. Ist sie nicht vonnöten?

Ich suchte das Unmittelbare. Da trat es mir entgegen. Aus schöpferischer Gnade waren diese Bilder, diese Bauwerke geschaffen. Nicht formell, überliefert, gewohnt, sondern aus Eigenem. Eine Schau, eine Improvisation, ein Wurf wurde hier Gestalt. Nach strengen Gesetzen, ebenmäßig, in höchster Vollendung. Hier sprach ein Schaffen, wie ich es liebte.

Überhaupt diese Produktivität! So mannigfaltig! So sprechend! Immer wieder anderes! Es war ein Genius, der sie schuf, diese Bilder, Zeichen, Zeiten. Der menschliche Geist in Größe. Im Augenblick, im schöpferischen Augenblick waren sie empfangen – und im schöpferischen Tun gestaltet. Ruft nicht etwas nach eigener Hervorbringung, Darstellung, Äußerung? Wenn es vorhanden ist? Es schlummerte noch, es rang sich ans Licht, es schien noch nicht einmal vorhanden, aber hier kamen ihm Vorbilder zu Gesicht.

Auch der Heilige Geist ist ein Geist der Produktivität, nun der göttlichen, großen, vielfältigen, fruchtbaren. Hier besaß seine Schöpferkraft eine Parallele im irdischen Bereich. Und viele stellten diese Parallele der göttlichen, wahren zur Verfügung. Wohl auch ich zu meiner Zeit, im geliebten Schreiben, in der theologischen Arbeit, in der Gestaltung des Glaubenswerkes.

Bis dahin ging es durch mancherlei Entwicklungen. Es mußte sich erst herausschälen – der Auftrag, die Richtung, die Erfüllung. Ich hatte keine Belehrung noch Überlieferung, mehr Verhinderung als Ansporn, viel Tasten mit Suchen und Fehlen. Die Stadien waren zu durchlaufen, auch die selbstsüchtigen, die auf diesem Wege liegen, die Dingvergötzung, die Eigenliebe, der Genuß. Nicht wenige bleiben darin hängen!

Es war Maria Anderson, das Neger-Halbblut, die sehr viel später im Radio sang: das Ave Maria von Schubert. Vor der Gewalt der dunklen Stimme und der Musik sank ich in die Knie. Da dachte ich: Was tust du hier auf den Knien? Ist das nicht Götzendienst? Ich mußte mich erheben. Auch früher war ich letztlich in der Selbstliebe befangen gewesen. Ohne es eigentlich zu merken, hatte ich in der Bildbewunderung den Kult des Schönen vollzogen, in der Selbstentfaltung um mein Ich geschwungen, in der Erhebung der großen künstlerischen Schöpfungen letzten Genuß gehabt. Dieses Lebenssystem mußte in Enttäuschungen mit mir selbst und tiefem Leiden zerschellen, bis ich es lernen konnte, als gottgeschaffener Mensch mit allem, was er mir geschenkt hatte, Gott zuliebe zu leben. Damals, am Anfang, rief mich in der Kunst etwas Unendliches an; ich machte mich auf, es zu suchen.

Berlin

Im Herbst 1922 machte ich meine Dienstprüfung. Das theologische Studium war abgeschlossen. Ich schrieb im Examen eine Arbeit über das Ziel der christlichen Erziehung. Später fand ich in meinen Akten darunter die Notiz: »Sachentsprechend, jedoch unter auffallendem Zurücktreten der religiösen Motivierung.« Auch mit der Probepredigt habe ich Not gehabt. Sie war dünn, abstrakt, geistig. Was sollte ich über den Text sagen: »Wisset ihr nicht, daß euer Leib ein Tempel des Heiligen Geistes ist?«

In Marburg war mir die Idee gekommen, in Philosophie zu doktorieren. Ich hatte bei dem mir sehr geneigten Nikolai Hartmann um die Aufgabenstellung einer Arbeit angefragt. Ein mir dafür benannter spanischer Religionsphilosoph war mir aber sprachlich zu schwierig. So meinte ich, mit Spranger in Berlin auf dem Gebiet der Pädagogik besser zu fahren. Zu Hause fragte ich auf der Treppe zur Wohnung meinen Vater, ob ich in Berlin noch den Doktor machen dürfe. Er drehte sich herum und sagte rundweg Ja.

Eduard Spranger hielt hervorragende Kollegs über Fichte, Schelling und Hegel. Es war ein Genuß, sie zu hören. Hier vereinigte sich Eleganz der Darbietung mit Sachkenntnis und umfassender Schau. Er konnte mir aber kein Thema geben, ich mußte mich erst einarbeiten und ein solches suchen. Darüber verging der Winter. Und gewaltig sprach mich nun die Kunstgeschichte an. Hildebrand führte in die Frührenaissance von Florenz ein und tat das gerade für mich äußerst fruchtbar. Er lehrte uns Stile als Ausdruck des Seelischen zu sehen, an Gewandfalten die Hand des Meisters von der der Schüler zu unterscheiden und das Werden einer ganzen Epoche zu verfolgen. Um es gelehrt zu sagen: Seine intuitiv-erkennende Schau des Wesens und der Zusammenhänge bot bei mir einer angeborenen Fähigkeit das Material zur Entfaltung.

Im Kaiser-Friedrich-Museum sah ich dann die besprochenen Meisterwerke selbst. Ich lernte Orginale lieben. Auch die aus weiteren Epochen. In der Mittagspause saß ich vor dem »Mann mit dem Goldhelm« und arbeitete ihn durch. Ich wohnte weit draußen vor der Stadt und mußte meine Mittage hier verbringen. So ging mir Rembrandt auf und die übrigen Holländer, Franz Hals und van Delft. Bode, der Direktor mit den Millionen, hatte gut gesorgt, die Galerie barg Schätze. Ich war hier daheim.

Diese Stadt bot Einzigartiges – lauter erstklassige Sachen: Konzerte, wie ich sie nie hörte; Schauspiele, etwa mit Alexander Moissi in »Richard III.« in überragender Darstellung; in der »Zauberflöte« begegnete ich einem Mozart kindlichster Grazie. In »Peer Gynt«, dem ruhelosen Wanderer ins nie Erreichte, dem Heimkehrer zu Solveigs Füßen spiegelte sich mir eigenes tiefes Erleben jener Zeit. Wenn ich morgens, oft im Laufschritt, vom Potsdamer Bahnhof die Budapester Straße entlang durch das Brandenburger Tor hindurch die Linden hin die Strecke zur Universität abmaß, berührte mich die durchsichtige Atmosphäre dieser weiträumigen, einmaligen Stadt. Die festliche Hoheit der Staatsgebäude, der Museen, des Domes, des Schlosses, der Kirchen dabei entzückte mich. Hier war Klassik, Kraft, Originalität des Spree-Nordlandes. Ich hatte das nicht erwartet. Ich konnte die Zeit ausschöpfen, wie ich es nie vorher getan. Alles schien in einem höheren Schwung, Maß, Ausdruck, in einer großen Konzentration und Intensität zu verlaufen. Als man sich nachher auf der Behörde in Karlsruhe wunderte, was dieses halbe Jahr laut Bericht in sich enthielt, mußte ich doch äußern: »Ja, dort ist es nicht so ruhig wie hier.« Alles ging auf die Minute, die vielen Verkehrsmittel ermöglichten das.

Aber es kam nun etwas, was doch die ganze Sache sehr schwer machte. Die Inflation. Ich stand an einem Schaufenster in der Friedrichstraße und erblickte dort einen 10000-Mark-Schein ausgehängt. Es war nicht zu fassen. Ich verkaufte ein vielgenanntes Buch, Oswald Spenglers »Untergang des Abendlandes« um einen Betrag, der gerade für ein Pfund Margarine ausreichte. Vater kam mit dem Geldsenden gar nicht mehr nach. Ich wohnte in Marienfelde bei Freunden der Christlichen Studenten-Vereinigung, deren Liebe und Offenheit mir viel bedeutete. Das Ehepaar hielt mit den Kindern Morgenandacht, ehe alles auseinanderging. Sonntags fuhren wir zu einem zentral ausgerichteten Pfarrer an der Dreifaltigkeitskirche. Mütterlich konnte mich die Frau des Hauses fragen: »Was haben Sie heute gegessen?« – »Graupen.« – »Und worin waren diese gekocht?« – »Im eigenen Saft!« Alles lachte. Aber es war mir ernst, in der Tat gewöhnten wir uns auch an ganz Geringes.

Der Reichstag erhob Protest gegen den Ruhr-Einbruch. Dieser war seinerseits die auslösende Ursache der Inflation. Ich hatte mir eine Karte verschafft. Reichskanzler Cuno sprach ruhig und gemessen; er las seine Erklärung ab. Eine persönliche Äußerung fehlte mir, wo doch alles über den französischen Akt sehr erbittert war. Scheidemann schloß sich für die Sozialdemokratie dem Protest an, bezog aber gleichzeitig Front gegen den Kapitalismus, den er mit für die Dinge verantwortlich machte. Ledebour, ein »Unabhängiger« ganz links, meldete sich. Es war die Frage, ob er als Parteiloser noch sprechen dürfe. Darüber kam es zu einer hitzigen Debatte. Links erhob sich gegen Rechts und streckte die Fäuste. Oben saßen die Diplomaten und schauten zu. Ich schämte mich. Man sah in das hadervolle deutsche Herz. Das in einer solchen Stunde!

Täglich kletterten die Umrechnungsziffern des Dollars auf die Mark in den Schaufenstern höher. Es konnte nicht immer so weitergehen. Ich erhielt eine Anfrage meines Prälaten, ob ich nicht eine Vikarsstelle zu Hause antreten möchte; sie benötigten jemanden. Die Dinge in Berlin wurden unabsehbar; ich entschloß mich, heimzukehren. Als ich die Bergstraße entlangfuhr und den blauragenden Melikobus erblickte, kamen mir die Tränen; so lange hatte ich keine Berge mehr gesehen! Und ich brachte eine Liebe mit.

Es war jene »Solveig«, die Märchenerzählerin von Sannerz

(Schlüchtern). Sie schrieb wirklich Märchen und Geschichten und redigierte ein christliches Jugend-Mitarbeiterblatt. Sie fiel mir jetzt ins Auge, als sie in einem Studentenkreis Platz nahm und mit einer flinken, graziösen Gebärde ihre Kleider an sich herniederstrich. Beim Abschied nannte ich sie dann mit ihrem Vornamen, und so ergab sich die Begegnung. Die Liebe. Von dieser wie berauscht, kniete ich in meinem Bett, ein gedrucktes Spiel von ihr in der Hand, ganz mein Stil, mein Wesen, meine Seele.

Wir trafen uns im Schwarzwald. Sie trug je ein Kirschenhängerchen über den Ohren vor dem blonden Haar. Aber, oh, die feinen Züge eines leisen Verblühens standen in dem Gesicht dazwischen. Sie war fast 31, ich 27.

Immer wieder stieg das hoch, es störte nicht nur meinen Vater. Waren es die nächsten Generationen, die sich meldeten? Schließlich schieden wir uns. Es war vergeblich gewesen und hinterließ eine tiefe Rune. Einen Sommer lang fraß das Leid, und noch am Trauungsmorgen drang es mir herauf, denn nun war das ganz vorbei. Eine Spur davon ist noch auf meinem Hochzeitsbild an mir zu lesen.

Ich habe mich schon gefragt, ob ich dies tun durfte. »Es war Schicksal«, sagte sie später, als ich sie einmal traf und mich entschuldigte. Auch meine Frau wußte darum, es beschattete manchmal unsere Ehe. Vielleicht entsprach jeder Epoche jener Zeit eine gleichgesinnte Seele: zuerst eine künstlerisch-höchst persönliche, dann eine idealistisch-christliche, schließlich eine völkisch-blumenhafte. Meine lebhafte Art suchte immer ein Gegenüber der Äußerung aus dem Herzen; ich kann ohne Echo, ohne Pol nicht (oder schwer) sein. Produktiv wird man beim Alleingehen in tieferer, bei Gemeinschaft in glücklicherer Weise. Letztlich waren es doch wieder nur flüchtige Kontakte, Durchgänge, und letztlich konnte ich demnach nicht wie jedesmal gedacht vor Anker gehen. Ich mußte mich erst selbst finden, indem Gott mich fand, dann gab sich auch das. Eine Jüngerin trat an meine Seite. Die erste ganze Partnerin wurde nur sie, und das für immer.

Idealistischer Vikar

Was meine eigene arme Seele anbelangt, war ich auch weiterhin ein unentwegter Sucher nach dem Absoluten, Wahren, dem Eigenen, von mir Erkannten. Ich kostete es gründlich aus, was das ist, ein

Peer Gynt zu sein, ein Mensch, der aus sich selbst lebt, nur sich hat, sonst nichts. Das gibt weite, weite Wege. Unbarmherzig scheint die Sonne, durchglüht das Gehirn und einen einsamen Geist, endlos liegt das Ziel, stets ist man unterwegs, immer, immer. Sehr verlassen war ich da. Ich fühlte mich oft wie in einer kleinen Hütte auf einem ungeheuren Feld. Ich wollte etwas Neues bauen, das Jugendreich, das Kommende. Aber unendlich winzig lag das Bretterhäuschen, und nichts war um mich als eine riesenhafte Ebene, allein in ihr ich, ich, mit meinen Hoffnungen.

Auf dem Treffen des Kronacher Bundes alter Wandervögel in Schwäbisch Hall 1925 hörte ich das Lied singen:

Kein Hälmlein wächst auf Erden,
der Himmel hat's betaut,
und kann kein Blümlein werden,
die Sonne hat's erschaut.

Stehst du auch tief beklommen
in Waldesnacht allein,
einst wird dein Tag dir kommen
mit Tau und Sonnenschein.

Das sank mir ähnlich und wundersam tief ins Herz wie damals der Paul Gerhard-Choral im »Michelchen«.

Bei der Ordination predigte ich über den Wettläufer. Ich wußte, daß ich noch unterwegs war und es nicht ergriffen hatte. Ich hielt das für ein Prinzip. Als ich da oben stand und die Heimatkirche mit ihren vielen Gesichtern vor mir sah, merkte ich, daß es ging, und wurde sogar etwas frech und keck. Ich hatte vorher schon einmal öffentlich gesprochen, und das in der Henhöfer-Kirche in Mühlhausen an der Würm, über Jesaja 53, an einem Karfreitag. Dorthin hatte mich ein Ältester eingeladen, weil sonst vormittags kein Gottesdienst gewesen wäre. Auf dieser Erwecker-Kanzel geschah etwas ungesucht der Start. Ich liebe Henhöfer sehr. Die Sache war noch recht schüchtern.

In einer großen Stadt sollte ich Frühjahr 1923 anfangen. Mein Chef war ein sehr gütiger Herr, der oft lange in die Nacht hinein mit mir disputierte. Er hatte ein Interesse an dem jungen Vikar. Sehr freundlich ist Gott. Immer wieder schickte er Menschen. Ich hielt es mit einer größeren Jugendvereinigung, die eigentlich zur Nachbarpfarrei gehörte, aber mir sehr lag. Auch sie wanderte, sang, hielt Feste. Auf dem Feldberg hörte ich erstmals eine Oberstimme zu einem Löns-Lied. Hoch schwang sich der Sopran des Mädchens über die

Melodie. »Rose weiß, Rose rot...« Mit der Violine marschierte ich in einer der vielen Reihen mit und galt als »guter Mann«. Als ich versetzt wurde, ging ich gleich zu einer mehr völkischen Jugendgruppe, den »Adlern und Falken«, über und teilte deren Leben. Es wurden schon Rassenbilder gezeigt von den verschiedenen Menschenarten Europas. Aber dies war mir nicht so wichtig, das eigentliche Jugendleben mehr.

Ich fuhr mit meinem Bruder nach Island, dort waren ja noch die Nachkommen der alten Saga-Menschen, weitab der allgemeinen Heerstraße. Unterwegs, im Schiff, spielten wir aus dem »Jungfernkranz«, einem Liederheft, Gitarre und Geige. Ein anderer war da, ein junger Norweger oder Schwede, der mit einem Pastor zur Evangelisation nach Island fuhr. Um ihn sammelten sich die aus Dänemark kommenden Fahrtgenossen. Auch er sang zur Gitarre, aber nur sichtlich frische Heilslieder. Auf uns reagierte aber weiter niemand. In Reykjavik trugen die Frauen noch halblange blonde Zöpfe, und wir sahen Märchenaugen. Ahnungslos waren wir an Johnson fra Vogi, den führenden Mann Islands, zur Weiterempfehlung gewiesen worden, und er sandte uns zum Pfarrer von Borg, der auf der Kommode Schiller und Goethe stehen hatte und voll Hochachtung den Brief las. Wir marschierten los, obwohl ich noch nicht lange bei einem Weitsprung den Fuß übertreten hatte. Er besserte sich aber beim Überqueren der vielen Flüsse und Wasserläufe. Der Pfarrer hatte uns nach Galtarholt, wohl zu seinen besten Leuten, geschickt, denn als wir dort ohne unser Wissen erst um Mitternacht gemäß Sommer- und Heuerntezeit ankamen, standen sie noch auf und richteten uns einen Tisch. Ein junger Mensch spielte auf dem Harmonium in herrlichen, kurzen Rhythmen ein Stück, da er uns anders nicht begrüßen konnte. Seine Schwester brachte Sauermilch und vielerlei Kaltspeisen und konnte englisch. Wie herrlich! Überaus sauber war das Zimmer, die Vorhänge, alles in dem, wo wir schliefen. Morgens sollte uns das Frühstück ans Bett gebracht werden, aber wir waren schon aufgestanden. Das Mädchen zeigte uns noch ein Hünengrab; im Rucksack war Proviant für zwei Tage. Wir wagten kein Geld zu bieten und bedankten uns mit tiefer Verbeugung. Wir schickten dann etwas Nettes aus der Heimat. Das war isländische Gastfreundschaft, wohl aber christliche.

Bei der nächsten Übernachtung stand abends das Ehepaar am Harmonium, Knecht und Magd mit uns an der Tür. Sie wagten weder hinzuzutreten noch mitzusingen. Es waren schöne isländische Weisen, ein wunderhübsches Wiegenlied, aber nun auch Choräle. Diese glichen den unseren. Offenbar war man auch in Hvamur (sprich »Kwamür«) christlich.

Grenzenlos weit ruhte das Land. Wir sahen, wieviel Menschen bei uns nahe beisammenwohnen! Dort ein vereinzelter Hof, alle Halbetagereise weit. Kein Baum, kein Strauch. Hart hoben sich die Konturen des felsigen Graslandes vom Himmel ab. Wildgänse flogen. Im Hintergrund stand die »Böila« wie ein dreieckiger Schild gegen den Horizont. Sie wurde unser Ziel. Auf halber Höhe des vulkanischen Berges erzählte mir mein Bruder die Geschichte des Kapitäns Scott. Er hatte am Südpol die Flagge Amundsens vorgefunden und erfror, enttäuscht, auf dem Rückmarsch. Nebelfetzen flogen, uns umgab poröses Lavagestein, hinter uns blinkte fern der Spiegel des Nordmeeres. In dieser Richtung wohnten einst die »Leute aus dem Lachswassertal«, von denen wir gelesen hatten. Später sahen wir Thingvetlir, die alte Thingstätte; hier war 1000 die Wende aus der Zeit der Blutrache hin zum »weißen Christ« beschlossen worden. Der Pfarrer betrachtete mich als Theologen in meiner Wanderkluft etwas seltsam. Auch in »Helgavatn« (Heiliges Wasser, Teich) glitt der Blick der öffnenden Hausfrau prüfend an uns auf und ab. Ein Student, zur Heuernte daheim, wollte uns gar nicht mehr weglassen, weil er deutsch mit uns reden konnte.

Dies ferne Land hatte es uns angetan, als wir es verließen. Es war bei der Anfahrt wie eine Insel der Verheißung vor uns aufgetaucht, Walfische schossen ihre Strahlen, und zwei Delphine schwammen beiderseits des Buges mit dem Schiff um die Wette, bis sie wie auf Verabredung wegtauchten.

Das schwarze Nordmeer sprach mich seltsam und wie von Urzeiten her vertraut an – heimatlicher als das mir so liebe sonnige Mittelmeer. Wie weit sind wir unter den Stammverwandten in den Süden hinein vorgeschoben! So fühlten wir.

Auf dem Rückweg setzten wir im schottischen Leeds an Land, um noch etwas Englisches zu sehen. Wir durchfuhren die Insel von Norden nach Süden und wanderten auch ein Stück zwischen Parks und Villen nach Stratford, dem Sitz Shakespeares – wir standen an dessen Grab. In einer Stadt sahen wir ein Denkmal mit vielen, vielen Namen. Es waren die Gefallenen des vor sieben Jahren beendeten Krieges. Wir ahnten, wie es auch hier Blut gekostet hatte. Im Soldatenheim der Heilsarmee von London wurde es unvermutet mit den Zimmerbewohnern schwierig. Wir wechselten die Behausung, und in einem weiteren Gebäude kamen wir deshalb nicht unter, weil es schon Reisende nach den Schlachtfeldern in Frankreich aufgenommen hatte. Unsere freundlichen Salutisten, deren Abend in einer großen Halle uns wohlgetan hatte, brachten uns schließlich in einem mir sehr interessanten Obdachlosenasyl unter. Sie rieten uns, in unsere Schuhe die Füße der Betten zu stellen und unsere Kleider unter das Kopfkissen zu legen. Wir aßen in jenen Tagen fast nur Trauben, da wir noch nach Hause kommen mußten.

Auf der Ausstellung des britischen Weltreiches in Wembley machte ein Riesengeschütz von Vickers den Haupteindruck. Als wir unter einem Baum beim Parlament unsere Früchte verzehrten, räumten bei den ersten deutschen Worten einige Leute ihren Platz. Es war wohl noch etwas früh gewesen zu einem Besuch. Mit fast feindseligen Gefühlen sahen wir in Dover die Küstenfelsen dieses Landes von uns weichen, ja, wir spuckten in das Meer. Wie wir an der holländischen Grenze wieder auf deutschem Boden standen, hätte ich im stillen den Bahnsteig küssen mögen – hier war Heimat.

Hingegebenheiten

Auf der Suche nach dem eigentlichen Lebensinhalt huldigte ich damals einem gewissen Vitalismus. Ich gab mich dem Leben mit der ganzen Schenkekraft meiner jungen Seele hin. Und zwar seinen besten Eindrücken: der großen Natur, der schöpferischen Kunst, dem Durchkosten einer goldenen Stunde. Der Liebe zu einem Menschen öffnete ich mich ganz. Ich suchte darin die eigentliche Unmittelbarkeit und echte Erfüllung. Bis ich gerade daran scheiterte. Von daher mißtraue ich allen Schwelgereien und Hingerissenheiten, auch auf dem Glaubensgebiet, so gewiß es heißt: »Seid brennend im Geist.« Hingabe ist eine große Kraft; sie muß aber durchs Wort Gottes gereinigt und durch Zerbruch und Nüchternheit männlich und brauchbar geworden sein. Das wartete noch auf mich, und ich ergab mich Stunde und Eindruck.

Ich saß auf dem Vorsprung jenseits des Geländers und schaute ins Tal. Ringsum die Zwei- und Dreitausender der Tiroler Berge. Erhaben! Mein Vater sprach mich von hinten an. Ich gab ihm keine Antwort. Sah er nicht, daß er mich störte? Hatte er nicht vorher allzu schnell und allzu beredt mit dem Wirt und der Wirtin Fühlung genommen? Auch er schwieg, und erst anderntags kamen wir ins reine. Ich machte Vorwürfe, und er schalt. Abends aber lauschten wir einträchtig dem ergreifend schönen Harfenspiel unseres Kufsteiner Wirts.

Ich hockte in Berlin auf dem Boden des Museums. Vor dem »Ricardo da Tivoli« Feuerbachs. Großartig! Der Laute spielende Knabe en face (von vorn), das singende Mädchen im Profil, der Sturzbach rechts mit seinem edlen Erguß. Warum gab es vor diesem mächtigen Anruf von Anmut keine Bank? Man mußte das besehen, vom Fußboden bis zur Decke. Ich sagte das dem Wärter, der mich aufforderte, aufzustehen. Nun, ich tat es.

Ich lag am Ufer der Neckars. Die Sonne schien vom Himmel, ich »aalte« mich. Ich wollte mich einmal entspannen von all der vielen Schularbeit und ganz der Natur gehören. In meine Abwesenheit drang die erregte Stimme eines Schülers: »Herr Vikar, eben hat Werner um Hilfe gerufen!« Ich war mit drei Schülern privat durch den Odenwald hierher gewandert, zwei hatten jetzt das Schwimmen gelernt. Wie der Blitz war ich auf und rannte den Fluß entlang. »Hier ist er versunken!« schrien einige Leute und deuteten auf eine Stelle flußeinwärts. Niemand wagte zu tauchen, auch ich nicht, mein Herz schlug rasend. Ich rannte nach einem Nachen. Sicher hatte den Jungen der Fluß mitgenommen. Weiter unten fingen wir an zu fischen, und als wir ihn herauszogen, geschah dies nahe an der Stelle, an der er untergegangen war. Er war tot. Ich stürzte mich über ihn und machte Armbewegungen, Wiederbelebungsversuche. Ich betete bei mir: »O Gott, du hast auch den Sohn der Witwe von Sunem auferweckt, belebe doch diesen Jungen!« Die Augen blieben gebrochen. Ich ging hinter eine Brücke und weinte. Ein Kommissar kam, mich zu holen. Im Wartesaal hatte er die zwei anderen Knaben verhört, nun kam ich dran. Was hatte er erfahren? Die beiden Schwimmer hatten mich gefragt, ob sie Teewasser holen könnten, gingen dann aber noch einmal ins Wasser, der Grund entschwand unter ihren Füßen, und eine Panik ergriff sie. Einen von ihnen zog man noch heraus, als sie nach Hilfe schrien. Zuerst reagierten die heumachenden Bauern nicht hierauf, da schon einige Buben »zum Scherz« um Hilfe gerufen hatten. Ich fragte den Beamten, ob ich Schuld hätte. »Juristisch nicht, aber moralisch!«

Ich hüpfte im Klo des Zuges vor Not von einem Fuß auf den anderen. Was sollte ich dem Vater sagen? Ein messerscharfer Schmerz durchdrang mein Herz. Es war schwer, abends, und er meinte, ich hätte ihn gleich rufen sollen. Bei der Beerdigung sagte ich: »Leb wohl, Kamerad!« Aber er lebte nicht mehr.

Ich wollte mich verloben. Ein weittragender Schritt. Ich fragte Gott um Rat; sollte ich das, sollte ich das nicht? Ich erhielt keine Antwort. Undurchdringlich war es, dieses Dunkel, das über mir hing, es prallten alle Gebete an einer Bleiplatte ab, an Gottes Zorn und Mißfallen. Mit meinem ganzen Lebenssystem. Nach meiner Umkehr sah ich darin das Wort erfüllt: »Also sollst du innewerden und erfahren, was es für Jammer und Herzeleid bringt, den Herrn, deinen Gott, verlassen und ihn nicht fürchten.« (Jer. 2, 19)

Die Wende

Ich hatte mich nach einer Art Verlobungsessen und unter dem Eindruck, daß ich doch nicht hierher gehörte, verabschiedet. Ich wollte Weihnachten zu Hause verbringen und weilte über Neujahr bei meinem Schwager. Wir redeten viel, und nach Mitternacht bekam ich Herzschmerzen. Ich war doch wohl von dem allem erschöpft. Ich sollte nach Tübingen ins Tropengenesungsheim, dort würde man mich beraten, meinte mein Schwager. Er kannte das Institut, auch den christlichen Arzt dort. Dieser erkundete meine Lebensumstände und meinte, ich möchte dableiben. Bei der Abendandacht sah ich die Missionare, die aus Übersee gekommen waren. Sie sangen aus dem Gesangbuch, der Hausvater sprach über die Bretter, Decken und Glöckchen der Stiftshütte. Manchen kam das langweilig vor, mir nicht. Ich schaute hier Menschen, die etwas hatten. Ich hörte Choräle, in denen Substanz war. Ich vernahm die Bibelbotschaft, die etwas Festes darstellte. Das hatte ich nicht, alles das hatte ich nicht. Es war überzeugend. Wie weitgedehnt, leer, ichbetont, krank an mir selber war mein Leben! Dies hier mußte ich auch haben. Sofort entschloß ich mich dafür. Ich war das andere alles leid, es war nichtig; hier war Gott.

Zugleich wurde mir klar, daß ich abbrechen mußte. Ich schrieb der geplanten Verbindung ab, auch meinen Freunden. Ebenso tat ich meinem Bruder kund, daß ich nun zu einem Ende gekommen sei. Er erwiderte, auch er wäre den Abhang herabgerutscht und Gesellschaftsmensch geworden. Was er aber nie wurde. Ich schloß mich im Haus einem Kreis von Christen an, ja ermunterte ihn, für Gebet und Bibel zusammenzukommen. Eine Missionarin tat mir die ersten Handreichungen auf dem neuen Wege, das erzählte sie später meiner Schwester. Ich teilte meiner Mutter auf einer Postkarte mit, daß ich zum Glauben gekommen sei. Dies war eine gewaltige Botschaft für sie. Meine Schwester berichtete erfreut ihrer Freundin, meiner späteren Frau: »Otto hat sich bekehrt!« Das erschien dieser kaum glaubhaft, denn ich hatte ihr als Student auf einer Schwarzwaldwanderung mit Bekannten erklärt, die Kinder sollten bis zu 14 Jahren mit Religion verschont werden, um sie dann unvoreingenommen kennenlernen zu können.

In diesen Tagen ging viel in mir vor. Jene Solveig schrieb mir, ich solle doch nicht immer meine Schuld auf andere, etwa auf meine Mutter schieben, sondern selbst zu ihr stehen. Ich warf mich auf die Knie nieder und sagte: »Herr, hier bin ich. Und wenn du mich in die unterste Hölle verdammst, ich bin selbst schuld.« Augenblicklich war ich ganz gewiß, daß mir Gott alle meine Sünde vergeben hatte. Aufgrund des Kreuzes, wie ich später erkannte. Aber dort schon sprach das aus einem Bild im Rudolf-Schäfer-Testament. Jesus ritt auf einem Esel in Jerusalem ein. Er hob segnend die Hand, die Menge umjubelte ihn. Ernst schaute er her. Heilig sein Gesicht. Und doch spürte ich eine unendliche Güte, die von ihm ausging, gerade auf mich gewendet. Ich konnte glauben, daß er mich liebte. »Also über einem Bild haben Sie sich bekehrt!« sagte einmal jemand. »Sie sind doch ein alter Ästhet.« Nun, Gott redete so.

Ich beschaute auch im Schmuck-Testament den verlorenen Sohn an seinem Troge. Die Schweine umgaben ihn. So war auch ich bei den Schweinen angelangt, und niemand gab mir das Futter, die Dinge, die ihnen lieb waren. »Ich will mich aufmachen!« hieß es in mir. Und dann sah ich ihn beim Vater knien, und so war auch ich beim Vater angekommen. Die Geschichte las ich als meine eigene.

Ich saß auf dem Österberg. Auf einer Bank. Von der Alb leuchtete der Roßberg-Turm. Der Strahl der Abendsonne traf ein Fenster und von dort direkt mein Auge. Über viele Kilometer. So hatte auch Gottes Gnade mich erreicht, mich persönlich. Nur mich.

Der Arzt meinte, ich könne nach Freudenstadt gehen. Im »Palmenwald«, im Hospiz war ich. Das gab eine Fortsetzung. Ich sang aus dem württembergischen Gesangbuch mit neuer Erkenntnis: »Ich will dich lieben, meine Stärke...« »Allgenugsam Wesen...« Vor der Tür saßen die Hausmädchen und flickten etwas. Sie lauschten, was da der Vikar zur Gitarre sang. Erstmals hörten mir wieder Menschen zu. Auch ein alter Herr im Zimmer nebenan, ein müde strapazierter, vielleicht depressiver Berliner, ließ mich bitten, noch mehr zu singen, er höre es so gerne. Eine Lehrerin aus dem Rheinland war anwesend, sie hatte die Stimme verloren. Eine Dichterin unter den Gästen bemühte sich um sie. Aber wie der halb Verzweifelten beistehen? Ich wies sie auf Jesus hin, und sie konnte glauben, auch wieder besser sprechen. Das war meine erste Seelsorge. Nun war ich nicht mehr anderen zur Last, sondern imstande, ihnen zu helfen. Das Gespräch vollzog sich auf dem Absatz des Treppenflurs, und nach einigen Tagen hatte ich den leisen Eindruck, daß ich auch sonst eine Hoffnung für ihr Leben geworden war. Ich sage dies mit einem aus eigenem Leid kommenden Respekt vor allen echten Herzensregungen.

Ein Jurist war da, entsetzlich unruhig, er sprach in einem fort. Auf einem Spaziergang fragte er mich: »Ich möchte bloß wissen, was mir fehlt!« Ich nahm mir ein Herz und sagte aus meiner neuen Erfahrung: »Ihnen fehlt der Friede Gottes, Herr Amtsgerichtsrat!«

Als ich 30 Jahre alt wurde, hielt der Hausvater, Missionar Huppenbauer, mit halbverschmitztem Lächeln eine Andacht, die auf mich zielte. Ich erklärte dem Arzt, ich hätte Gnade gefunden, damit war auch für ihn die Hauptsache schon geschehen.

Am Tage, an dem ich abreiste, lag ich früh noch zu Bett. Es hieß in mir: »Steh auf!« Als ich mich nach einigem Zögern erhob, stand die Sonne gerade über dem Horizont der weiten Landschaft, strahlend, rein und hehr. So war sie über meinem Leben aufgegangen. Ich sank auf die Knie und konnte nur Psalm 103 lesen: »... der dir alle deine Sünden vergibt... Barmherzig und gnädig ist der Herr...« Ich hatte es erlebt.

Dann fuhr ich im Zug durch den Schwarzwald Karlsruhe zu. In mir war ein abgrundtiefer Friede, wie ich ihn vorher und nachher wohl kaum mehr erlebt habe. Die Leute um mich her redeten. Ich hörte sie gar nicht. Ich mußte an das Wort denken:

»... ein Wohlgefallen Gott an uns hat,
drum ist groß Fried ohn Unterlaß,
all Fehd hat nun ein Ende.«

Die Fehde von vielen Jahren.

In Karlsruhe bat ich den Prälaten, ich möchte nicht wieder in meine alte Stelle zurückkehren. Ich würde gerne woanders neu beginnen. Nun konnte ich sogar an den Ort meiner Mutter versetzt werden, vor dem ich vorher geflohen war.

Neuanfang

Es wurde schön, dieses Jahr des neuen Anfangs. Jetzt war ich neu geboren, jetzt hatte ich eine neue Sicht. Der Zweifel hatte mich verlassen, was ich sollte, ob ich sollte, wie ich sollte. Ich vernebelte nicht mehr meine Situation, indem ich ideologische, idealistische, autistische (selbstbezogene) Barrieren dazwischenschob und dann nicht mehr weitersah. Die Linie war von selbst gegeben: Dienst für Jesus.

Am liebsten wäre ich auf den Marktplatz meines Vororts gestanden und hätte dort zu den Leuten gesprochen. Der Prediger der Gemeinschaft, zu dem ich dies sagte, meinte, ich solle das machen; er mit seinem Chor würde dann gerne dazu singen. Ich vermied es jedoch, es war so ungewöhnlich.

Meine erste Liebe galt meinen Konfirmanden, die man mir gab. Biblisch-persönlich führte ich sie ein: »Was ist ein Christ? Wie wird man ein Christ? Wie lebt ein Christ?« wurde klargestellt und verkündigt. Die Antwort war jeweils: »Ein Kind Gottes und Jünger Jesu. Durch Wiedergeburt oder Bekehrung. In Jesus für das Reich Gottes.« Diese Einteilung habe ich festgehalten, bis ich nicht mehr unterrichtete. Eine Mutter sagte, das Diktierte könne man drucken. »Solang mein Jesus lebt...« war am Konfirmationstag das Chorlied, und eines der Mädchen, das ihn wegen Krankheit versäumte, sang das kindlich im Fieber.

Ich wohnte am Berg unterhalb meines früheren elterlichen Sommerhauses. Eines Morgens glaubte ich, ein Erdbeben zu verspüren. Ruhig lag ich im Bett ausgestreckt und dachte: Wird jetzt gleich die Decke herunterkommen? Über diese innere Unbesorgtheit mußte ich mich selbst wundern. Als ich von dort zu meiner Sonntagnachmittags-Bibelstunde in der Kirche schritt, stand vor mir ein Regenbogen leuchtend über dem eisernen Bahnübergang. Ich nahm es als Verheißung für meinen Dienst. Ich besprach hier jeweils um 5 Uhr die Offenbarung Johannes nach Schlatters »Erläuterungen«. Mehr und mehr fand das Zulauf, so daß sich der Pfarrer wunderte über die vielen Leute, die herausgingen. Wer kam sonst um diese Zeit? Als ich mich über die Kleidermode als Zeichen immer größerer Verweltlichung äußerte, zupfte eine junge Frau an ihrem Ärmel, wie wenn sie ihn über die Ellenbogen ziehen wolle. Ich erklärte dort bei Gelegenheit, ich betete jeden Tag um die rechte Frau. Ein älterer Freund sagte mir, es säßen doch die Kindergottesdienst-Helferinnen da; die meinten dann, sie seien die rechte. Nun hatte ich beten gelernt, ich wußte, das kommt vom Herrn.

Im Gottesdienst erwähnte ich einmal als Illustration den Verein »Schlaraffia«, der die Devise habe: »Freut euch des Lebens, solang noch das Lämpchen glüht.« Ein Rechtsanwalt, deren Beauftragter aus der Stadt, lud mich vor, und fragte mich, wie ich zu dieser Äußerung käme. Ich konnte nichts zurücknehmen, der Name habe mich dazu bestimmt. Mein Pfarrer, ein mir gut gesinnter, jovialer Herr, hatte meine Bemerkung aufgefangen. Er war Mitglied dieser Loge, und eine Einladung für sie lag auf seinem Schreibtisch. Er dachte, ich hätte diese gelesen. Das Beispiel war mir aber aus den Kenntnissen meiner Jugendzeit nur eben so zugeflogen.

Ein mit Einfühlung auf das junge Volk gehaltener Gottesdienst am Jugendsonntag fand das große Lob meines Chefs. Darin hatte ich ein von mir ehemals verfaßtes Gedicht dargeboten. Es begann mit den Worten:

»Heiß ist das Herz,
läßt sich nicht stillen,
will seinen Willen,
weltenwärts wallen.«

Er meinte allerdings dann auch wieder, es sei eine (pietistische) »Stündlespredigt« gewesen, als ich über hochmütige Selbstgerechtigkeit gesprochen hatte. Damit vertreibe man, wie auch mein Vater sagte, die Leute aus der Kirche. Mit dem Ruf Stangers: »No ra vom Thrönle!« (Nur herunter vom Thrönchen) hatte ich jede bürgerliche Seele schockiert.

Bei der Jugendgruppe der Pfarrei fand ich zunächst Anklang. Aber Biblizität und Liberalität vertrugen sich auf die Dauer nicht, und eines Tages erklärte sie mir, sie wollten sich dem Nachbar-Jugendbund anschließen. Das hieß, ich brauchte nicht mehr zu kommen. Für den letzten Abend überlegte ich mir, ob ich nun buchstäblich und mit den entsprechenden Worten den Staub meiner Schuhe an der Tür abschlagen solle, ich vermied aber den Eklat. »Doch sollt ihr wissen, daß euch das Reich Gottes nahe gewesen ist« lag mir auf der Zunge.

Die Sommerferien verbrachte ich mit meiner Schwester im »Ländli« am schweizerischen Ägerisee. Heute noch muß ich an ein mutiges Holzbrandtäfelchen im Treppenflur zu meinem dortigen Zimmer denken: »Wer den Sohn Gottes hat, der hat das Leben. Wer den Sohn Gottes nicht hat, der hat das Leben nicht.« Der Leiter des Gesamtwerkers, Pfarrer Krawielitzki, kam in jenen Tagen auch ins Heim. In der Frühe eines Tages wurde an meine Tür geklopft und ich gefragt, ob ich die Morgenandacht halten könne. Flugs war ich bereit. Sie muß dem Erwähnten gefallen haben, denn er fragte mich, ob ich nicht bei ihnen Mitarbeiter werden wolle. Ich sagte ihm zu. Aber als ich die Entlassungsbestätigung des Oberkirchenrates hierfür in Händen hielt, stand ich vor einer tiefen inneren Unmöglichkeit. Ich kniete hin, ich konnte nicht aus dem Kirchendienst austreten. Der größere Raum wehte mich auch hier wieder an. Der Kirchenpräsident fragte mich bei der Zurücknahme meines Antrages, warum ich aus dem kirchlichen Dienst hätte ausscheiden wollen. Ich erwiderte: »Aus Mangel an Gemeinschaft.« Daraufhin lud er mich zum Kaffee an seinen Familientisch.

Vorher schon hatte ich mich mit der Bethel-Mission in Verbindung gesetzt. Das Lebensbild Bodelschwinghs war mir Neubekehrtem ein großes Licht gewesen, und nun wurde in ihrer Zeitschrift ein junger Theologe für Ostafrika gesucht. Der Arzt aber meinte, mit meinem Herzen sei ich nicht unbedingt tropenfähig.

So erkannte wohl auch die Kirchenleitung, daß es an der Zeit sei, mir eine selbständige Arbeit zu geben. Schließlich war ich jetzt 31 Jahre alt. Ich wurde als Pfarrverwalter nach Buch a. Ahorn, heute Ahorn-Buch, in das badische »Hinterland« zwischen Osterburken und Wertheim versetzt. Mein Vater äußerte sich unzufrieden darüber, daß ich in eine so abgelegene Gegend kommen sollte. Auch ich wußte zuerst nicht einmal, wo im Lande der Dekanatssitz lag, aber die beiden kleinen Pfarrorte waren das Richtige. Dort konnte ich arbeiten, starten, auf den Weg kommen, meine Linie finden.

Die Gefährtin

Ein leeres Pfarrhaus erwartete mich. Sollte ich allein darin wohnen? In den letzten drei Wochen vor meinem Aufbruch machte ich Abschiedsbesuche, ging in die Fahrschule und lernte meine Frau kennen.

Bei jenem Aufenthalt in der Schweiz stand ich auf einer Brücke angesichts des Rhonegletschers. Meine Schwester und Freunde hatten sich von mir getrennt, da ich nach einem Alpenheim wollte, wo Dora Rappard Ferien verbracht hatte. Aber jetzt fiel mir das Alleinsein tief auf das Herz. Es wurde mir überwältigend klar, daß ich eine Frau brauchte. Ich fuhr zurück und erschien abends wieder bei meinen Freunden. »Wie der verlorene Sohn«, sagten diese nachher. Sie verwiesen auf ein sichtlich wertvolles Mädchen, das hier abends mit großem Zug Geige spielte. »Aber auch diese hatte der Herr nicht erwählt.« Ich besaß ein Wissen hierum. Die Partnerin sollte aus meinem Lebenskreis, aus meiner Heimat, aus meinen vertrauten Anschauungen sein. Das zeigte sich.

Wir wurden auf eine gemeinsame Fahrt zu einer Ausstellung eingeladen. Zuerst hatte ich Bedenken. Ich wollte nichts arrangieren. Aber dann willigte ich ein. Sie benahm sich durchaus ungezwungen, als ich, ihr unerwartet, einstieg. Das imponierte mir. So unkompliziert, hübsch und geradeaus blieb es auch. Auf der Bauausstellung meinte sie, die hohen Fenster im Treppenhaus von Corbussier müsse wohl der Mann putzen. Bei einem weiteren Treffen hatte ich das wohltuende Gefühl, hier gehe erstmals ein ebenbürtiger Partner neben mir. Sie war immer zu einem Späßchen aufgelegt, natürlich, geistig und fähig. Ich kannte sie schon längst, doch jetzt war sie irgendwie so schön da. Es gab noch eine Klippe, in der sie sich durch Ermahnungen, die indirekt an mich selbst gerichtet waren, beleidigt fühlte. Eines Morgens schickte sie mir aber in meine Einsamkeit als Antwort auf eine Karte ein entzückendes Plauderbriefchen.

»Ei, du liebe, liebe Zeit,
ei, wie hat's geschneit, geschneit...«

begann es. Da nahm ich meine Geige und spielte. Das tat ich so nur, wenn ich mich sehr freute.

Heute sollte der Tag der Verlobung sein. Ich hatte mir vorgenommen, nach einigen Spaziergängen die Entscheidung zu suchen. Am Frühstückstisch las ich auf dem Kalenderzettel: »Fürchte dich nicht, Zacharias, denn dein Weib Elisabeth wird dir einen Sohn gebären, den sollst du Johannes heißen.« Mit Zacharias war ich angeredet, denn ich war doch nun ein wenig ein Zauderer; Else hieß sie; Johannes (Hanns) Gerhard nannten wir später unseren Sohn.

Ich kniete nieder und rannte danach zum Bahnhof. »Sehen Sie, dort kommt der Herr!« sagte Else dem ungeduldigen Busfahrer. Wir waren die einzigen Fahrgäste. Beim Aufstieg zur Burg Liebeneck unterhielten wir uns über Mädchenbibelkreis, Schlatter und anderes. Ich dachte: »Wenn du wüßtest, was ich dich gleich fragen will!« Eine schöne Stelle mit Weitblick aufs Würmtal hatte ich mir dazu ausgedacht. Ich hielt an: »Fräulein Mohr, wollen Sie meine Frau werden?« – »Ja!« erwiderte sie und ging weiter. Den Verlobungskuß hat sie mir anderntags gegeben. Das Küssen war sie nicht gewöhnt.

Wir beschlossen, wann wir heiraten wollten. Wohin die Hochzeitsreise? »Nach Palästina!« schlug ich vor. Sie war gleich damit einverstanden. »Da geh ich mit!« rief mein Vater, als wir dies bündig mitteilten. Die Eltern dachten, wir gingen mit Siebenmeilenstiefeln. Im gleichen Januar mußte die öffentliche Verlobung und Ostern 1928 die Hochzeit sein, wenn wir noch vor der Hitze nach Palästina kommen wollten.

Wir standen am Bug des Schiffes. Glasklar lag die See, unbewegt in der hellen Sonntagsfrühe. Von links schwang sich Apulien heran, rechts drohte der Ätna in düsterer Verhaltenheit. Mit einem Arm hielten wir uns umschlungen, die Blicke geradeaus. Auf schwangen sich die dunkle Männer- und die helle Oberstimme: »Großer Gott, wir loben dich...« Das kam dann später ins Liederbuch.

Auf halber Höhe der Pyramide saßen wir. Unten wanderten, gleich Perlenschnüren, die Kamelkarawanen mit den Damen der Welt nach der Sphinx hin. Wir wollten diesen Dreiecks-Steinberg erklimmen. Der Führer strich auf einem Quader Sand flach. »Was wollen Sie?« – »Ihnen Glück weissagen!« Er hatte schon begonnen, arabische Schriftzeichen in den Staub zu graben. »Allah verbietet uns das! Und wir *haben* schon Glück!« rief ich. »Bravo!« kam es da vom Alten, vom »Scheich der Pyramiden« her.

In Jerusalem knieten wir auf Golgatha. Dies war die Stätte, wo das Heil geschah. Ein Kreuz stand da, wir sanken davor nieder: »Herr, hier hast du das Leben für uns gegeben. Nimm das unsere hin!« Eng umschloß uns das nahe Grab, eine Herzkammer der Welt. Jesus lebt! – Zwei Männer lagen auf den Knien vor der Krippe, ein dritter beugte sich tief über sie. Süß fiel das Licht der Lampen auf ihr Gesicht. Lange Gewänder sah man. Die Gestalten verharrten. Waren es die Weisen? Wir hatten Gott gebeten, uns Schönes erleben zu lassen, und nun dies. Sie schritten zur Treppe, einer wandte den Blick zum hellbeleuchteten Steintrog. »O Kindlein, du eroberst dir doch die Herzen der Männer aller Welt!« stieg es in mir auf, als ich diese hageren Anbeter in der Tracht Abrahams sah. Mit demütigem Kuß hatte eine Einheimische den Ort geehrt, da ein silberner Stern im Fußboden die Geburt des Erlösers anzeigte, und nur ein europäischer Reisetrupp hatte die Wände der Grotte auf ihre Unverbrennbarkeit untersucht. Der Wächter saß da und beobachtete alles, besonders die goldenen Ampeln. Auch uns. Warum wir uns hier so lange aufhielten?

In Haifa holte mich die Krankheit ein. Ich hatte doch aus dem Abrahams-Brunnen in Beer-Seba trinken müssen, das ging nicht anders. Als das Becherwerk einen Schuh emportrug, wurde mir etwas seltsam. Oder kam die Amöben-Ruhr über die Eisdiele in Jerusalem, wo alle Gläser im gleichen trüben Wasser gespült wurden? Genug, ich hatte sie. Mitleidig sagte der Missionar: »Sie arme junge Frau!« Daran erkannte sie die Lebensgefahr. Ein gefälliger jüdischer

Arzt kurierte die üble Geschichte mit drei kräftigen Behandlungsarten gleichzeitig. Ein orthodoxer Priester erschien und erhob über mir die Hände. So betet man im Morgenlande. Einigen Brüdern von der einheimischen Kirche hatte ich ja vom Guten Hirten reden dürfen. Nun liebten sie mich. Ich kam davon. Pfingsten konnte ich in die Templergemeinde zum Gottesdienst gehen.

Sturm auf dem See Genezareth! Wir waren bei klarem Wetter herübergerudert, in zwei Stunden hatten die Araber den Nordteil durchquert. Nun wiesen sie auf die Zweige einer Steineiche. Diese bewegten sich. Wind! Der See klatschte gegen das Ostufer. Schräg zu den Wellen fuhren wir an. Ich löste die Riemen meiner Schuhe. Das kiellose Boot hing zur Seite und verschwand mit der Spitze in den kurzen, tiefen Tälern. Da fielen mir die Jünger ein. »Herr, du kannst doch nicht zulassen, daß wir hier auf der Hochzeitsreise umkommen!« Interessiert schaute ich nach dem Segel, wo ein Mann mit der Leine jedem Windstoß nachgegeben hatte. Das Geheul im heiteren Himmel hörte auf.

»Nach dem Sturme fahren wir
sicher durch die Wellen,
lassen, großer Schöpfer, dir
unser Lob erschallen.
Christ Kyrie,
ja dir gehört die See!«

Singend fuhren wir dem Nordufer entlang.

Vielleicht waren wir auch sonst schon in Lebensgefahr gewesen. Im Südland hatten wir die Wüste durchreist. Die Straße Gaza – Beerseba brachte Beduinenzelte und rechts eine Kamelherde in Sicht. Als ich die schönen weidenden Tiere fotografierte, spürte ich gewissermaßen von hinten Blicke. Eine Gruppe von Männern saß da und hatten es sichtlich von mir. So schauten sie her. Ich erinnerte mich, daß öfters schon Reisende in der Wüste verschwunden oder nur mit dem Hemd bekleidet von dort zurückgekommen waren. Schön ruhig machte ich meine Aufnahme und schritt zum Auto zurück. Dort verhandelte gerade ein Mann mit dem Fahrer um Zigaretten, »auch eine für die Schwiegermutter«! In seinem Gürtel steckte ein Schwert. Der Perlmuttergriff war ebenso schön wie mir neu. Gerne fuhren wir davon.

Im Gibea Sauls hatte ich aussteigen wollen. Als aber Einheimische den Wagen umringten, intensiv die Koffer besahen und mit dem Fahrer verhandelten, folgte ich nicht der allseitigen Aufforderung, auszusteigen. Lieber setzten wir unseren Weg fort. Der Mann am Steuer drängte dann bei der Auffahrt zum Karmel einen Israeli in den Graben. Die Räder hingen in der Steinrinne. Wir fuhren einfach weiter.

Auf dem Tempelplatz war uns eine große Öde begegnet. Die arabische Moschee bedeutete nur einen Sperriegel. In ihr ist der große Opferfelsen mit den Rillen für das ablaufende Blut; darunter die Kammer, die es aufnahm. Aber Israel hat keinen Anteil an diesem Heiligtum, und diese Stätte, auf der Jesaja, Jeremia, Jesus und Paulus predigten, wird von ihnen nicht betreten. Vielleicht nun neuerdings? Selten mutete mich Geschichte so an wie hier. Nur *ein* Ort war mir im Herzen noch eindrücklicher: die einzige Stelle, an der Jesus mit Bestimmtheit gesessen hatte: In der Tiefe des Jakobsbrunnens rauschte das Quellwasser. Das Brett mit den Lichtern tanzte auf ihm. Jederzeit ist frisches Leben da, wo Jesus sitzt und ist.

Der Aufbruch

Der Ruf

Zu Hause empfing uns eine Dusche. Das junge Pfarrersehepaar war allzulange fortgeblieben. Nahezu ein Vierteljahr! Ein Kenner hatte uns geraten, nicht wie die Globetrotter zu reisen, in Gesellschaft, sondern privat. So gewannen wir einen Vertreter für diese einmalige Zeit. Allein in Jerusalem waren wir drei Wochen gewesen, im Syrischen Waisenhaus, und hatten alles angesehen, schön mit Weile und Stille. Nun hatte man uns nach Haifa geschrieben, wir möchten zurückkommen, denn die Orgel sollte eingeweiht werden. Wie konnten wir das? Unsere Reise in der Hälfte abbrechen? Das möchte doch der Dekan tun! So waren wir zum See Jesu und über Damaskus und dem Libanon weitergefahren. Alexandrien und Athen nahmen uns noch auf. Ob wir einmal wieder dahin zurückkamen?

Niemand empfing uns, kein Brautwagen mit Kränzchen, wie ich mir das vorgestellt hatte. Im Haus standen die neuen Möbel. Das halbe Dorf war da durchgegangen, um sie anzusehen. Niedergeschlagen und aufgebracht gingen wir zu unserem Krautacker und machten unserem Ärger Luft. Es wurde nachher besser.

Mit Aufzügen und Abschieden habe ich selten Glück gehabt. Vielleicht passe ich zu wenig in die Regel.

Ich hatte in einem Vorort der Universitätsstadt Lichtbilder über unsere Reise gezeigt. Der junge Pfarrer, ein Dozent, erzählte mir in der Frühe an der Haltestelle, man suche in Baden vergeblich nach jemandem für die erledigte Professur in praktischer Theologie. Ich dachte so, ob das nicht auch etwas für mich sein könne? Ich lehnte in meinem Holzcoupé allein in der Ecke, den Mantel über mir zusammengezogen. Immer mehr erfaßte mich der Eindruck: *da* hin, *da* hin sollte ich gehen. Ich hatte nun drei Jahre im Dorf ausgeruht, Strapazen, Kümmernisse von Jahrzehnten und zuletzt die Amöben-Krankheit ausgeheilt und tätig Kräfte gesammelt. Ich arbeitete immer schon gerne wissenschaftlich, neben anderem. Sollte hier nicht eine Aufgabe sein? Es bewegte mich tief, alles stellte sich mir vor, ich sah ein Ziel. Das war der Ruf. In eine Richtung, die ich noch nicht überblickte, in Etappen, die dann anders wurden, als gedacht, aber der Start war gegeben.

Ich fuhr zu einem Freund, um ihm die Sache vorzulegen. Dieser meinte, ich hätte in Marburg doch schon ganz ordentlich philosophisch etwas getan. Ich solle eben einfach eine Doktor-Arbeit machen, dann würde sich die Eignung erweisen.

Ein Professor der praktischen Theologie konnte mir kein Thema zeigen. Das müsse ich selbst finden. Auf der Heimfahrt schaute ich das Register eines Fachlehrbuches durch, mein Auge blieb an »Evangelisation« hängen. Auch anderes strich ich an. Der Professor meinte, über Evangelistik sei noch wenig gearbeitet, und in der Tat wurde es dann das einzige wissenschaftliche Werk über Evangelisation bis heute. Das Material solle ich mir selbst suchen.

Auf der Landstraße bei Seligenstadt maß ich die Geschwindigkeit meines Motorrades, genau jede Minute kam ein Kilometerstein. In Frankfurt durchstöberte ich die Bibliothek der Methodisten. Es roch angenehm nach Leder, Papier, Vergangenheit und Wissen. Biographien, Sammelwerke, Geschichtsdarstellungen und Predigtbände zog ich heraus, einen Koffer voll. Der Professor hatte mir gesagt, ob ich nur die deutschen Evangelisten oder auch die englischen bearbeiten wolle, müsse ich selbst entscheiden. So ging ich an die Angelsachsen, hier war die Wurzel.

Im Garten saß ich und las. Im Sommer war hierfür Zeit. Die lila und roten Phlox blühten um mich, oben schwirrten aus meinem Stand die Bienen über die nächsten Dächer weg. In Spiralen arbeitete ich mich in drei Jahren durch den großen Stoff, im vierten schrieb ich. Oft saß ich abends, wenn mir die Augen zufallen wollten, am Schreibtisch und sagte: »Weiter!« Dies hörte nebenan die Frau im Schlafgemach. Wenn mein Junge kam, um zu spielen, sagte ich: »Ich muß arbeiten«, und er berichtete unten etwas kläglich: »Papa muß eibeiten!« Der Kartothekkasten schwoll, die Stichworte ergaben sich vom Text her. Aus dem Gelesenen traten sie auf mich zu und wurden dann weiterverfolgt. Ich ordnete sie und bekam die Reihenfolge und das Inhaltsverzeichnis. Wie bei allen späteren Büchern war es bis ins einzelne durchgegliedert. Das Buch war nun fertig. Ein Verleger nahm es mir ab, nachdem es schon zur Promotion gedient hatte. Ein Tag kam, an dem schön in Leinwand gebunden zehn Belegstücke »Das evangelistische Wort« mit meinem Namen auf einem Stoß vor mir lagen. Ich schielte nach dem Verfassertitel. So etwas! Ich setzte mich ins Auto und fuhr mit Frau und Kind ins nahe Bad. Bei Kaffee und Konzert feierten wir das Ereignis.

Es war seltsam gewesen: Die Gedanken kamen nur so. Beim Ausarbeiten erlebte ich die Rüststatt des Menschengeistes, ebenso die

Eingebung des großen, anderen Geistes. Ganz natürlich und in Einheit. Zusammen Horizontale und Vertikale als Lebenserscheinung. Ich mußte arbeiten, und ich wurde beschenkt. Auch erfuhr ich die Gnade der Jahrhunderte. Längst Zurückliegendes öffnete sich, ergoß sich als ein Strom, ward lebendig. Die Großen erstanden auf: Wesley, Whitefield, Finney, Moody, Schrenk, Keller und andere. Ihre Welt, ihr Wirken, ihr Begnadetsein. »Wiewohl sie tot sind, reden sie noch.« Ich merkte damals, an welch schönes Thema mich der Herr herangeführt hatte. Die Welt der Erweckung tat sich mir auf. Ein großartiger, runder, göttlicher Schauplatz! »Wie die Made im Speck« konnte ich mich manchmal fühlen mitten unter lauter erstklassigen Vorgängen, mit erstklassigen Leuten, von erhabener geschichtlicher Potenz (Mächtigkeit). Große Linien, weitläufige Zusammenhänge, persönlichste, innerste Ereignisse von Bekehrungen und Berufungen wichtigster Leute im Reiche Gottes kamen mir aus den Quellen entgegen, brauchten – so war es mir – nur registriert, gedeutet, aufgeschrieben zu werden. Was Erweckung, Bewegung, geistlicher Gesamtvorgang ist, trat mir aus frischem Zeugnis lebendig entgegen in Parallele und Unterschied zu ganz anderen Gegenwartsabläufen, Gegenwartsbewegungen auf politischem Gebiet. Kurz, es war eine lang andauernde Freude und ein Gewinn für immer, an solch zentralen Themen zu stehen. Der Atem göttlicher Größe und lebendigster Geschehnisse rührte mich an. Ich sah Gott am Werke und beugte mich tief davor, brachte es ehrfürchtig zum Reden im Geschriebenen und betete, daß dieses auch weitere erreiche.

Neues Leben

Als ich Finney las, sprang der Funke über. Eine Frau fragte, wie sie zum Heil käme, und ich sagte ihr, sie solle ganz schlicht glauben, daß der Herr auch für sie gekommen sei. Er sei auch für sie gestorben und habe sie lieb. Sie war schon lange krank und schaute mich aus todwissenden Augen an. Als ich das nächste Mal kam, hatte sie es erfaßt. Sie erzählte mir, beim Feueranzünden in der Küche habe ihre Tochter sie gefragt, wie sie das gemacht hätte. Sie habe ihr erzählt, was ich ihr gesagt hätte, und diese habe es nun auch so getan. Beide wurden Stützen in der Gemeinde. Es war der Außenort. Auch im Stammdorf begab sich einiges. Ich lebte in der Welt der Erweckung, und das gab Erweckung. In einer zarten, göttlichen Weise. Zuerst hatte ich mich gewundert, daß die Teilnehmerinnen des »Mädchenvereins« jede Woche alle pünktlich kamen. Es war eben das Dorf. Dann begann eine tiefe, eindringliche Wirkung des Wortes. Auch der Gemeinschaft, der Herzensverbundenheit, des Gebetes, durch meine Frau und mich. Jene Abgelegenheit war die Sammlung der Wüste, in der etwas geschieht. Starke Liebe zu Jesus entstand – oder war sie schon dagewesen? Beides! Heute noch denke ich an jene sanften Gesichter und die guten, stillen Augen. Da war der Herr drin. Das Leben in ihm. Und zu meinem 80. Geburtstag sind sie mit mehr als dreißig gekommen.

Es ergab sich eine Scheidung. Beim Tanzboden wurde nicht mehr mitgemacht. Wie sollten sie auch im Arm eines Burschen herumschaukeln? Es war immer kritisch, wenn die Kirchweih kam. Eines Abends zogen wir an ihr vorbei vom Gautag der Mädchenkreise zum Dorf herein. Mit flatterndem Wimpel. Aus dem Wirtshaus streckten Fäuste Bierkrüge heraus und wedelten damit. Zwei Welten.

Einem jüngeren Bauern sprach ich auch zu, er dürfe und könne den Herrn annehmen, und in lautloser Lauterkeit wurde er gleichfalls sein. Seine Mutter war es schon, seine Schwestern wurden es, und seine Frau ebenso. Das gab nun eine Heimat auch für mich. In den Stürmen, die kamen.

Ein älterer Bauer war dem Tode nahe. Unter einem Berg von Kissen lag er, schwitzend, in Grippe. Ich dachte, da würde auch ich sterben. Er sagte, er gehe verloren, wenn er so fortmüsse. Ich riet ihm, bei Jesaja von Kapitel 40 ab alle fettgedruckten Stellen zu lesen. Als ich wieder zu ihm kam, hatte er einen freudigen Glauben. Er erzählte mir, in einer ähnlichen Lage sei früher ein Prediger bei ihm gewesen und habe ihm nur die Geschichte von dem Feigenbaum erzählt, der noch ein Jahr stehengelassen wurde, und sei wieder gegangen. Das habe den ersten starken Eindruck auf ihn gemacht. Jetzt nutzte er in der Tat die zwei Jahre, die ihm noch gegeben wurden, zu Besuch, Rat und Zeugnis. Einem in seinem Krebs laut schreienden Wirt gab er echten Zuspruch. Während der kurzen Zeitspanne wirkte er mehr als andere ein Leben lang.

In dieses stille Werden fuhr das Hagelwetter der Hitlerzeit und zerstörte es oder verdrängte es in den Untergrund.

Die Partei

Zuerst sah die Sache zwar ganz gut aus. Oder leidlich. Ja, wie eine Hilfe Gottes in höchster Not. Das Schreckensantlitz zeigte sich erst später. Beunruhigendes allerdings auch früher.

Die Arbeitslosigkeit war himmelschreiend. Täglich kamen Leute an die Haustür. An diesem abgelegenen Ort! Sie bettelten. 6000000! Die halbe Jugend.

Da erschien der »Trommler«. Seinen Namen sah ich erstmals rühmend hervorgehoben auf dem ersten Blatt einer Zeitung in Großformat. Ich fand sie auf dem Vorplatz eines Nachbarn. »Herr Adolf Hitler« knallte mir da in fetten Lettern auf dem »Völkischen Beobachter« entgegen. Er hatte zwar damals im Münchener Aufstand ein Fiasko erlebt, aber nun war er unterwegs.

An der Linde beim Spritzenhaus war sein Bild angeschlagen. »Der Retter Deutschlands« stand darunter. Markige Männer schauten aus Fotos eines Wahlplakats, das an der Vorderseite des Häuschens klebte. Teilweise in Felduniform, mit Stahlhelm, rassisch, nordisch, man lernte langsam darauf achten. Als Gegensatz dazu eine Anzahl angeblich degenerierter Gesichter, gar nicht militärisch. Alles Kandidaten. Sollte man da nicht die Retter des Reiches wählen? Daß die Wirtschaftskrise eine Weltkrise war, hörten oder sahen wir nicht. Hindenburg wurde Reichspräsident. »Gamla Hindenburg«, »der alte Hindenburg«, wie ihn jene Isländer auf unserer Seereise gleich einem Recken der Vorzeit mit Andacht genannt hatten. Was war da Marx, der Zentrumsmann, dagegen? Man dachte nicht politisch, nur national und unter gefühlsmäßigen Vorurteilen. Dieser Hindenburg überreichte Hitler am 20. Januar 1933 die Macht. Konnte da etwas falsch sein? Tief neigte sich der »Gefreite« vor dem General des Weltkrieges. Man sah es: so ehrfürchtig. Wie schön! Man hörte am Radio, die Leute in Berlin wären so erschienen, als ob sie sich auf die Knie werfen wollten, an diesem großen Tag. »Bu, jetz hasch widder e Zukunfd«, rief ich meinem Jungen zu. Es sah so aus.

Der Propagandakampf vorher war hart gewesen. Durch Jahre zog sich das hin. Die Gewalttätigkeit des Auftretens, des Tones der »Nazis« gefiel uns wenig. Die Saalschlachten, die Unruhe im Reichstag. Hin und her ging es über die neue Partei im Pfarrkranz. »Sie halten Fleisch für ihren Arm!« rief ich. Geistlich spürte ich da etwas. Aber wie, wenn das in der Politik nötig war? Es handelte sich ja um lauter Weltmenschen! Siegte nicht sonst der Kommunismus? Und waren in unserem Dorf nicht gerade die kernigen Burschen, auch die mir nahestehenden, dort dabei? Ein kleiner Ansatz zu einem Kreis erweckter junger Männer im Außendorf hatte sich plötzlich in eine SA. verwandelt. Überhaupt war es sonderbar, daß noch ein anderes Dorf und das unsere zu »Hochburgen« des Nationalsozialismus wurden. War es die radikale Botschaft, die sie empfänglich machte? Radikalität um einen billigeren Preis? Von Einsatz, Opfersinn und Hingabe konnten sich hier die Christen eine Scheibe abschneiden. »Die machen uns vor, was wir nicht tun«, sagte ich manchmal. Ihre Begeisterung für ihre Idee war ungemessen. »Deutsche Männer und Frauen, tretet ein in die Reihen der Frontsäue!« rief bei einer Versammlung im Schulhaus ein Propagandist, der so die Frontkämpfer als Vorbild hinstellte. »Die Fahne hoch...!« erklang dann ihr Bekenntnislied; hinter mir fiel hell der Sopran einer Pfarrerstochter aus der Nachbarschaft ein. Was Bewegung war, habe ich dort erstmals gemerkt und meine Studien gemacht. Die Gesetze einer solchen. Unversehens fuhren eines Morgens die braungekleideten jungen Leute des Dorfes mit ihren Käppis und Gewehren auf einem oder zwei Lastwagen ab. Wo sie die Schießwaffen herhatten? Sie starteten zum Landratsamt und besetzten dieses. Das war die Machtergreifung.

Der erste Mai folgte. Er wurde ein Festtag der Nation. Wir fuhren durch birkengeschmückte Dörfer nach Würzburg. Heiter stand der Himmel über der Straße, alles strahlte, beging die Stunde der erfüllten Hoffnungen. Den langen Zug in der Stadt führten die SA-Leute im Gleichschritt, dann folgten Jugendgruppen, auch katholische. Diese hielten ihre schwarzen Fahnen mit dem Kreuz darin am kurzen Stil schräg über sich. Noch war alles beieinander.

Auch wir standen bei einem Mädchentreffen unserer Region zackig am Straßenrand, die »Führer« einen halben Schritt vor, mit erhobener Hand, und ließen die Staatsjugend an uns vorüberziehen; wir wollten ihnen zeigen, daß wir es mindestens so gut konnten. Da durften wir schon nicht mehr mitmarschieren.

Ein Landestreffen der evangelischen Mädchen brachte 3000 unserer jungen Leute zusammen. Diese hatten nun schon großenteils ihre grünen Gewänder an, denn auch wir brauchten Tracht. Dringender empfanden wir die Stunde, die uns zusammenführte. Ein endloser Zug schritt im Takt zur Stadthalle. »Des heiligen Kreuzes Zeichen geht unserm Weg voran« sangen wir. »Des Hakenkreuzes Zeichen...« wandelte inmitten eine Gruppe Hitlermädchen ab. Bodelschwingh wurde bei der Festversammlung als Reichsbischof bekanntgegeben; bald darauf war es Müller. Wir mußten uns erst in den Ex-Parlamentarismus finden.

Damals erlebten wir den Einfluß des Zeitgeistes. Niemand kann je aus seiner Haut heraus, in der er geboren ist. Oder aus Gesamtvorgängen, die sich um ihn her vollziehen. Jeweils verschieden gestimmt und ausgerichtet waren die Menschen des Mittelalters, der Renaissance, der Reformation, der Aufklärung, des Industriezeitalters. Neuerdings der Revolution, der Demokratie. Geschichtliche Durchgänge vollziehen sich, an denen wir nicht unbeteiligt bleiben. Damals in der Hitlerzeit waren es die Not und das nationale Denken, zusammen mit den Endzielen ihrer angeblichen Lösung, die einen Prozeß der Gärung, der Unsicherheit und neuer Hoffnung hervorriefen. Es wurde sehr schwer, etwa politisch sich außerhalb zu halten, sich von dem Geschehen zu distanzieren. Wir erfuhren, welch eine Macht totalitäre Staaten und Ideen haben. Revolutionäre Vorgänge erschüttern, faszinieren, stoßen ab und ziehen an. Erst als der Kampf auf religiösem Gebiet begann, sahen wir, was für eine Weltanschauung alles trug und der unseren begegnete. Da wurden die Sachen klarer. Vorerst aber schienen Idealismus und Christentum parallel zu gehen, im Bestreben zu bessern, und der Umbruch im öffentlichen Denken ergriff auf seine Weise auch die Christen. Wenn auch oft mit Unbehagen.

Überall galt nun das »Führerprinzip«. Die Willkür, das Durcheinander sollte aufhören, fähige Menschen sollten leiten. Daß dahinter Gewalt und Tyrannei stand, merkten wir erst, als die Macht in deren Händen war.

Sollte auch in christlichen Kreisen Führerschaft ausgeübt werden? Etwa über die Jugendgruppen eines Bezirkes? Wir rangen darum auf einem Gautag. Ein Pfarrer widersprach heftig, ich meinte das. Ich war der zweite Landesvorsitzende, und als ich auf ein Treffen der Mädchen kam, winkte ich mit der Hand, sie sollten aufstehen. In Gedanken daran habe ich mich noch oft geschämt. Ich schrie eine Gemeindehelferin an, die auf einer Freizeit abseits von mir mit ihrer Gruppe hin- und hermarschierte. Ich verstand doch schließlich hiervon auch etwas. Exerziert wurde nun, Disziplin war großgeschrieben.

Der »Führer« hatte Erfolge. Die Arbeitslosigkeit verschwand. Man baute Kanonen und Straßen. Der Versailler Vertrag wurde gebrochen, er war der Grund alles Übels, wenn man das hörte. Und man hörte ihn häufig, den Mann mit der grollenden Stimme. Die Truppen marschierten ins Rheinland ein. Sie marschierten auch in Österreich ein, als es soweit war. Österreich wieder mit dem Reich vereinigt! Wir konnten unsere Ferien in Zell am See verbringen, nahe dem nun »höchsten Berg Deutschlands«, dem Großglockner. Irgendwie aber waren wir doch die »von draußen«. Die Truppen marschierten ebenso in Böhmen ein, auch das kam zu Deutschland. Da war aber der Krieg nahe.

Die Volksabstimmungen bestätigten jeden dieser »Erfolge«. Wer war da nicht einverstanden? Auch damit, daß Hitler »Führer und Reichskanzler«, alleiniger Mann an der Spitze wurde. Nur eine Stimme im Dorf war dagegen, im Außendorf 12. Wie konnte man? Es waren eben Katholiken, Hartnäckige. Damals haben wir das Unglück gewählt.

Der Kampf

Die Kristallnacht kam. Den Juden wurden die Schaufenster zerschmissen, die Geschäfte verwüstet, Synagogen angesteckt. Herr Samstag aus dem Nachbardorf an der Bahn sagte: »Jetzt sind *wir* dran, dann seid *ihr* dran«. Er ist dann mit seiner Schwester nach Amerika ausgewandert. Es war wahr. Wir kamen dran.

Auch die Affäre mit Röhm zeigte, daß die Messer blutig waren. Er wurde umgebracht, viele sahen sich an die Wand gestellt, ohne Recht und Gesetz. Was war das? Der oberste SA-Führer, und ein Knabenschänder? Warum vom Führer eines Morgens überrascht und erledigt?

Die Mönche sollten in den Kirchen gleichgeschlechtlichen Umgang pflegen. Man las es in den Zeitungen. Das bedeutete Angriff auf die Kirche. Das »positive Christentum« war doch verbürgt? Man hatte uns dies oft gesagt. Jetzt diese Tendenz! Sie wurde ganz deutlich!

Die Hossenfelder-Versammlung kam. Die öffnete uns nun die Augen. Der »Deutsche Christ« schrie: Viehtreiber- und Zuhältergeschichten! Sie sollten in der Bibel stehen. Das Kreuz sei Sklavenmoral. Da brach das Vertrauen. Widerstand erwachte.

Im übrigen stand es auch mit der »Volksgemeinschaft« nicht, wie oft proklamiert. Wir »anderen« wurden zweiten Ranges. Die Leute mit dem goldenen Parteiabzeichen dominierten. Der Ortsgruppenleiter schrie: »Niemand hat im Dorf mehr etwas zu sagen außer mir!« Der Pfarrer war bisher der gewesen, der etwas zu sagen hatte. Ausgeschellt wurde: Alle Eier sind da und da abzugeben. Bis jetzt hatte der landwirtschaftliche Hausfrauenverein sie abgenommen. Meine Frau weinte, sie war die Vorsitzende. Immerhin, der Ortsbauernführer kam und entschuldigte sich. Das war noch ein vernünftiger Mann. »Die vielen kleinen Adölfle sind es, nicht der vorne«, sagte man. Von ihm ging aber der Gewaltgeist aus. »Vorher hatten wir Volksgemeinschaft«, meinten die Frauen, sie waren sonntagnachmittags friedlich in ihren Gärten beisammengesessen. »Jetzt redet man davon.«

Die Jugend wurde eingegliedert. Wir vom Burckhardthaus-Verband hatten uns grüne Kleider angefertigt; »die können sie zum Heumachen anziehen«, spotteten die anderen. Doppelmitgliedschaft war für uns abgemacht, in einer Versammlung sollten wir eingegliedert werden. Ich erklärte unsere Bereitschaft zur Zusammenarbeit. »Das müssen wir erst sehen. Baldur von Schirach gibt da die Richtlinien.« Erzürnt stand ich auf und verließ mit den Mädchen das Lokal. Die anwesende Oberführerin sagte zu dem Ortssprecher: »So kann man nicht mit den Leuten umgehen.« Wir fühlten uns desavouiert und unsere Loyalität mißbraucht. Was war das?

Die Zeit des Übergangs war vorüber. Bisher hatte man noch vielfach um die Dinge gerungen. Im Jahr 1933 hatte ich auf Silvester zu einem »Dankgottesdienst für 1933« eingeladen. Zu meinem Erstaunen waren die Parteileute geschlossen erschienen, alle in braun. Wir hatten für die früheren Wahlen einen »Evangelischen Volksdienst« im Dorf gehabt; einer seiner Leute zeigte mir im Heft »Heilig dem Herrn« den »Zeitspiegel«, nach welchem Hitler das Werkzeug Gottes war. Nun befand sich dieser befreundete Mann dabei. In der Schule war es Pflicht, mit «Heil Hitler!» zu grüßen. Im Konfirmandenunterricht machte ich das nicht. Der war ja rein kirchlich. Ich solle es auch dort tun, wurde mir offiziell nahegelegt. Alles wurde ja nun »gleichgeschaltet.«

Auch die Kirche. Eine Zeitlang erschienen beinahe jeden Tag Verlautbarungen des »Reichsbischofs«, in welchen er die Eingliederung irgendeiner Landeskirche in die »Reichskirche« anzeigte. Ob auch nach Recht und Gesetz? Sicherlich nicht. Die »Bekennende Kirche« entstand. Auch ich beteiligte mich. Das war ja klar, daß mit Gewalt und nicht unter dem Evangelium vorgegangen wurde. Ich erhielt die Zusendungen, manchmal waren sie angerissen und beschädigt. Einen Vortrag Humburgs aus einem großen Bekenntnisgottesdienst verkaufte ich auch im Filial. Darin war über den Hergang der Dinge berichtet, das interessierte ebenso die Katholiken. Landrat und Kreisleiter luden mich vor, sie besaßen das Heft. Ob ich das hätte verkaufen lassen? Ich bejahte. Das hätte ich besser nicht getan, meinte der Landrat. Ähnlich der Kreisleiter der Partei. Sonst war dieser freundlich und wollte meine Meinung über einen Amtswechsel im Dorf wissen.

Aus der Zerstörung der bestehenden Rechtsverhältnisse, besonders in Norddeutschland, war eine »Bekennende Kirche« herausgewachsen. Überall sollte sie sich bilden. Ich war Soldat genug gewesen, um zu wissen, daß es nun darauf ankam, gemeinsam und gleichzeitig dieser Weisung nachzukommen. Also setzte ich mich ins Auto und fuhr zum Dekan. Ihm eröffnete ich die Sachlage. Er war betroffen. Eine Notorganisation neben ihm? Er nicht mehr der eigentliche Leiter? Er fragte mich, wie ich zum Staat stünde. Loyal, erwiderte ich. Das sei nicht genügend. Ich fuhr zu den übrigen Amtsbrüdern. Zwei machten mit.

Die Öffentlichkeit mußte unterrichtet werden. In drei Gemeinden hielt ich Orientierungsvorträge. Dazu war aufgerufen worden. Reges Interesse fand sich. Die Sache wühlte die Leute auf. Die Polizei eröffnete mir an einem Ort, es dürften nur Mitglieder an der Versammlung teilnehmen. Also verteilte ich die bekannten roten Karten, auf denen sie sich als Mitglieder der Bekenntnisgemeinschaft eintrugen. Auch eine gefälschte mit fingiertem Namen wurde mit abgegeben, das war ein Aufpasser. Nachher hörte ich, der Pfarrer hätte die Polizei alarmiert; er bestritt das aber später.

Auch im eigenen Dorf hatte ich einen Informationsvortrag angekündigt. Gegen Abend erschienen einige von der Partei und meldeten mir, der Dekan ließe mich bitten, dies nicht zu tun. Er gehörte selbst zu den »Deutschen Christen«. Es ging damals um die Eingliederung der evangelischen Jugend. Als ich diesen Parteigrößen die betreffende kirchliche Abmachung mit dem Staat vorlegte, wurde sie mir achtlos über den Tisch zurückgeworfen. Die Glocken läuteten danach schon, und ich stand noch immer unschlüssig an meinen Schreibtisch gelehnt. Dann ging ich hin und berichtete. Auch über unehrliche Manöver des Reichsbischofs. Nachher sagte ein Mann, da habe ein Pfarrer den anderen der Lüge bezichtigt. Die Kirche zeigte aufmerksame und auch neugierige Gesichter. Sie waren alle auf mich gerichtet; es rief sie die Stunde, etwas wahrzunehmen, ein letztes Anliegen.

Von den Brüdern in Karlsruhe kam die Aufforderung, sich als Pfarrer gegen die Einsetzung einer Finanzabteilung zu erklären. Diese bedeutete die staatliche Maßnahme, auch im Süden doch wenigstens einige Kontrolle über die Kirche auszuüben. Ich wußte, wenn ich das tat, war das Kampfaktion. Ich kniete nieder an meinem Sofa, neben meiner Frau, und befahl mich und uns Gott. Dann unterschrieb ich. Es waren heiße Tage.

Eine Versammlung der »Deutschen Christen« sollte bei uns veranstaltet werden. Es war ein plötzlicher Schlag, obwohl ich doch ja auch in drei Gemeinden der Gegenseite gesprochen hatte. Ich holte schnell meine beiden Pfarrbrüder bei. Da saßen wir nun, drei gegen zwei, in dem enggefüllten Rathaussaal. Lauter Männer. Die braunen Bataillone hätten die Kirche gerettet, wurde uns eröffnet. Und wenn ich gesagt hätte, der leitende Geistliche der Landeskirche wolle auf seine 90 besten Pfarrer, welche die Protesterklärung unterschrieben hatten, nicht verzichten, so sei das »Pharisäismus«. Bei der letzten Kraftsilbe schlug der Redner, später wieder ein namhafter Mann, mit der Faust auf den Tisch, und seine Locke fiel tief über die Stirn. Eine Diskussion wurde nicht zugebilligt, das sei nicht nationalsozialistische Übung. Als wir aufstanden, sagte ich noch zu den Kollegen: »Heute abend habt ihr viel Porzellan zerschlagen!« Beim Weggehen wandte ich mich um und rief: »Ihr Männer, glaubt eurem Pfarrer, der sieben Jahre bei euch ist, mehr als diesen Herren!« Der Bürgermeister, ein wohlmeinender Mann, kam und faßte mich am Ärmel: »Herr Pfarrer, gehen sie hinaus!« Nachher saßen wir drei wie verdonnert im Pfarrhaus. Was war das gewesen? Unfaßlich dies Neue, Totalitäre! Nun noch im Evangelium! Unter Kollegen!

Man verbot uns den Bürgersaal. Auch der Kirchenraum sollte nicht mehr zu Bekenntnisversammlungen benutzt werden. »Kirche ist Gottes Haus«, stand in einem Schriftstück, das, unterzeichnet von einem Teil des Kirchenausschusses, einging. Es waren eine Stimme mehr als die Hälfte. Ich hörte, daß dies durch Druck auf einen Gemeindebeamten erreicht war. Ich schrieb einen Brief: »Das müssen Sie vor Gott verantworten!« Unser Mädchen überbrachte ihn dem Bürgermeister, er galt aber auch den beiden Spitzen der Partei.

Sonntagmorgens rief ein Bursche über die Mauer, eben sei der Bürgermeister im Stall des Ortsgruppenleiters zu dessen Füßen tot hingefallen. Ich stürzte in sein Haus; in der Tat entkleidete man ihn gerade. Das war ein schrecklicher Anblick, diese nackte Gestalt. Der Donner hatte dareingehauen. Was war das? Was sagte das?

Am Christfest mußte ich ihn beerdigen. Am Tag, wo Friede erschien. So stürmisch ist die Welt! »Wie der Blitz oben vom Himmel blitzt und leuchtet über alles, das unter dem Himmel ist, also wird des Menschen Sohn an seinem Tage sein«, nahm ich als Text. Es war schwer zu sprechen unter diesen Umständen, und umgeben von lauter Uniformen. Einer von ihnen meinte, den Verstorbenen doch als des ewigen Lebens würdig bezeichnen zu müssen. Zu einer Äußerung hierüber hatte es mir die Sprache verschlagen. Alles ereignete sich so plötzlich! Und gewiß war er mehr der Geschobene gewesen. Die schon angekündigte »Deutsche Weihnacht« wurde nun nicht gefeiert, und der große Christbaum, der für sie auf dem Dorfplatz aufgestellt war, blieb ungeschmückt.

Noch heute sind mir diese Vorgänge geheimnisvoll und bedeutsam. Sollen wir Gerichte Gottes erklären? Sie feststellen? Merkwürdig ist, daß einer der beiden Ortsführer, der neue Bürgermeister, bald nach meinem Weggang noch in jüngeren Jahren an Krebs gestorben ist. Er wollte nicht von der Partei beerdigt sein, aber wieder umstanden die Uniformen das Grab. Und der dritte saß dann lange im Konzentrationslager, wo er, der schon immer viel von Christus gewußt hatte, eine Wendung nahm und tief gedemütigt nach Hause zurückkehrte. Ich setzte mich neben ihn, als ich später wieder dort zur Kirche kam, und er sagte nachher zu mir: »Sie haben uns aber auch genug zu schaffen gemacht!« So sah sich das von ihm aus an.

Die »Gruppe«

Eine neue Sicht über diese Dinge bekam ich, als ich der Gruppenbewegung begegnete. Unter der Botschaft von der unbedingten Liebe und der Führung Gottes sah ich, daß bei allem guten Willen und bei vollem und richtigem Einsatz für den Herrn doch manches Ungereinigte und Ungeklärte mit unterlaufen war. Ich hatte teilweise zunächst aus der eigenen menschlichen Reaktion gehandelt, wohl unter Gebet um den rechten Weg, aber die zarte geistliche Führung war noch nicht so recht mein Eigen gewesen. Kampfesleidenschaft hatte mich erfüllt, ohne daß ich es wußte, das natürliche Draufgängertum hatte sich gemeldet und teilweise auch durchgesetzt. Es ist schwer, rein zu kämpfen. Man versündigt sich oft, fast immer, beinahe notwendig dabei. Und doch ist es nötig. Hier erfahren wir die Grenzen des Menschlichen und die Notwendigkeit des Göttlichen sowie der Vergebung. Für die Auseinandersetzung nicht mit NS-Mythos, sondern mit »Entmythologisierung« habe ich gelernt, sachter, aufmerksamer, tiefer geführt, hellhörig auch für meine Gefahren das Nötige zu tun. Denn widerstanden werden muß. Und je mehr die Linie in die Veräußerlichung geht, desto entschlossener.

Auch habe ich gesehen, daß das Reich Gottes als primäres Interesse noch über jeden Kampf geht. Ich meine das positive erweckliche Leben und seine Förderung, das damals untersank oder nicht mehr gefördert wurde, jedenfalls aus meinem Gesichtskreis trat. Es soll dies nicht mehr tun, nie mehr. Nur so kann man dienen, auch dem Volk, auch der Kirche. Das heißt nicht, daß man sich distanziert, sondern daß man geistlich handelt. Auch im Kampf, Widerstand, Bekenntnis. Wie schwer ist das! Aber ein Anliegen. Ich habe gelernt. Aber jene Zeit bedauere ich nicht. Hinstehen ist immer besser als umfallen. Ein Zeugnis. Gott bestätigt es. Die Menschen damals hielten durch, sie überstanden die Zeit, all der Zauber, der Spuk verschwand. Übrig blieb Jesus.

Ich hatte mein »Evangelistisches Wort« vollendet und schaute nun aus nach etwas Neuem, etwas, das im Reich Gottes zu jenen Geschehnissen Fortsetzung war. Ich las in der »Furche« eine Notiz über »Nur für Sünder« von Frank Buchman. Es leuchtete mir ein. Dies war von Belang. Dann erzählte mir meine Frau, sie hätte im Pfarrschwestern-Bund von einer neuen Bewegung, der Oxford-Gruppe, gehört, es sei ihr bemerkenswert erschienen. Wir kamen zur Kur in ein Bad, denn unsere Herzen hatten über den Aufregungen Not gelitten. Im Hotel sagte ich bei Tisch: »Hier herum muß doch der Pfarrer Laun wohnen?« Und eine Nachbarin erwiderte frisch: »Ja, er ist gerade bei einer Tagung auf der Westerburg.« Sie erwies sich selbst damit als eine schnellentschlossene Mitarbeiterin der Sache. Diese Schweizer Dame warf uns bei ihrer Abreise aus dem anfahrenden Zug noch eine Kußhand zu. Es bewegte uns tief. Solche Art von Unmittelbarkeit hatte das junge Ehepaar noch nie erlebt.

Auf der Westerburg wurden wir mit Hallo empfangen. So ganz und gar unförmlich. Für die wenigen Leute wurden wir eine willkommene Zutat. Einer erzählte seine Bekehrung. Er war ein Kaufmann, der mit seiner Frau nahe am freiwilligen Gas-Tod gestanden hatte. Jemand aus der »Gruppe« besuchte sie, und da geschah der Anfang. Die Feierlichkeit, Wirklichkeit und der Ernst der Erzählung machten mich betroffen. Hier fand ich gleich die Frontnähe des Lebens, auch des göttlichen.

Im Gespräch meinte jemand, es sei auch sehr wohltätig zu beichten. Ich dachte: »Mich kriegst du nicht dazu!« Auch nahm ich die Bekenntnisfront in Schutz, hinter deren Liebe jemand ein Fragezeichen setzte. Ich hätte selbst Federn gelassen. »Ferdi«, den Leiter, – Justus Ferdinand Laun – quetschte ich aus über die Methode der Gruppe. Er gab geduldig Auskunft. Als wir nach einer Stunde zurückkamen, fragte mich meine Frau: »Nun, Otto, hast du erfahren, was du wissen wolltest?« – »O ja!« rief ich. Ferdi legte seinen Arm um meine Schulter und bemerkte: »Aber seine arme Seele ist leer ausgegangen!« – »Otto, du predigst!« warf er ein, als ich bei einer Besprechung zu einer längeren pastoralen Ausführung angesetzt hatte. Ich erfuhr brüderliche Korrektur. Man nahm mich schnell in die Mannschaft.

Kurz darauf war in unserem Badeort eine Evangelisation, und ich stand schon als Mitarbeiter in ihr. Wir überlegten, ob wir in die Kirche gehen sollten, als das Gemeindehaus zu klein ward. »Es ist gleich, wo wir sind, wenn nur der Heilige Geist dabei ist«, schrieb ich in mein kleines Notizbuch und las es vor. Sie stimmten mir zu. Ich empfand sehr das enge Zusammengehören in diesem Kreis. Abends erzählte ich dann bei einer Veranstaltung die Geschichte meiner Wendung aus der Jugendbewegung, etwas schwer, ernst, so wie ich es verstand. Auch die Geschichte »Hier ist gegipst« aus meinem alten Schullesebuch. Diese Worte waren in reichem Wuchs auf einem Kornfeld zu lesen, immer an den Stellen, wo der Bauer den anderen zur Lehre Gips hingebracht hatte. Hier sei auch so etwas Echtes, Fruchtbares. Ferdi hatte meine Frau gefragt, ob sie nicht etwas beitragen wolle. »O nein«, erwiderte sie, »dazu bin ich viel zu schüchtern!« – »Oder haben Sie nichts zu bezeugen?« kam es da. »So ein frecher Kerl!« dachte sie. Aber er hatte recht.

Ich lud ein. Am Tennisplatz stand eine Dame, und ich nahm mir ein Herz und fragte, ob wir sie nicht auch zu diesen Abenden erwarten dürften. Sie sah mich groß an, und aus diesem Blick erkannte ich die Ferne, Unerreichtheit, Vernachlässigtheit einer Welt. Ich aber hatte zum erstenmal geladen und bezeugt und das Tabu kirchlicher Wände durchbrochen.

Großarbeit in Dänemark

Der Sommer 1935 brachte einen großen Feldzug der »Gruppe« in Dänemark. Für mich bemerkenswert war, daß ich an einen Grafen die Bitte richten konnte, mich einzuladen. Die Zusage erfolgte telegrafisch mit Ziel Horsens. Dort traf ich alles in voller Arbeit. Zum erstenmal war ich in einem Kreis, der aus aller Welt zusammengekommen war. Als mehr kleinbürgerlicher Deutscher saß ich in ziemlich gehobener Gesellschaft, erste Kreise aus England. Eine Ministerstochter sprach abends öffentlich. Man betete nicht zu Tisch, vermied fromme Gebärden, äußerte sich in heutigen Ausdrücken, kleidete sich gesellschaftlich, hielt auf guten Umgangston. Sichtlich stand eine kindliche Offenheit für Jesus, für die Tat und für das Zeugnis zu ihm dahinter. Großartig, wie entschränkt das war, wie unmittelbar, wie ansprechend. Ich sollte in diesem Lande noch vieles lernen und habe die Augen aufgemacht. Ich zog still die Vergleiche, Nutzanwendungen und Folgerungen und sagte einmal zu einem Engländer: »Hierüber könnte man ein dickes Buch schreiben.« – »Nur ja nicht!« rief er, aber ich schrieb es doch, allerdings kein dickes: Es war die »Wiedererweckung der Kirche«. Inhalt: Von der innerkirchlichen zur missionarischen Haltung!

Hier lernte ich Mission in Praxis kennen, eine großzügige, denkende, unerschrockene, gereifte. Man ging an der Sache entlang, den Erfordernissen, nicht dem Prinzip. Die Sprache war anders, das Gebaren, die Mittel. Eine ganz neue und verschiedene Welt gegenüber meiner pastoralen, kontinentalen, kleinbezirklichen! Ich lernte und war froh.

In Sonderburg auf Alsen wurde die Strategie der Gegend entwikkelt; man sah Landkarten. Deutsche und Dänen wohnten dort beieinander. Frank Buchman maßregelte einen meiner Freunde, der giftig-kritische Stimmen zu Gehör brachte. Er meinte, man dürfe sich nicht beunruhigen und beirren lassen. Abends trug eine Südafrikanerin Lehren aus dem Nebeneinander von Buren und Engländern vor; man konnte sich die Schlußanwendung selber ziehen. Die »Oxford-Gruppe« hatte sich gerade dort ihre ersten Erfolge errungen und nach der tragenden Gruppe von Oxford-Studenten ihren Namen erhalten.

Nach einigen Tagen Eingewöhnen sollten auch wir Deutschen zu Wort kommen. In zehn Minuten zehn Teilnehmer. Ich setzte mich an das Meer und überlegte. Das Wasser roch interessant nach Weite, Fisch und Tang. Als wir geendet hatten, sagte Ferdi: »Exzellent!« Es war alles kurz und präzis gegangen. Ich hatte einen Vergleich aus meinem Kriegsleben als Artillerist gezogen, woraufhin mich nachher ein Däne ansprach, der ebenfalls bei dieser Waffengattung gewesen war. Ich lernte den Wert konkreter Angaben kennen.

In Aarhus herrschte »Großalarm«. Die ganze Stadt war unterwegs. Das Wandern der Massen zu den hintereinanderliegenden Versammlungsorten erinnerte mich an die Zeiten von Finney und Moody. Man hatte geteilt. In der Radrennbahn sprach ein ehemaliger Meisterboxer im Volksjargon; in der dritten Halle befand sich das gehobene Publikum, wohl auch das christliche. Dort hatte ich meinen Platz in einer erstaunlichen Umgebung. Mit mir auf der Tribüne saß eine Riesenmannschaft, aus aller Welt zusammengekommen. Zum Nebenmann hatte ich einen Engländer, früher Atheist und Kommunist, mit der Figur eines Schwergewichtsmeisters. Er legte den Arm um mich, als ich unruhig überlegte, was ich sagen sollte, wenn ich drankäme. Dies tat mir unendlich wohl; da war Liebe. Ich hatte ein Gefühl, wie wenn der liebe Gott den Arm um mich legte.

Ein Däne, ein Gemeinschaftsmann, sprach lange über »das teure Blut«; ich höre es noch heute: »o de diere Blad« – oder ähnlich. Als ich nachher noch einmal in den weiten Raum hineinschaute, kniete eine Gruppe um einen Mann auf einem Stuhl; sie beteten mit ihm. Also Ernst!

In der Mannschaft

Die Vormittags-Vorbereitungen der Mannschaft waren mit mein tiefster Eindruck. Nie hatte ich eine so große Gruppe disziplinierter Menschen gesehen. Sie erschienen mir wie junge Offiziere, die da herumstanden, -saßen, mitmachten. Frank Buchman oben auf dem Podium, um ihn einige seines engsten »Stabes«. »Let us have a quiet time«, konnte der nur wenig über uns Sitzende immer wieder einmal sagen: »Laßt uns eine Stille Zeit halten!« Dann wurde es sehr ruhig. Ich hatte nie vorher eine solche Stille vermerkt. Lautlos still. Geistlich still. Betend still. Es war herrlich. Endlich einmal Schweigen. Nicht immer jemand am Bebbern. Ich lernte das.

Einem Geburtstagskind wurde gesungen: »Happy birthday to you!«, »Glücklichen Geburtstag dir!«, und aus aller Herzen strömte ein Gruß der Liebe und des Einverstandenseins.

Wenn die Themen vorgeschlagen wurden, kamen deren viele aus dem politischen Gebiet. Die jungen Leute riefen sofort: »Mrs. Hoffmeister!« Die sprach über Südafrika. Oder sonst ein Gebiet der »politischen Diakonie« und des Sozialen kam in Vorschlag, das später bei der »Moralischen Aufrüstung« (M.R.A.) noch mehr in den Vordergrund trat. Aber die »Vier Absoluten«, unbedingte Ehrlichkeit, Reinheit, Selbstlosigkeit und Liebe, wurden auch auf das persönliche Gebiet angewandt. Tiefe Einsichten über sich und Christus, den Bringer der vollen »Umwandlung«, wurden in lebendiger Verkündigung und realistischem Zeugnis nahegebracht. Hier war Bekehrung gemeint, und das »Äbbsolljuut« mit dem Ton auf dem »Ä«, das »Absolut«, das sich mit radikaler Eindringlichkeit aus dem Mund Frank Buchmans wiederholte, war uns eine Herausforderung zur totalen Hingabe und Auslieferung des Lebens.

Als ich eines Morgens in der Vorbereitung meldete, ein dänischer

Arzt habe mich gefragt, ob eine Versammlung für Mediziner stattfände, rief Frank Buchman: »O natürlich! Das muß geschehen! Machen Sie das!« Der deutsche Mannschaftsleiter tadelte mich, daß ich »Grünhorn« so etwas gesagt hatte, aber der die Initiative zeigte, bekam sie auch für weiter. In der Ärzteversammlung begrüßte ich nur die Anwesenden, dann übergab ich die Leitung einem dänischen Doktor und ging wieder.

Die Großzügigkeit der Sache imponierte mir. Es war alles bewußt geplant, geordnet, beweglich, unternehmend. Wir wohnten mal im Hotel, mal in der Jugendherberge. In ersterem gab es die riesenhohen Frühstückstische in Gestalt wandelnder Wagen, auf denen alle möglichen Leckerbissen, Lachs, Schinken, Fleisch, Eier, Geflügel nur zum Zugreifen bereitlagen. In der Herberge schlief man auf einfachen Betten und bekam »rote Grütze«, die berühmte Nationalspeise. Alles auf Gruppenkosten, denn uns Deutschen war die Geldausfuhr untersagt. Opfer. Wir waren in Bussen gekommen und fuhren in Bussen. Die vielen hundert Glieder der Mannschaft stellten ihre Ferien auf eigene Rechnung zur Verfügung. Ein Däne war, wie ich hörte, aus San Franzisko gekommen, um seinen Landsleuten zu dolmetschen und hatte sich still zur Mannschaft gesetzt. Mein Zimmergenosse in der Jugendunterkunft war Herr »Lord«. Ich hielt ihn zuerst entzückt für einen solchen, er hieß aber nur so. Mit diesem englischen Lehrer war ich bald herzlich Freund. Ein schwedischer Pfarrer mit seiner Frau kreuzte auf; sein Auto zeigte eine bemerkenswerte Apparatur zum Übernachten. Er ließ sich von mir über die ganze Sache hier aufklären; bei seiner Frau tat dies eine Engländerin.

Ich wollte über dieses kleine Beispiel internationaler Zusammenarbeit abends berichten, kam aber nicht dazu, denn ich war »k. o.«. Nachmittags sollte ich einen Pfarrer in einem Vorort besuchen. »Immer der ›spörvey‹ nach!«, hieß es, also folgte ich beharrlich den Straßenbahngleisen. Ich fand ihn nicht und mußte noch einmal in die Stadt zurück, die richtige Adresse zu holen. Als ich dort war, eröffnete mir der Besuchte, er habe Pfarrer Laun um die Ansprache im Gottesdienst gebeten; unsere Namen müßten verwechselt worden sein. Er sei im Begriff, seine Frau von der Bahn abzuholen. Ob ich mitkommen wolle? Ich trabte also mit ihm zum viertenmal die »spörveys« entlang. Ich bemühte mich, heiter zu bleiben. Der Nachmittag war heiß gewesen, und an Stelle der ausgefallenen Tasse Tee trank ich zum Abendessen ein Bier. Noch eins. Der Geist mahnte mich, dies nicht zu tun, aber ich war so durstig. Zum öffentlichen Sprechen besaß ich nun nicht mehr die volle Klarheit, und ich lag dann etwas deplaziert auf meinem Herbergsbett. Gerade an diesem Abend wollte Frank Buchman mich reden lassen. Ich hatte schon immer wieder mal darauf gewartet.

Jener leisen Stimme sollte ich nun besser gehorchen lernen. Man nannte sie »Führung«. Ich wurde mißtrauisch, als ich zuerst hiervon hörte. Ich hatte allzulange Impuls, Regung, Einfall gefolgt, auf eigene Initiative, eigene Verantwortung. Sollte ich nun wieder nach innen horchen, mir selber folgen? Auf der Westerburg rührte mich das damals wie ein Schrecken an, ich hatte davon genug. Gut, daß es hinter mir lag. Die Stimme des ungezügelten Ichs ist aber nicht die des göttlichen Geistes. Jene kommt vom Inneren, diese vom Herrn. In einer feinsten, beharrlichen, zurechtbringenden Weise, aufgrund des wirksamen und erleuchtenden Gotteswortes.

Ich lernte das erst. Es gab auch Fehlzündungen. In Aarhus stand ich lange vor der Kaserne und meinte, hineingehen zu müssen. Den Soldaten predigen. War es von Gott, war es von mir? Ich konnte doch überhaupt nicht dänisch reden? Ein vorübergehendes Mannschaftsmitglied verstand mich nicht, als ich ihn fragte. Mein Englisch war wohl zu schlecht für die verzwickte Lage. So ging ich nach Hause.

In Sonderburg fragte ich eine Hotelangestellte im seelsorgerlichen Gespräch, ob sie mit ihrer Mutter Streit habe. »Woher wissen Sie das?« rief sie. Aber es stimmte. Eine Bemerkung hatte einen kleinen Anhaltspunkt gegeben. »That was guidance« – »das war Führung«, meinte nachher hierzu ein Engländer. »Aber jetzt müssen Sie die Sache an eine weibliche Person übergeben.« Die Hoteliersfrau schrieb mir später, die Betreffende habe als Friedenszeichen ihrer Mutter einen Kuchen gebacken. Das freute mich. Ich hatte einer inneren Anregung gehorsam sein wollen, als ich sie zuerst im Rahmen einer Veranstaltung als Mitarbeiter ansprach.

Unter dem Eindruck all des Gesehenen und Geschehenen schrieb ich einen langen Artikel für das »Deutsche Pfarrerblatt«. Ich las ihn den anderen vor. Sie hatten viel zu korrigieren; ich »verteidigte jeden Satz wie ein Löwe«, meinte nachher Ferdi. Ich war hoch überzeugt, hier etwas sehr Wichtiges geschrieben zu haben; ich mußte erst lernen, meine Schriftstellerpersönlichkeit unterzuordnen. Man nannte das »vergleichen«. Auch daß ich später meine Abreise einen Tag früher legte, ohne es mit ihnen besprochen und vor Gott bedacht zu haben, beanstandeten sie. Ich war gewöhnt, allein zu handeln.

»Fanö!« hieß nun die Parole. Frank Buchman gab sie aus und lud zu einer weiterführenden Woche auf diese Insel ein. Dort waren Hotels, Strand, Dünen, kleinere Gruppen von Menschen. Ein Ring von Mädchen hielt in einer der Sandhöhlen Stille und betete. Ich fotografierte und verlor wie zur Strafe den Auslöser. In einer Hotelhalle stand mit weißer Mütze eine Primanerin und sprach fließend und persönlich aus den hinteren Reihen zu den vor ihr Sitzenden. Alles hörte ich durch die offenen Fenster. Nie war mir dies begegnet.

Einer der Gemeinschaftsmänner fragte mich, ob es einen Haß auf Brüder gäbe. Er hatte einen abgrundtiefen Respekt vor deutschen theologischen Titeln, ich war ihm Autorität. »Wer zu mir kommt und haßt nicht seinen Bruder...« (Luk. 14, 26) – in diesem Wort erblickte er ein Recht zu seinem Streit mit einem Mitarbeiter. Aber ich mußte ihm schließlich zuschleudern: »Aller Haß ist vom Teufel!«

Ich hörte, Frank Buchman wollte mich sprechen. Er kannte ja die kleine deutsche Mannschaft persönlich, und nun war ich neu dazugekommen. Vorerst mußte ich warten, denn er sprach zwischen Haus und Dünen noch diesen und jenen, immer wieder jemanden, aber schließlich saß ich ihm an dem kleinen Kaffeetisch gegenüber. Was ich von der Sache hielte? Seine großen, braunen Augen waren auf mich gerichtet. Ein rätselhafter Eindruck der Persönlichkeit. Wie ein Scharlatan kam er mir vor, wie ein Unbekannter; eine ungeheure, undurchsichtige Welt trat mir gegenüber. Ich wehrte mich gegen dieses sicher falsche Empfinden, saß hier doch ein wirklicher Gottesmann. Oder war er mir zu groß? Ich sagte: »Das ist wie der alte Methodismus!« Diese Heiligungspraxis, Entschlossenheit, Angriffskraft hatte mich seltsam an jenen erinnert. »Das ist richtig«, erwiderte er, »aber sagen Sie das nicht in Deutschland!« Da waren der Vorurteile zu viel. Ich sagte ihm: »Man sollte in jeder größeren Stadt eine Gruppe gründen!« – »Generalfeldmarschall!« war seine prompte Antwort. Korrektur und Herausforderung steckte wohl darin.

Später, kurz vor dem neuen Krieg, sah ich Frank Buchman in Baden-Baden noch einmal. In einem Hotel traf sich unsere deutsche Gruppe mit ihm. Auf dem Dach saßen wir, nicht weit davon stand der Hotelier, wohl ein Aufpasser. Wir mußten leise reden. Frank mahnte öfters dazu. Auf der Titelseite seiner Zeitschrift zog ein Block von Jugendlichen vieler Länder mit ihren Nationalflaggen einher. »Wir haben in Deutschland nur eine Fahne!« sagte ich. Der Internationalismus war damals angeprangert; das eigene Volk, schon immer durch die anderen Mächte benachteiligt und in die Ecke gedrängt, sollts nun endlich zur Entfaltung kommen – so wußte man es, und das war die Herzensstimme. – Von Frank erhielt ich eine Fotografie mit seinen Schriftzügen. Ich spürte, wie hier Einsatz lebendig anerkannt wurde.

In Fanö war mir zuletzt eingefallen, daß ich auf der Rückreise einen alten Kriegsfreund in Rostock besuchen könnte. Also fuhr ich einen Tag vor den anderen los. In der Mitte von Jütland mußte ich umsteigen. Nach Mitternacht saß ich in der Wartehalle und döste. Plötzlich brauste ein Zug auf den Bahnsteig. Ich stürzte hinaus und bestieg ihn. Als er wieder hielt, war ich in Esbjerg. Das war meine Ausgangsstation. Anderen morgens fuhr ich mit den Freunden dieselbe Strecke wieder zurück und erzählte mein Abenteuer und auch das vom Bierglas. Eine Engländerin sagte: »Wenn man in kleinen Dingen nicht gehorcht, bekommt man auch keine Führung in großen!«

Ich kam nach Hause. Verändert. In die alte Welt. Eine neue war mir aufgegangen. Die der liebenden Zusammengehörigkeit, des geistlich begnadeten Angriffs, des Dienens an allen Menschen, auch an Angehörigen anderer Völker oder Weltanschauungen. Diese »positive Haltung« konnte sich wohl auch allzusehr mit den Gegnern identifizieren und von der notwendigen Scheidung absehen. Einer unserer Leute, der das Hakenkreuzabzeichen trug, hatte mit den dänischen Nationalsozialisten einen Abend verbracht und die Parteilieder gesungen. Das konnte er. Andere konnten das nicht. Es war übrigens der, der einst vor dem Gastod gestanden hatte. Zu Hause sollte das neue Kirchendach einem Ziegeleibesitzer zur Belieferung zugeschanzt werden, der Parteigenosse war. Ich ließ dem nun eben den Lauf.

Nach wie vor war alles schwer und unerträglich. Ich erfuhr, was es heißt, deklassiert, ausgestoßen zu sein. Offiziell war ich für die Partei nicht vorhanden, und doch lief man sich jeden Tag in den Weg. Ich wünschte mich oft auf den Mond. »Der Pfarrer ist der erste, der am Telegrafenmast baumelt!« rief ein Hitzkopf, und dachte dabei an den »Tag der großen Abrechnung.« Die uns Zugetanen waren verschüchtert und litten schweigend.

Ich hatte mich auf eine Stelle in meiner Vaterstadt gemeldet. Sie war mir eigentlich zugesagt worden, doch scheiterte die Sache, weil jemand, von dem ich es nicht erwartete, Einspruch erhob. Später ist das Haus total zerstört worden. Ein Riegel hatte sich vorgeschoben.

Mir wurde der Dienst eines Klinikenpfarrers in Heidelberg angeboten. Als ich die langen Gänge und Fensterreihen von der Straße aus besah, schauderte ich. Darinnen immer herumlaufen? Ich sagte ab. Eine schwere, verfrühte Zwillingsgeburt meiner Frau bewog mich dann, doch zuzusagen. Ihr Herz hatte allzulange rasende Schläge tun müssen, und hätte ich es nicht gemerkt, als sie sich an mich lehnte, wäre sie wohl nicht dem Tode entgangen. Nun lagen die beiden kleinen Wesen vor mir, tot. Aber der Professor beglückwünschte mich zur Rettung der Mutter. Sie könne nun nicht mehr Gemeindepfarrfrau werden. Zu Hause hing ich mich dann im Nachbarort ans Telefon, rief den leitenden Mann an und willigte in den Dienst als Krankenhausseelsorger ein.

Der Abschied geschah ohne Blumen und Öffentlichkeit. Unbekränzt fuhr der Möbelwagen hinaus, wie er auch hereingekommen war. In der Halle der Schnellzugstation saß der Junge auf seinem Köfferchen, nachdenklich, betrübt, rührend das Schirmchen zwischen seine Knie geklemmt. Auch für ihn hatte es eine Trennung gegeben. Von den Hühnern, Katzen und Pferden. Deren Hinterbeine hatte er gelegentlich umklammert, ohne daß sie ihm etwas taten. Tiere hielten Frieden.

Die Stadt am Strom

Die langen Flure

Der neue Ort wurde neben vielem Schönen und Großen zu einer Stätte der Verhängnisse und schweren Schickungen. Von den fünfzehn Jahren, die ich hier verbrachte, lag ich sechs auf der Achse als Pendler zu Außendiensten. Das Ziel, mit dem ich dort hingegangen war, vollzeitliche geistige Arbeit, erreichte ich nicht; ein Ausbruchsversuch führte zu nichts. Der Terror des Regimes legte sich über das Leben; der Dienst wurde schwierig. Der Krieg verschlang das Dasein restlos; jahrelang hingeschleppte Katastrophe machte ihn zur Qual. Hunger folgte; er war in der Stadt grausamer als auf dem Dorf. Als er vorüber war, ging ich aufs Land. Dort hatte Gott einen Ruf für mich. Lichtpunkte gab es genug in den Jahren des Wetters: die im persönlichen Leben und im Dienst für IHN. Im Strom der Ereignisse.

Gleich das erste Jahr 1936 wurde ein Jahr der Unglücke. In unserer Wohnung kam ein Kind zu Schaden, das nicht unser eigenes war, aber um das wir litten, als ob es uns gehörte. Wie groß schaute es uns im Krankenhaus aus seinen blauen Augen an, und wie schwer standen wir an seinem Grabe!

Der Vater meiner Frau ging über die Straße und wurde von einem Fahrzeug umgefahren. Abends starb er an seinen inneren Verblutungen. Ohne darum zu wissen, hatten wir einen seltsam verhaltenen und feierlichen Nachmittag auf einem Aussichtsberg verbracht; als wir heimkamen, traf uns die Nachricht. Geschäftskrise und Vermögensverlust folgten diesem Tode.

Ich stürzte die Treppe hinunter. Ein unwillkommener Besucher wollte mir am Tage vor dem Reformationsfest die Schreibmaschine entleihen. Wütend ergriff ich das Tischchen, und als ich um die Wende der Treppe bog, verfehlte ich den Tritt. Tisch mit Maschine hielt ich fest und sauste mit ihnen in die Tiefe. Unten lag ich; das Blut strömte aus dem gebrochenen Unterschenkel, ich fühlte es. Da dachte ich: »Jetzt kannst du schreiben!«

Das Bein heilte lange nicht. Es war ein Jahr hierzu erforderlich. Vielleicht arbeitete ich zuviel. Ich saß auf der Veranda meiner Wohnung und tippte. »Die Wiedererweckung der Kirche« gab dann der

Verleger als Titel. »Von der innerkirchlichen zur missionarischen Haltung« war das Sachthema. Hier verwertete ich alle Erfahrungen der »Gruppe«. Freilich war die Arbeit mehr eine Programmschrift als zur Erlangung des habilitierten Doktorgrades geeignet. Wenn ich etwa den zweiten Teil meines «Evangelistischen Wortes» hierzu eingereicht hätte und bei der ersten Promotion nur eine kleinere erste Hälfte, meinte ein Beurteiler, so hätte dieses Stück den Ansprüchen genügt. Also war doch die benötigte Leistung nachgewiesen! Ich hatte das meine tun wollen, um den Zugang zur wissenschaftlichen Laufbahn zu eröffnen, aber sichtlich war dieser noch von der Gunst anderer, mir ungreifbarer Faktoren abhängig. Später wurde mir gesagt, daß auch der höchste kirchliche Amtsträger mich als für diese Laufbahn nicht geeignet bezeichnet hatte. Im Gedanken daran ging ich an einer Ecke (beim »Europäischen Hof«) vom Gehweg auf die Straße und stampfte auf diese auf: »Jetzt erst recht!« –

Als ich das Buch beendet hatte, konnte ich auch wieder gehen. Die Klinik mit ihren langen Fluren war mein täglich Brot. Ich tat den Dienst eigentlich auch gern.

Treppauf, treppab lief ich, jeden Morgen 80 oder 100 Patienten, oft noch mehr. Ich mußte sehen, wie ich anknüpfte. Beim Heimatpfarrer, bei der Krankheit, bei der Familie. Häufig kannte ich die Verhältnisse der angestammten Gemeinde. Manchmal kamen die Kranken auch aus einer »Gemeinschaft«. Da konnte man auch über geistliche Dinge reden. Sonst mußte man hinführen zu dem, der das Leiden geschickt hatte und aus diesem redete. Erschütternd war der Querschnitt der Bevölkerung in seiner Sachferne und Unkenntnis eigentlicher geistlicher Sicht. Viele Näherstehende befanden sich allerdings in den evangelischen Krankenhäusern.

Später wurde es noch schwerer, noch undurchsichtiger, noch anonymer, als die Partei die Konfessionsbezeichnung von den Tafeln über dem Bettende verbannte. Dann mußte man aus dem Herkunftsort oder sämtlichen Äußerlichkeiten seine Schlüsse ziehen. Oft kam man sich vor wie ein Schnürsenkelhändler, der seine Ware anbot und sie nicht recht losbekam. Eigentlich sollte man nur auf Verlangen kommen und auch keine Ansprachen mehr halten. Eine Schwester, eine Jüngerin, die großen Einfluß auf ihre Männer hatte und auf deren Station ich immer freudig kam, durfte dies schließlich auch nicht mehr tun. Aber an den meisten Kliniken war eine Schwebelage. Gott konnte und wollte man auch nicht so total bei den Kranken ausschalten. Schließlich wurden auch die Weihnachtsfeiern in den Sälen abgeschafft, dafür hielt der Chef in der Wandelhalle eine allgemeine Ansprache. Mit merkwürdigen Gefühlen saß ich mit dem katholischen Geistlichen dabei. Wie eine überschüssige Briefmarke, aussortiert. »Hohe Nacht der klaren Sterne« konnte nicht »Stille Nacht« ersetzen. Dieses wurde dann dafür nachher in den Räumen von den Leuten gesungen.

Oft verwickelten mich die Männer in ein Gespräch über die »Deutschen Christen«. Aus Neugierde, aus Langeweile oder auch als Falle. Ich umriß in Ruhe meinen Standpunkt, daß Kirche Kirche bleiben müsse und leitete dazu über, wie nötig Christus für jeden persönlich sei. Ohne Sündenvergebung und ohne Erlösung aus den Leidenschaften könne man weder leben noch sterben. Oft konnte ich aber auch kaum ein Wort sagen und ging weiter. Manche Männer drehten sich auf die Seite, wenn ich kam. Auch dann ging ich weiter. Die Perle Jesus war für andere. Es tat aber weh. Wo ging das hin? Abgrundluft erfüllte dünn und ungreifbar wie der Äther die Säle.

Hitler stand damals auf dem Höhepunkt seines Ruhmes. Die benachbarten, deutschsprachigen Gebiete hatte er dem Reich einverleibt. Der Faschismus herrschte in Spanien, Italien und Deutschland. Auch sonst, zwar im Osten, waren »starke« Männer im Flor. Sie schienen es besser zu machen als die halb totgesagte Demokratie. Hier war die Staatsform der Zukunft. So glaubte man es. War nicht Gewalt nötig? Was war ein Staat ohne Gewalt? Was nützte Schwäche, Entschlußlosigkeit und Zersplitterung? Demokratie als Leistung kam wenig in Sicht.

In raffiniert bezweckten Bildbänden erblickte man Hitler als Tierfreund, Kinderfreund, Kulturförderer. Dieses Lächeln, dieser sanfte, gütige Augenausdruck war überraschend. Man nahm es auch wahr, als er durch die Straßen fuhr, umjubelt vom Volk. Wir hatten im Auto eine Treppenleiter mitgenommen und sahen alles gut. Irgendwie war doch etwas Faszinierendes um diesen Mann. Der große, warme Blick beeindruckte. (Ob einstudiert?) Ein Heros, ein solcher des Volkes kam da auf seinen Wagen einher wie ein schwebender Engel, wie ein Triumphator. Noch war die Stunde des Erfolges.

Als er noch einmal in der Nähe erschien, bekamen wir ihn schon gar nicht mehr zu Gesicht. Er redete in Ludwigshafen in einer Halle, die Massen standen draußen. Als letzte im Menschenschwall hatten wir uns aufgebaut, auf Feldstühlchen, und als das tosende Rufen anhob, wollte noch jemand darauf Fuß fassen. Hinter uns lief eine

Pfälzerin auf und ab und rief in einem fort: «Ich krieg die Kränk!» Sie sah nichts, aber auch wir sahen nichts.

Es waren Scheintage eines Scheinerfolges. Noch berauschte sich die Nation an einer glücklichen Stunde. Wie wenige hatte sie deren gehabt in ihrer Geschichte! Der Preis war teuer. Das »Großdeutsche Reich« sollte auf einen breiten Streifen längs des Rheines zusammenschrumpfen.

Begegnungen

In den Kliniken ging Leben und Sterben seinen Gang. Unzähligen begegnete ich, oft waren sie beim nächsten Besuch schon wieder verschwunden. Ich mußte sie Gott und den anderen überlassen. Alles Leid der Welt schien sich in diesen Betten zu konzentrieren und mich auszusaugen. Da mußte ich an Jesus denken, der auch von den Kranken so erschöpft war. Gegen Ende dieser Zeit dachte ich manchmal auf den sauberen Gängen: »Wie lange sollst du dieses noch machen, dieses Angehäufte, Vielfache, Unpersönliche?« Bei so vielen Lauschern war ein tiefgehendes Wechselgespräch kaum zu führen, am ehesten noch im Privatzimmer. Da und dort erfaßte es jemand und stellte sich glaubend auf die durch nichts zu erschütternde Grundlage der Todestat Jesu für ihn. Eine katholische Krankenschwester, ein Theologiestudent, eine kranke Ärztin, deren Mann nachkam.

Mit einem Zahnarzt ergab sich etwas Unvergeßliches: Er war schwer lungenkrank, kurz vor dem großen Abschied, was ich nicht dachte. »Kann man wissen, wo man nach dem Tode hinkommt?« fragte er mich gleich. Ich erwiderte: »Die näheren Einzelheiten kann man nicht wissen, aber das ›Daß‹ kann man wissen. Sehen Sie, ich bin jetzt hierher gekommen und wohne noch bei Verwandten. Aber ich weiß, Gott wird mir eine Wohnung geben, vielleicht eine sehr schöne.« (Ich erhielt dann wirklich eine solche.) »So weiß ich auch, daß beim Vater eine sehr schöne Wohnung für mich sein wird.« – »Herr Pfarrer, ist es katholisch, wenn man ein Kreuz aufhängt?« war seine nächste Frage. »Das ist nicht katholisch, sondern christlich«, war meine Antwort. »Frau, nimm es heraus!« Aus dem Nachttischschublädchen zog sie nun ein schwarzes Marmorkreuz mit goldenem Körper. »Sehen Sie, das habe ich aus einer Kapelle in Flandern mitgenommen, als ich dort beschossen wurde und mit dem Leben davonkam.«

Vor dem nächsten Besuch hielt ich unter der Tür still und bat um ein

Wort für diesen Kranken. »Lasset uns ihn lieben, denn er hat uns zuerst geliebt« kam es in meinen Sinn. »O, das ist gut!« dachte ich. Als ich eintrat, hing das Kreuz neben ihm an der Wand. Er hatte viele Denkprobleme, und alle Überlegungen führten zu nichts. Da fiel mein Blick auf das Kreuz, und eine Idee kam mir. Auch die Psychologie mußte mir ein bißchen helfen. »Sie wissen vielleicht, daß Husserl in seiner Phänomenologie sagt, die stärkste Beziehung zwischen Mensch und Mensch sei Liebe und Haß. Sie lieben doch Ihre Frau?« Er schaute sie an und nickte. »Sehen Sie, Sie denken doch auch nicht über Ihre Frau nach, sondern lieben sie eben. Und wenn Sie nun dieses Kreuz ansehen, ist es da so schwer zu begreifen, daß Sie hier einer liebt, und sie sich lieben lassen? Und auch Sie können ihn lieben, über alles Denken hinweg.«

Nach zwei Tagen kam ich, um das heilige Mahl zu geben. »Er ist schon gestorben!« rief die Schwester. »Aber vorher ließ er sich das Kreuz geben; das hat er fest umklammert, und so ist er gestorben. Als ich das den jungen Doktoren auf dem Gang mitteilte, sagte einer: »›S isch halt doch was dra‹«. (Es ist halt doch etwas dran). –

Ein Junge hatte seiner Schwester eine Kugel in den Kopf geschossen. Es war ein leichtes Flobertgewehr, das er an ihre Schläfe ansetzte und ungeladen wähnte. Nun saß sie unter dicken Kopfbinden in ihrem Bett, und es mußte sich erst zeigen, wie sich das Kügelchen mitten in ihrem Gehirn auswirkte. Sie war eine Konfirmandin. Ich gab das Mahl des Herrn, und als ich bei der Beichte die Frage an die Teilnehmenden richtete, ob ihnen ihre Sünden leid täten und ob sie von Herzen an die Vergebung in Christus glaubten, antwortete sie hinter meinem Rücken mit einem lauten: »Ja!« Sollte, durfte ich ihr nun auch das Mahl geben? Ich tat es nicht, der Ordnung wegen. Ich hätte es doch wohl tun können. Und jetzt sehe ich, daß sie eine Gelegenheit ergriff, von Herzen ihre Sünden bekannte und nach Vergebung verlangte. Gott erhört solche Bitte. Sie wurde kurz darauf abgerufen. Das Mädchen stammte von außerhalb, und ich mußte doch ihre Mutter aufsuchen. Deren Mann war durch Überforderung auf dem Kasernenhof tot umgefallen, ihre Mutter war blind, dazu nun dieses Unglück, der Sohn litt schwer. Hier und oft erstarb fast das Wort des Trostes vor der dunklen Wand der Tatsachen. Ob sie glaubte? Wenige glaubten. Das war dann erst ein Dunkel!

Später war ich selbst in einer Strähne der Bedrängnisse und bat Gott, mir doch zur Ermutigung einiges Schöne zu schicken. Er tat es.

In der Klinik kam ich gegen Abend noch in ein Krankenzimmer. Ein Herr saß an einem Bett, neben ihm seine Frau, völlig apathisch. Der Eindruck beelendete mich so, daß ich sie bei der Hand nahm und ihr freundlich zuredete. Auch betete ich mit ihr und las für sie einige kräftige Stellen aus dem Neuen Testament vor. Als ich auf der Treppe dem unteren Ausgang zuschritt, kam mir der Mann nach und sagte: »Sie hat Gott zur rechten Zeit geschickt. Meine Frau ist schwer krank. Sie hatte allen Lebensmut verloren, nichts nützte mehr. Jetzt scheint es sich zum Besseren zu wenden.« Im stillen hatte ich auch ihre Hand im Glauben an den Herrn ergriffen, der Kranke anrühren kann. Ich kam wieder, und da saß sie außerhalb des Bettes auf einem Sessel. Bei meinem nächsten Besuch fragte ich sie: »Wissen Sie auch, daß der Herr an Ihnen ein Wunder getan hat?« Sie antwortete: »Ja! Und ich habe mir auch schon das Neue Testament kommen lassen.« Es waren Berlinflüchtlinge, der Mann Professor, er hatte wieder mit einem kleinen Industriebetrieb begonnen.

In einem anderen Zimmer erzählte mir eine katholische Frau, die Zahl ihrer roten Blutkörperchen sei schon unter das Mindestmaß gesunken, mit dem man überhaupt noch leben könne. Wie auch sonst bat ich Gott schlicht und herzlich für sie, und bei meinem nächsten Kommen hatte sich ihr Befinden so gebessert, daß ich im stillen anbetete über diese fast nebenbei geschehene Erhörung.

Beim Entlanggehen auf einem Korridor rief mich eine Schwester an und führte mich in das »Totenzimmer«, einen technischen Behandlungsraum, in welchen Sterbende geschoben wurden. Hier lag eine Frau, blau, schwer atmend, anscheinend bewußtlos. Es war damals nach der Besetzung durch die Amerikaner die Zeit, in der abends das Kochgas abgestellt wurde. Die Großmutter hatte vergessen, den Hahn zuzudrehen, und nachts kam das Gas. Wie erstickt hatte man sie in die Klinik gebracht, die Sauerstoffflasche stand neben ihr. Dieses unglückliche Geschöpf dauerte mich. Sollte sie so abscheiden? Ich rief sie einfach an und sprach mit ihr in ihre bodenlose Versunkenheit hinein: »He, Mutter, wacht auf! Kommt herauf aus eurer Tiefe! Immer nur herauf, nur herauf!« Unvermittelt schlug sie die Augen auf. Gerade kam die Schwester herein und rief: »Die ist ja schon wieder rot!« Die Vergiftungsfarbe war gewichen. Als ich gegen Abend noch einmal nach der Kranken sah, saß diese aufrecht im Bett, sich lebhaft mit den Nachbarinnen unterhaltend. Draußen traf ich ihre Tochter, die man von weiterher gerufen hatte. Diese äußerte sich ehrlicherweise etwas enttäuscht darüber, daß ihre Mutter wieder zum Leben gekommen war. Sie sei arterienverkalkt und habe ihre Angehörigen sehr geplagt. »Seien Sie froh, daß Ihre Mutter noch einmal geblieben ist. Wenn das Gott tat, hat er damit auch eine Absicht. Sie sollte so wohl doch nicht in die Ewigkeit gehen.« Später kam mir der Gedanke, ob sich hier nicht etwas von dem Wort erfüllt hatte: »Weckt die Toten auf!«

Noch zwei letzte solcher Geschehnisse seien erwähnt. Es liegt ja nicht in unserer Hand, solche Dinge heraufzuführen. Die treten auf unser Gebet hin einmal ein, einmal nicht. Selbst Gabe und Auftrag wechseln hierin. In meiner späteren Tätigkeit als Dorfpfarrer berichtete mir eine junge Mutter ihre Not. Ihrem Säugling fehlten Knorpeln in der Luftröhre. So klappten deren Wände beim Atmen zusammen, und das Kleine sei laufend am Ersticken. In der Kinderklinik hatte man ihr gesagt, hier sei nicht zu helfen, und sie solle der Wissenschaft den Dienst tun, daß das Kind nach seinem Tode seziert werden dürfe. «Wenn es schon sterben muß, nehme ich es heim» hatte sie erwidert. Ich dachte: »Wo schon die Ärzte machtlos sind, kann kein Mensch etwas dagegen sagen, wenn ich für das Kind bete.« Ich fragte hierum die Frau, und sie war gerne einverstanden. Ich flehte herzlich für das Kind und legte ihm segnend, liebend und fürbittend die Hand auf den Kopf. Jesus konnte hier noch etwas tun. Beim nächsten Besuch war die Frau sehr froh darüber, daß das Kind nun weit besser atmen konnte. Ich bat noch einmal für das Kleine. Dann hat sich die Spur verloren.

Ähnliches ereignete sich während meines Vikariats nach meiner Bekehrung bei einem Ein- bis Zweijährigen, der mit einem Wasserkopf in seinem Bett lag. Ich betete segnend für ihn, ohne die Heilung zu erwarten, die überraschenderweise eintrat.

Bei solchen schönen Dingen habe ich aber die Erfahrung gemacht, daß selten auf sie hin Glauben entsteht. Die Menschen freuen sich über die Hilfe, erkennen auch irgendwie Gottes Tun in ihr, aber ihr Leben bleibt das gleiche. Häufig wenigstens. Die Wahrheit über Jesus und den Menschen erst erreicht die Herzenstiefe; das »Zeichen« ist nur ein Hinweis auf sie.

Pfarrermission

Jene Jahre vor dem Zweiten Weltkrieg waren die Jahre der hohen Arbeit für Jesus. Es wurde missioniert. Im Haus und auf Freizeiten. Damals lernte ich auf Lebzeiten den umfassenden Einsatz für den Herrn, die missionarische Gesinnung. Solche Macht erfaßt das Dasein, wenn es ganz diesem Rettungs- und Führerdienst geschenkt wird. Ich tat es mit Freunden zusammen, welche die gleiche Sendung hatten und übten, und wuchs selbst darin. Es sind unvergeßliche Zeiten eines Lichtes, das hell aufleuchtete, ehe die dunkle Nacht kam.

Meine Frau war mir in dem allem eine unentwegte Gefährtin. Wir durften begreifen, was »Ehe als Mannschaft« ist. Zeit, Interesse, Möbel, Teppiche, Wohnung, Auto gehörten Gott. Wenn Gäste angesagt waren, hielten wir vorher Stille darüber, was wir zu sprechen hatten. Es gingen derer viele durch unser Haus. Der örtliche Kreis war klein, fast dürftig. Aber hier konnte man Erreichte aus der Klinik aufnehmen, Studenten, Hausfrauen. Ich saß einmal im Vorgelände jenseits des Flusses auf der Deichsel eines Wagens, das glänzende Bild der Häuser und der Türme vor Augen. »Fürchte dich nicht!... ich habe ein großes Volk in dieser Stadt« las ich. Ich nahm dies Wort als mir persönlich zugeeignet. Das geschah bald nach meinem Kommen. Große Zahlen folgten nicht, wie ich das gerne hoffte. Aber eine volle Tätigkeit. Die der besten Jahre. Mehr außerhalb dieser Stadt. Ein Geschehen, eine göttliche Bewegung kam doch in Gang, eine Klimaänderung – der Anschauungen, die bis heute spürbar ist. Viele wirkten daran mit. Zunächst ergab sich mehr eine Pfarrerarbeit. Wir waren selbst großenteils Theologen, die wir das Ganze trugen. So lag es nahe, uns an unsere Standesgefährten zu wenden.

Wir wußten: Wenn ein Pastor die entscheidende Wendung findet, wirkt es sich auf die ganze Gemeinde aus. Irgendwie sahen wir uns in diese Richtung gewiesen. Man hat ja nie die Pläne Gottes in der Tasche, das letzte Ziel kennt nur er. Und es sollte doch wohl ein vermehrtes Fundament in der Kirche und im Bewußtsein der Christen gelegt werden, ehe die große Belastungsprobe eintrat, schon als Vorausnahme für die ihr wieder folgende Zukunft. Auch in den Gemeinden arbeiteten wir mannschaftsmäßig.

Mit dieser »Volksmission« fanden wir nicht das Wohlgefallen der Gruppenleitung. Frank Buchman sagte einmal, als er Pfarrer Laun eintreten sah: »Da kommt Ferdi mit seiner Volksmission.« Die Sache war ihnen zu pietistisch, mittelklassig, vielfach ohne die einflußreichen »Schlüsselmenschen«. In der Tat waren wir auch meist Pfarrer, die aus dem Pietismus kamen und hier ihre seelsorgerliche Auflockerung und missionarische Ausrichtung erfuhren. Aber es zeigte sich, daß da die fruchtbarere Spur war. Die Achse lag bei Jesus, Vermittlungswege wurden neu geschenkt. Wurde die erstere geschwächt, war auch eine Abflauung die Folge. Die »Moralische Aufrüstung«, in die sich die »Gruppenbewegung« seit 1938 verwandelte, ist mit ihrer politischen und sozialen Diakonie dem wohl nicht ganz entgangen.

Auch bei uns wirkten sich diese Dinge bald aus. Wir wollten arbeiten, machten Pläne, nahmen Tagungen in Aussicht. Die »Leitung«, die sich als solche legitimiert betrachtete, bremste, nahm Rücksicht auf die öffentliche politische Situation, ob diese das ertrug. Aus der Sache heraus kam es zu einer »Palastrevolution«, zu einer Fortführung der schon vorhandenen Arbeit unter eigener Verantwortung. Später nannten wir uns »Arbeitsgemeinschaft für Seelsorge« (A.G.S.). Jene anderen uns weiterhin verbundenen Freunde waren die »Deutsche Gruppe«. Sie trat mehr und mehr zurück.

Keineswegs beschränkten wir uns mit der Mission nur auf die Pfarrer. Zu den Tagungen kamen auch viele jüngere Menschen, Ehepaare, Geschäftsleute, Lehrer, Verantwortliche. Irgendwie sprach sie die moderne Ausdrucksweise, die Realität des Bezeugten und die Wahrheit der Linie an. Aber gerade diese Dinge waren auch für die Theologen und Berufsarbeiter von entscheidender Bedeutung. Und das geistliche Schwergewicht, die Herausarbeitung praktischer Linien auf deutschem Boden fiel doch auf diese Tagungen.

Ihre erste bedeutendere war wohl die auf der »Westerburg« 1936. »Zwanzig Pfarrer taten Buße« lautete der Titel eines maschinegeschriebenen Heftes, das hierüber persönliche Berichte brachte. Gewiß herausfordernd für viele, aber die größte Herausforderung war die an uns selbst. Wenn das alles auch in Liebe dargeboten wurde, so war doch die Wahrheitsmacht des Wortes Gottes und seiner konkreten Anwendung von durchschneidender Wirkung. Auch wir Mitarbeiter kamen jedesmal neu in seinen Schußbereich. Die Botschaft über die Pfarrersünden in Familie, Gemeinde und privat traf auch uns. Wer hatte je so energisch mit uns gesprochen, als hier der Heilige Geist? Manche gaben Abwehrfeuer und benannten die praktisch-seelsorgerliche Schau mit theologischen Etiketten. Öfters wurde noch aus allen Rohren gefeuert, wo man innerlich schon überwunden war. Die Festung kapitulierte. Wahrheit, Liebe, Gott waren darin eingezogen. Nun gab es Realität statt Begriffe, Jesusverbundenheit statt Überzeugung, brüderliche Nähe statt Isolierung, missionarische Stoß- und Erfindungskraft statt amtliche Festgelegtheit. Wir freuten uns.

Elbingerode im Harz entwickelte sich zu einer großen Tagung. Ich sollte sie mit einem Evangelisten zusammen verantworten. Viele meldeten sich an, so rief ich schnell noch erreichbare Freunde zusammen, einer kam aus dem Schweizer Urlaub.

Wir hatten den Eindruck, daß der Evangelist, ein Pfarrer, nicht so in Ordnung war, wie wir das für die Botschaft wünschten, mithin schwieg er einige Tage. Seine Frau meinte, er stehe doch auf dem Programm, das gehe doch nicht. Aber zur rechten Stunde, als er reinen Tisch gemacht hatte, war er freudig dabei. Dort war es, wo Pfarrer Krawielitzki uns jungen »Spritzern« zuhörte, alles demütig in ein winziges Büchlein kritzelte und mir den Bruderkuß gab. Ein weißer Bart neige sich zu mir – es war, als ob Abraham mich küßte. – Eine tiefgreifende Bewegung kam in Gang. Die Schwestern des Hauses blieben unsichtbar, aber standen im heißen Gebet für uns. Wir Pfarrer schmolzen immer mehr zu einer großen Gemeinschaft zusammen. Bei der Schlußversammlung sagten wir, wovor wir uns fürchteten. Vor unserem inneren Auge tauchten alle diese Gespenster wie unheimliche Pappfiguren auf dem Schießstand auf und nieder. Zu dem Abendmahl hatte sich in der Stille jeder ein Wort für seine ihm noch unbekannten Nachbarn geben lassen. Das sagte er diesen, als das Brot in der einen und der Becher in der anderen Richtung herumging. Wir haben selten so die Wahrheit dieser Worte empfunden. »Ferdi« sang eine erschütternde Stelle aus Händel oder Haydn: »So ihr mich von ganzem Herzen suchet... ach, daß ich dich finden möchte...« – Der herrliche Tenor des Freundes faßte die Weihe der Stunde unvergeßlich zusammen.

Eine der letzten Tagungen war die in Neuenkirchen. Weit gebreitet und duftend vor Wasser lag die Flensburger Förde vor uns. Dieses helle Meer! Ich liebte es so. Dieses Nordland! Wieder sprach es mich irgendwie unergründet an.

Die Pfarrer hatte man dienstlich abgeordnet, je zwei aus einem Kirchenkreis. Wir mußten erst Vertrauen gewinnen. Auch war die Botschaft von praktischer und unbeschränkter Liebe, Selbstlosigkeit, Reinheit und Aufrichtigkeit ungewöhnlich. »Ich will doch sehen, wo dem Riecker die Engelsflügel hinten herauswachsen!« dachte einer und setzte sich deshalb extra hinter mich. So erzählte er nachher. Er stellte den Typ eines Schlägers dar und war im Ersten Weltkrieg aus einem Granattrichter aufgesprungen, um sich mit Pistolenschüssen von den Gegnern zu befreien. Nun erschien ihm das Gesagte als allzu absolut. Wir spürten einen erheblichen inneren Widerstand, bis sich bei einem offenen Gespräch am Strand herausstellte, daß sie die Bezeugung des Wertes der seelsorgerlichen Aussprache mißverstanden hatten – als ob letztere an uns gebunden sei. Wir lachten und sagten, auch unter sich könne das geschehen. Da war der Bann gebrochen. Wir beiden Freunde, Ferdi und ich, hatten aber einen harten Stand. Es waren die Tage der Tschechenkrise

1938, und abends, nach all dem, was der Tag innerlich brachte, wurden noch die Nachrichten gehört. Wieder schrillte der Lautsprecher durchs Haus. Da ging Ferdi hinein und drehte ihn aus. Sollte das immer das letzte Wort sein? Wie wild wurden da die Freunde und schrien uns an! Wir zogen uns in unser Gemach zurück und beteten. »Herr Jesus!« sagte ich dabei, »du siehst, wie der Löwe um uns brüllt. Aber er ist an einer Kette angebunden, er kann nur so weit, wie du willst!« Wir mußten lachen. Und so gingen wir hinaus. Da riefen sie: »Jetzt lachen sie schon wieder!«

Die Heimfahrt geschah in großer Spannung. War der Krieg da oder nicht? Die ganze Nacht hindurch fuhr ich, ohne es zu wissen. Als der Morgen kam, las ich die Nachricht vom Münchener Abkommen. Die Katastrophe war noch einmal vermieden. Ich begrüßte meine Frau wie noch selten. Ich kam ja geradewegs aus einer Schlacht.

Psychologie

Die Psychotherapie zog mich an. Schon lange. Seelische Probleme interessierten mich. Ich hatte selbst welche. Hinter meinem ganzen Durchgang durch die Jugendbewegung hatte ein solches gestanden, ein ungeklärtes. Das letzte Ziel meines Lebens war noch unerfüllt, vielleicht nie zu erreichen. Im Verhältnis zu meiner Umwelt wiederholten sich Situationen, mit denen ich nicht recht fertig wurde. Ich ordnete mich nicht so leicht ein. Was war daran fehlerhaft? Gerne schaute ich auch die Dinge pessimistisch und kritisch an; war das eine Angewohnheit, ein »Dressat«, wie die Psychologie sagte? Das Freudige, Positive, Ausgeglichene, Zuvorkommende hätte ich lieber in stärkerer Weise gehabt, und die »Gruppe« erzog auch daraufhin und besserte manches. War meine Liebe zum Radikalen, Absoluten, zum »Ganz oder Gar nicht« in der Sache bedingt, oder entsprach sie meiner Veranlagung? Wo war da der Ursprung und das rechte Maß? Ich war leicht der Zweite neben einem Ersten, und die Wissenschaft sagte, das käme von der Erziehung, von dem Stehen neben einem älteren Geschwisterteil. Adler lehrte, das Streben über sich hinaus nach höherer Stellung und Anerkennung sei oft die Kompensierung, der Ausgleich eines Minderwertigkeitsgefühls, und auch das stamme aus der Kindheit, aus der Einordnung in die Familie. War meine »Berufung« ein solcher Ausgleichsversuch? Freud sprach viel von »Verdrängung«; diese habe »Komplexe« zur Folge, Zwangsverhalten, das aufgelöst werden müsse. Und ich hatte vieles, was Freud auslebte, still verdrängt. Hier wurden Dinge angegangen, von denen man sonst nichts wußte, und ich interessierte mich. Auch in der Seelsorge kamen sie häufiger vor. Gesunde und Kranke hatten hier Lebenskonflikte, mit denen sie nicht fertig wurden. In der Ehe, zwischen den Generationen, im Verhältnis zu dem Vorgesetzten klappte so vieles nicht, und mit Ermahnungen und selbst mit christlicher Beeinflussung war der Grund des Übels oft nicht zu erreichen. Wo saß dieser? Die Tiefenpsychologie schien hier einiges aufzuhellen und vielleicht auch Wege zu weisen.

Allgemein fesselte mich das Seeleninnere. Wie die Entschlüsse und Regungen zustande kamen, welches die wahren Beweggründe waren, auch die unbewußten oder die verdrängten und uneingestandenen, wie überhaupt das unbewußte Leben tätig wurde, etwa auch in der künstlerischen Produktion, wie sich (nach C. G. Jung) das »Selbst«, das »Eigentliche« zu seiner Umgebung verhielt und Gestalt gewann – konnten diese Tatsächlichkeiten erforscht und wissenschaftlich weitergeführt werden? Gehörte ihre Kenntnis nicht zum Dasein?

War hier nicht schließlich eine Hauptaufgabe für mein Leben? Mir selbst lag brennend an diesen Dingen, und ich wollte gerne auch anderen damit helfen. Freilich war dazu ein umfangreiches Studium nötig; aber konnte man dann nicht vielen da eine entscheidende Klarheit bringen, wo bisher Rätsel gestanden hatten? Ich besaß von Natur einen gewissen psychologischen Durchblick, ein Auge für seelische Gegebenheiten, Lagerungen, Zusammenhänge und Unterschiedlichkeiten. Alles Seelische war mir an sich schon wertvoll, diese großartige Werkstatt im Inneren des Menschen. Bedeuteten Kenntnisse nicht eine Vorbedingung für die Arbeit auf diesem Gebiet? Vielleicht ging hier meine Linie, meine selbständige, meine eigentliche, nach der ich suchte? Ergab sich da nicht eine Loslösung und Weiterführung aus meinem festgelegten und amtsmäßigen Leben zu eigener geistiger Arbeit und Existenz?

Ich mußte mit dem allem erst meine Erfahrungen machen. Heute sehe ich, daß dieser Weg nicht gangbar war. Er führte auch zu keiner persönlichen Erfüllung oder Verwirklichung von Gott her. Äußere Umstände, der Krieg vor allem, verwehrten das, aber auch innerlich war es so, daß hier nicht die eigentliche Lösung lag, weder für mich noch für eine Funktion. Ich wurde nicht Psychotherapeut.

Die Tätigkeit fand sich auf andere Weise, im Fortschritt des Lebens, in der weiteren Beauftragung mit Diensten und in dem, was ich daraus lernte. Auch in einem Zerbrechen vor Gott in vielem, was mir bis dahin kostbar war, gerade an der Psychologie. Hierin ergab sich mir die Erkenntnis, daß Jesus noch näher zu mir in mein Leben kommen mußte, noch deutlicher in seinem Auftrag und in seiner konkreten Sendung und damit in der eigentlichen Erfüllung meines Lebens.

Die Psychologie konnte mir das nicht geben, ja, sie führte mich eher vom persönlichen, biblischen Zentrum fort. Meine ganze Denkweise, der Impuls, mit dem ich das Leben verantwortete, verschob sich aus dem glaubenden Verhalten heraus mehr in das psychologische, denkerische, in das Forschen und Reflektieren. Ich war noch fromm, aber ich lebte doch zugleich sehr wissenschaftlich interessiert und hoffte unbewußt, von dort die innere Welt aus den Angeln zu heben. Vielleicht bot manche Linie in der »Gruppe« mit ihrem starken Eingehen auf das menschliche Verhalten hierzu schon eine Vorbedingung. Einige meiner Freunde aus diesem Kreis gingen ja dann auch den Weg dieses Studiums. Es gab Beispiele wirklicher Hilfeleistung von Christus her auf diesem seelenärztlichen Gebiet. Ich für mich persönlich schaffte die betreffende Weiträumigkeit und Ausgeglichenheit des glaubenden Denkens und denkenden Glaubens nicht und kam mehr vom Göttlichen ins Menschliche. Ja, die Entschleierung der verborgensten und nicht immer schönen Innenvorgänge (Freud) wurde mir selbst eine Last und wohl auch eine Versuchung. Sie wären in vielem besser unaufgedeckt geblieben, denn nun sah ich sie auch an den Menschen und hatte es schwer, ihnen gegenüber unbefangen zu sein. Die Zergliederung und Zerfaserung des Inneren ist nicht immer nützlich. Die Frische und Unmittelbarkeit der Person leidet darunter Not, und ich ward sehr reflektiert. Man kann sich ungestraft nicht immer selbst analysieren, ein Gegenstand des Studiums sein. Ich legte das zum Schluß weg, für lange. Im Alter stellt sich auch diesen Dingen gegenüber eine gewisse Abgeklärtheit ein, daß man sie kennt und auch verwertet, ohne sie zu überschätzen. Aber es hat sich erwiesen: Wer im innerseelischen Raum bleibt, mit innerseelischen, d. h. immanenten Kräften, also mit Einsichten, Vorsätzen, neuen Lebensgewohnheiten, der gleicht dem Zirkuspferd, das in der Manege immer im Kreise herumgeht.

Es ergibt sich vielleicht einige Erhellung und Lockerung der Dinge, möglicherweise aber auch eine Schädigung. Die Abhängigkeit vom Psychologen fordert für diesen eine lautere Persönlichkeit. Ist er es nicht, oder ist er, wie auch mancher Heilpraktiker, okkult belastet, so kann das eine noch viel fragwürdigere Bindung bringen.

Die »Archetypen« C. G. Jungs, seine gemeinmenschlichen Urformen der religiösen Vorstellungen werden auch in den Gestalten der heidnischen Götter gefunden, und diese sind nach Paulus (1. Kor. 10, 20) »Dämonen«, die »Mächte«, die hinter Streitigkeiten, Ausschweifungen, Wissensstolz, Geschäftswut, Geldgier lebenszerstörend stehen. Nur im Machtbereich Christi verlieren diese zeitlosen Götter Anspruch und Gewalt. In der Weltstunde von Golgatha wurde letztere zerstört. Er kann auch von Erbschäden und Charakterbindungen lösen und heilen. Bringen wir die eigene persönliche Sünde in ihnen mit Gebet und in offenem Bekenntnis, am besten mit dem Bruder zusammen, vor Jesus, so entlastet und entschränkt er uns und baut unsere Persönlichkeit durch seinen Geist auf zu anderem, von ihm geschenktem Verhalten. Diese seelische Hilfe gibt er freimütig.

Führt man Menschen zu ihr, so können einem einige psychologische Kenntnisse nützlich sein. Die liebende Begleitung wird reicher, sachkundiger; man schaut leichter hinein in die Hintergründe des Lebens, in das Fehlverhalten, das oft gleich Sünde ist. Für Eheführung, Erziehung und Menschenbehandlung ist hier einiges zu lernen, auch einiges nicht, denn manches ist abwegige Theorie. Ich bin froh an Jesus.

In Berlin war ein Institut für Tiefenpsychologie, das die maßgebenden Schulen von Freud, Adler, Künkel (Christ) und Jung vereinigte und unter der Leitung Görings, eines Vetters des »Reichsmarschalls«, stand. Hier war die beste Stätte der Ausbildung. Während der Ferien sah ich mir alles an, und dann bat ich um meine Beurlaubung. Es hatte sich ein Ehepaar gefunden, mit dem ich die Wohnung tauschen konnte. Wie hübsch waren ihre Stilmöbel, eine ganze Wand schönster Bilder. Hier konnte man gut ein Jahr oder zwei sein. Wir freuten uns.

Krieg!

Genau am 1. September 1939, auf den ich beurlaubt war, brach der Krieg aus. Natürlich mußte ich nun dableiben. Ich war Hitler deshalb persönlich sehr böse. Hier durchstrich man mit Gewalt nun auch meine Rechnung.

Wahnsinnig war das! Ein neuer Weltkonflikt! Wie konnte man so etwas beginnen? Zwar wurde die Stimmung schon länger angeheizt, Zwischenfälle hatten sich ereignet, der »blutige Tag von Bromberg« wurde auch von Gläubigen in seinen Schrecken gezeichnet. Aber als es nun soweit war, wälzte sich etwas Ungeheuerliches auf uns zu. Die laute Stimme, die diese Vorgänge in Radio und Presse meldete, war die Stimme der Macht, die uns umklammerte. Viel Ungreifbares und angeblich Unvermeidliches vollzog sich; man hatte ein fatales und beängstigendes Gefühl dabei, wohin dies alles trieb. Eben zum Krieg.

Lange verlief dieser mit Erfolg. Polen, Frankreich wurden überrannt. Nach dem Waffenstillstand im Westen zogen die Truppen siegreich in der Heimat ein. Flaggen wehten, es regnete Blumen. Das Bild zweier Offiziere prägte sich mir tief ein, die aus einem einherfahrenden mit Blüten hoch angefüllten Wagen lächelnd herausgrüßten. Aber ich dachte an die alte Regel, daß man Siegesfeste eigentlich erst nach Friedensschluß feiern sollte.

In der Klinik gab es einen Sturm. Mit Flugzeugen wurden die Verwundeten vom Schlachtfeld in Nordfrankreich herangebracht! Es rückte gewissermaßen in die Zimmer. »Gasbrand« war eine häufige Todesursache, ein schnelles Erlöschen des Kreislaufes. Gesichter von Fliegern waren durch Benzin verbrannt; Hautstücke wurden darauf verpflanzt. Ich bewältigte diese Flut nicht; ich war wie ein Fremdling inmitten dieser kriegerischen schnellwechselnden Szene.

Als der Überfall auf Norwegen gemeldet wurde, hörten die Männer im Tagesraum des Saales mit ernsten Gesichtern zu. Keiner sagte ein Wort. War diese Sache richtig? Ihre Notwendigkeit wurde uns immer betont. Führte sie zum Erfolg? Man sollte glauben. Der Krieg weitete sich immer mehr aus. »Der Führer macht keine Fehler!«

Als der Kampf mit Rußland begann, schaute ich auf die Karte. Diese große grüne Fläche im Osten, am Rande noch nicht endend. Wie klein Deutschland daneben! Alles war beängstigend, vermessen, unmöglich. Man konnte gelegentlich hören, für den »Führer« sei dieser Entschluß auch der schwerste seines Lebens gewesen.

Ein Offizier, der zurückkam, sagte, die umschlossenen Russen hätten sich stur in ihren Löchern verteidigt, ohne sich zu ergeben, man hätte sie ohrfeigen können. Also wartete man nicht gerade nur auf Befreiung; das versprach ja nun schwierig zu werden.

Immerhin wurden große Kesselschlachten geschlagen und neue gewonnen. Vom Ziel, von Moskau kamen auf einmal Meldungen über »harte Kämpfe«, ein ungewohnter und bedenklicher Ton. Dann erfolgte der große Rückzug. Im Winter. Wir sammelten Schneeschuhe, wollene Unterhosen, alles wurde in einer Schulhalle abgegeben. Mit Hilfstätigkeit fing man die Macht der Tatsachen ab.

Schließlich kam Stalingrad. Auf der Straße sagte ein Freund, 260000 seien eingeschlossen. War so etwas möglich? Das bedeutete ja volle Niederlage! Ein dumpfer, schwerer Hall, durch fremde Kanäle – Auslandssender – hereingedrungen.

Mitten im Krieg wurde mir die Betreuung der großen, halbstädtischen Gemeinde Oftersheim in einiger Entfernung übertragen. Meine bisherige Arbeit sollten Ruhestandspfarrer übernehmen. Der dortige Geistliche war eingezogen worden. Es wurde eine strapaziöse Angelegenheit, und ich wußte nicht, wie weit bei dieser Berufung Kräfte an der Klinik im Spiel waren, die meiner Art Tätigkeit nicht wohlwollten. Diese Hintergründigkeiten, auch auf christlichem Gebiet, werden oft verschwiegen, obwohl man sie empfindet. Welche Gnade, vor Jesus offen zu sein!

Ich saß nun bis nach Kriegsende täglich in der Elektrischen, las ein Buch oder hielt es, selbst an der Strippe schaukelnd, in der anderen Hand. Immer noch war es die Psychologie.

Von der Endstation Schwetzingen radelte ich zum Nachbarort, dort war meine Wirkungsstätte. Ich traf noch viel dörfliche Verbundenheit, liebe Leute und brüderliche Nähe, gerade bei Gemeinschaftsleuten. Nun ging ich wieder vor den Leichenbegängnissen her zum Friedhof, besuchte die Häuser und hielt Schule. Abends fuhr ich zurück und hatte oft auch etwas für zu Hause in der Tasche.

Überraschend nahte sich noch einmal Berlin. Ein Pfarrer trat an mich heran, der dringend Hilfe brauchte, und bot mir die zweite Stelle neben ihm an einem größeren diakonischen Werk an. Beim Umdrehen vor dem Altar brach er später die Beine; der Tod hatte in ihm gesessen. Wieder fuhr ich nach Berlin und fand alles passend; sogar eine leere Wohnung konnte ich besehen. Auch bot sich die Möglichkeit, noch etwas für das psychologische Studium zu tun. Wie am Anfang des Krieges, so konnte ich aber jetzt erst recht während desselben nicht beurlaubt werden, abgesehen davon – wie man mir schrieb –, daß die Psychotherapie doch letztlich nicht so wesentlich sei. Ich hätte ausscheiden und in den brandenburgischen Kirchendienst übertreten müssen. Dies war mir unerwünscht und auch nicht so ohne weiteres gegeben. Die Urlaubsverweigerung, die ich in Händen hielt, bedeutete also ein Nein zu allem. In dem Zimmer, das mir bei der Pfarrfamilie zur Verfügung stand, saß ich lange, dieser Brief mußte mit Tränen begossen werden.

In jenen Jahren, in denen immer mehr Menschen fielen, immer größere Anstrengungen verlangt wurden und immer mehr Rückzüge erfolgten, verstärkte sich der Druck der Partei. Der Glaube an den Endsieg wurde verlangt, auf gegenteilige Äußerungen scharf geachtet. Nicht parteigemäß Denkende wurden aus verantwortlichen Stellungen entfernt, so in meinem Dienstort eine gläubige Lehrersfrau aus ihrer Funktion in der Frauenschaft. Im Gespräch mit ihr schien mir, daß die Kirche einen schlechten Kriegsausgang leichter überstehe als das Volk. Der Gewissenskonflikt um diesen hatte die ganzen Jahre angehalten. Wunder von Tapferkeit und schwere persönliche Opfer waren fürs Vaterland gebracht worden, für eine Sache, die mit dem NS-Regime eng verquickt war.

Der Sohn des Schulleiters ließ die Hitler-Jugend am Buß- und Bettag bei Gotteshaus und Schule antreten, um irgendwo ein Ständchen zu bringen. Als bei der Altarlesung Trommeln und Pfeifen hereinschallten, hob ich lauschend den Kopf; dann fuhr ich mit dem Text fort. Der Vater, der sehr wenig für den Religionsunterricht übrig hatte, bedeutete mir, daß der Buß- und Bettag ein Feiertag speziell der evangelischen Konfession sei; er habe aber seinem Sohne gesagt, dieser solle die Kirche im Dorf lassen. Man mußte doch auch der Bevölkerung Rechnung tragen; sie wurde benötigt, und es waren sehr viele fremde Gefangene im Land. Geheim wurden gegen einen möglichen Aufstand derselben Waffen bereitgestellt. – Allerdings hätte der Schreckenszug von Russen, den ich sah, nicht viel unternehmen können. Von der Schwetzinger Eisenbahnwerkstätte weg wandelte er dahin: Greise, Männer, Frauen, Jugend, alle in derselben gebückten Haltung, schleichend vor Schwäche, unendlich langsam vorwärts kommend. Es war wie eine Traumerscheinung.

Überwacht

Mit meinen Freunden stand auch ich unter Beobachtung. Wir hatten ja mit der ausländischen Oxford-Gruppe in Verbindung gestanden. Ob dahin noch Linien gingen? Dies wollte ein Beamter der Geheimen Staatspolizei wissen, vor den ich geladen wurde. Ich verneinte das wahrheitsgemäß. Ob ich mit Gottfried Klenner Fühlung hatte? Dieser war bei der Wehrmacht und ist dann in Stalingrad geblieben. »Ist Gott für mich, so trete gleich alles wider mich...« konnte er herrlich blasen und hatte es auf seinem Silberhorn von unserer Veranda unbekümmert zur benachbarten Hinterfront geschmettert, bis ein Polizist dies stoppte. Ob ich von meinem Briefverkehr mit ihm ihnen Mitteilung machen wollte, fragte der Mann der Gestapo. Verblüfft schwieg ich; aber dann konnte ich nur erwidern: »Er ist doch mein Freund!« Anscheinend verstand er es.

Die Überwachung begann schon vor dem Kriege. Sie war getarnt und als solche nicht unbedingt zu behaupten. Ein Deutsch-Amerikaner besuchte mich, ein Geschäftsmann, der, wie er sagte, in der weiteren Umgebung mit einem Industriebetrieb angefangen hatte. Er war ein Freund der »Gruppe« und interessierte sich auch für unsere deutsche Arbeit. Beiläufig zog er Ausschnitte aus amerikanischen Zeitungen heraus und legte sie vor mich hin. Es waren Karikaturen über Hitler. Dessen riesengroßes Ohr hörte von der Wand alles, was die Deutschen sagten. Mit hintergründigem Augenausdruck erwartete der Besucher, was ich dazu meine. Mir wurde unbehaglich, und ich schob die Zeichnungen beiseite. »Damit habe ich nichts zu tun!« Bei einer Tagung, an der auch dieser Herr teilnahm, entwickelte ich einige allgemeine Grundlinien der Situation, der Arbeit und ihrer Zukunft. Ein Professor – er war nicht zugegen gewesen – gab mir dann etwas später beim Überqueren einer Brücke einiges daraus wieder und warnte mich, es müsse ein Aufpasser in meiner Nähe sein. Woher er nun wohl diese Kenntnisse hatte? Nach dem Kriege wollte jener »Deutsch-Amerikaner« wieder mit mir in Verbindung treten, aber ich reagierte nicht.

Eines Tages erschien eine mittelaltrige Dame und bot sich als Schreibhilfe an. Sie habe Bücher von mir gelesen und interessiere sich für die Arbeit. Zur Korrespondenz und Niederschrift von Ausarbeitungen war mir eine solche Unterstützung sehr willkommen. Damals begann ich mit der »Seelsorgerlichen Begegnung«. Nach einer Pfarrertagung war mir der Plan für dieses Buch gekommen. Ich glaubte zu bemerken, daß das Diktierte auch auf die Schreiberin nicht ohne Eindruck blieb. Zwischendurch ergab sich manches Gespräch über die Angelegenheiten der »Gruppe«. Sie erklärte sich bereit, über die Freunde und Interessierten, deren Adressen zerstreut in meinen Notizbüchern und Listen standen, eine Kartothek anzulegen, eine wirklich gelungene Arbeit. Von Karlsruhe wurde mir von jemandem aus dem Ministerium des Inneren über Dritte zugetragen, aus meiner Umgebung werde eine Überwachung ausgeübt. Die Schreiberin verneinte das mit Tränen, als ich sie von mir aus auf diese Möglichkeit ansprach, und brachte uns einen Blumenstock.

Während des Krieges hatte sich dann die »A.G.S.« aufgelöst, aber Zusammenkünfte von Freunden fanden noch statt, auch eine solche im Hause der Schreibhilfe. Dort weilte ich in der Folge mit meiner Familie als Feriengast. Im Wohnzimmer benötigte ich Kohlepapier und sah einige Stücke auf einem Nebentisch liegen. Als ich sie ergriff, fiel mein Blick auf meinen Namen. Er hatte sich in Negativbuchstaben auf dem noch neuen Blatt eingegraben. Der Text, der dabeistand, interessierte mich nun doch wirklich, und ich nahm die drei Blätter in meinem Anzug in Verwahrung. Ein Spiegel enthüllte mir in meinem Zimmer einen genauen Bericht über Zusammenkünfte und deren Teilnehmer, meine persönlichen Zukunftspläne, über eine kommende Tagung in Gmunden/Österreich. Sie hoffte, diese aus der Nähe zu besuchen. Auch Gerüchte wurden verzeichnet, die sie durch mich gehört habe. So kauften sich die Bewohner Estlands und der baltischen Staaten Gift für den Fall des Einrückens der russischen Truppen. Ich war sprachlos. Aber dann erkannte ich die Gefahr. Ich benahm mich weiterhin so, als ob nichts geschehen sei. Nun jedoch beobachtete ich mit anderen Augen, wie die Berichterin immer wieder in die Namensliste meines aufgeschlagenen Notizbuches blickte, als sich mit ihr gerade ein Platzwechsel ergeben hatte. Meine Frau fragte mich öfters, was ich hätte, aber ich sagte ihr in diesem Hause nichts. Irgend etwas Furchtbares drohte mir, das fühlte ich, wenn meine Entdeckung nicht verborgen blieb.

Sollte ich meine gerade erfolgte Meldung auf eine andere Stelle wieder zurückziehen? Auch sie war in dem Bericht erwähnt worden und die Genehmigung zu meinem Verbleiben in der gleichen Stadt unter den mir jetzt begreiflichen Gründen befürwortet worden. Konnte ich nun überhaupt dorthin gehen? Fiel es nicht auf, wenn ich absagte? Ich hätte wohl mehr glauben sollen. Aber so ließ ich die Dinge laufen, um so mehr, als sie meinem Wunsche entsprachen. Den Freunden in Österreich telegrafierte ich ab. Die Tagung könne »eingetretener Umstände halber« nicht stattfinden. Sie dachten an Erkrankung. Vorsichtig mußte ich nun diese heikle Sache in sich selbst zu Ende gehen lassen. Ein Rätsel blieb sie mir. Kann man auch mit Jesus in Kontakt kommen und gleichzeitig das Gegenteil tun? Als Thema ihres eigenen Beitrages in dieser nun letzten Zusammenkunft in ihrem Hause hatte sie gemeldet: »Mein Leben mit Christus.« Oder war sie eine geistige Abenteuerin? Nach dem Kriege traf ich sie in Wimpfen, wie sie amerikanische Soldaten durch das Barbarossa-Haus führte.

1940 mußte ich die Leitung der deutschen Arbeit wieder abgeben, die ich nach der Einberufung »Ferdi's« übernommen hatte. Mein Dekan rechnete mir freundschaftlich vor, daß ich innerhalb eines Jahres zu meinem Urlaub hin einen weiteren Monat außerhalb gewesen war. Als ich ihn fragte, ob er mir diese Arbeit untersage, verneinte er dies. Die Kirche wolle nicht den Fehler machen, den sie dem Pietismus gegenüber gemacht habe. Ich mußte aber doch kürzer treten. Ein oder zwei Jahre später erschien dann zu Beginn einer Tagung in Bad Essen ein Beamter und erklärte, die Zusammenkunft könne nicht gehalten werden. Über Nacht durften wir noch bleiben. Als dieser Mann in den Wagen stieg, sagte ich freundlich: »Wir leisten der Obrigkeit den schuldigen Gehorsam« und teilte den Sachverhalt den Angereisten mit. Ein junger Pfarrer war sehr enttäuscht. Er hatte wissen wollen, wie wir arbeiteten. Wir könnten ja den Abend zusammen verbringen, meinte ich. Ich schlug vor, daß wir unsere Sünden aufschrieben und sie vor Gott brächten. Wir taten dies beide, und er erfaßte, was Frieden und Vergebung ist. Später besuchte er mich zu Hause. Das Ankunftstelegramm trug seinen Vornamen. Dieser war mir unbekannt. Ich war gespannt, wer jetzt wirklich anreiste.

Nun wurde die Auflösung der »Arbeitsgemeinschaft für Seelsorge« von uns gefordert. Es war ziemlich deutlich, daß sie sonst verboten würde. In einer nervös unruhigen Sitzung in Frankfurt wurde das beschlossen. Die ersten gingen, als die letzten kamen. Man redete hin und her, wurde kaum still, betete wenig. Die Drohung stand im Raum, einigen erschien sie dringend, den anderen war das gar nicht so klar. Man faßte aber doch den Entschluß. So ging man auseinander, und unsere Sache hatte aufgehört.

Damit war auch mehr oder weniger diese Periode in meinem Leben zu Ende. Auch von Gott her. Sie konnte noch nichts Abschließendes bringen. Jene gesuchte Gestaltung sollte noch kommen, ein neues Werk, *das* Werk meiner Berufung. In dieses konnte ich etwas sehr Wichtiges einbringen: eine zeitnahe missionarische Arbeitsweise in Mannschaftsform und eine fruchtbare Verwirklichung christlichen Glaubens im Alltag (Konkretisierung). Aber Gott führte mich durch negative Erfahrungen und schmerzliche Zertrümmerungen aus dem »Gruppenschema« wieder heraus zu einer bewußt zentralen biblischen Glaubenshaltung, mehr nach dem Pietismus hin. Von da aus sah ich deutlicher, als ich sie vorher schon empfand, die Grenzen dieser Bewegung: Die Verwirklichung des Willens Gottes heute und hier kann in neue Gesetzlichkeit und Eigenleistung umschlagen, wenn diese radikale Nachfolge nicht täglich, bewußt und immer neu vom Kreuze und seiner Erlösung, von dessen Gnade an Sündern her gelebt wird. Die Offenheit für Gottes Führung kann zu einem Fenster ins Einseitig-Geistliche, in eine eingebungsmäßige Direktheit der Gottesverbindung falscher und ungeschützter Art werden. – Der Vorgang der Unmittelbarkeit zwischen Gott und dem Jünger wird eingebettet und korrigiert durch das Gesamtwort der Bibel, durch Urteil und Rat der Brüder, durch Berücksichtigung der Umstände, durch den erleuchteten Verstand und durch Gehorsam zum nächsten Schritt. Nur unter Zusammenwirken *aller* dieser Faktoren bleibt die Erkenntnis der Gottesführung und überhaupt das Glaubensleben gesund (vgl. »Leben unter Gottes Führung« des Verfassers, S. 22–30). Dann werden wir vor idealistisch-religiöser Weltverbesserung einerseits und vor Übergeistlichkeit andererseits bewahrt. So stehen wir in kraftvoller und schlichter Nachfolge und in kraftvoller und schlichter Glaubensart.

Eine leuchtende Erinnerung strahlt aus jener Zeit persönlichsten Einsatzes wie ein festlicher Schlußpunkt herüber: die Tage auf dem thüringischen Schloß Waldenburg. Ich dachte schon oft, wer wohl heute seine Bewohner sind.

Damals fand dort jedes Jahr eine Zusammenkunft von Sprechern verschiedener Bewegungen und zeitgenössischer Bestrebungen statt. Fürst Waldenburg veranstaltete dies und wohnte selbst mit warmem Interesse bei. Hohe, geschnitzte Stühle standen wie Patriarchensessel um eine schwere eichene Tafel. Vor uns lag sorglich geordnet alles nur irgendwie zum Schreiben Benötigte. Erich Stange, Kassel, leitete die Sitzungen. An ihn waren orientierende Thesen gegangen, an Hand derer über die einzelnen Arbeiten berichtet und gesprochen wurde. Auch Hanns Lilje war dabei, Studentensekretär. Er widersprach meiner unbedingten Liebesforderung, auch den Nazis gegenüber.

Irgendwie interessierte den Fürsten meine Sache, und so wurde die Unterhaltung nachher noch draußen mit ihm, seiner Frau und zwei seiner jungen Töchter weitergeführt. Rassige Windhunde schauten zu ihrem Herrn auf, ein Bild von Aristokratie. Als Abschluß und Höhepunkt sollte ein Klavierabend stattfinden – zu ihm war auch die Bewohnerschaft eingeladen. Er war hochoffiziell, ich mußte mir meinen Gehrock mit Flugpost kommen lassen. Das Abendessen sah uns in einem festlich erleuchteten Saal; die Wände waren mit hellen Goldtapeten aus Seide bespannt. Der Diener kam, um uns den Stuhl unterzuschieben. Ich saß zwischen Fürst und Erbprinz, die Künstlerin aus Berlin mir gegenüber. Es war ein hohes Ereignis. Heute denke ich, so wird auch Jesus einmal mit uns am Tische sitzen.

Ein Jahr vor dem Zusammenbruch des Krieges und des Regimes ergab sich für mich eine große Veränderung. Ein Pfarramt in der Stadt wurde mir übertragen. Gleichzeitig sollte ich allerdings den bisherigen Pendlerdienst weiter versehen. Den Anlaß, mich für den neuen Platz zu melden, sah ich als von Gott gegeben an. Ich traf einen der beiden dort wirkenden Pfarrer im Bahnhof, auf einem Koffer sitzend. Die Zeiten waren schon ziemlich turbulent und die Zugverbindungen durch »Jabos« (Jagdbomber) gestört. Er erzählte mir, er träte in den Ruhestand, finde aber keine Wohnung. Da kam mir der Gedanke, ob er dann nicht einfach mit mir Amt und Unterkunft tauschen könne. Ohnedies waren die Pläne mit einem Lehramt oder mit einer seelenärztlichen Praxis ins Unwahrscheinliche gerückt. Hier konnte ich dann immer noch der Universität nahe sein. Ich bekam zwar nicht diese Stelle, aber die zweite dortige, die dann ebenfalls frei wurde. Es kam mir nie ein Zweifel, daß dies ein gangbarer Weg sei. Einer meiner Freunde sagte mir später einmals: »Hättest du mit mir die Sache verglichen, so hätte ich dir gleich gesagt, daß du nicht der Prediger bist, der für den Dienst dort notwendig ist.« Ich spreche zu schnell und zu undeutlich. »Der unterhält sich ja von der Kanzel herab mit den Leuten!« äußerten Menschen, die etwas Feierliches und Stilvolles erwartet hatten. Auch war der Platz wieder zugleich ein Sprungbrett für etwas anderes, noch Unbekanntes; er erforderte aber einen ganzen Einsatz auf lange hin. – Die Beanspruchung wurde nun ungewöhnlich, denn ich bekam zu den beiden auseinanderliegenden Gemeinden noch eine weitere an der gleichen Kirche. Ich war gerne Pfarrer und tat mit einer gewissen vitalen Lust mein Äußerstes. Ich konnte von einer Elektrischen abspringen und zu einer anderen, abfahrenden hinrennen, um noch den Friedhof zu erreichen.

Die dörfliche Pfarrei ernährte uns ja auch noch etwas – die Lebensmittel wurden knapp. Bis über den Krieg hinaus setzte ich diese Tätigkeit mit aus diesem Grunde auch fort. Von heute aus gesehen ist es mir fraglich, ob jene Meldung auf die Stadtstelle wirklich dem göttlichen Willen entsprach, und ich habe daraus gelernt, daß Gelegenheiten auf diesen hin geprüft werden müssen.

Noch übte ich meine Imkerei aus. Sie ergab doch solch schönen Honig! Eine stattliche Büchse voll des dunklen Seims hatte ich im Schwarzwald geerntet und wollte nun in meinem alten Anzug den Rücktransport durchführen. Beim Umladen in Karlsruhe erfolgte Fliegeralarm. Beuten und Honig mußten ihrem Schicksal überlas-

Bild 1: Ehemaliger »Löwe« (Fam. Roller, S. 11) in Egenhausen. Nach Wirtsstube Versammlungslokal (unteres Hauptgeschoß rechte Ecke). Bild 2 u. 3: Großeltern Josef und Johanna Riecker (S. 11f.).

Bild 4: Großvater Christian Helber und Frau Anna Maria, geb. Roller mit Kind Marie verh. Riecker (S. 10 ff.). Bild 5: Vater Wilhelm Riecker (mit »Kaiser-Bart«, S. 29). Bild 6: Otto Riecker (»R.«, rechts) mit Schwester Johanna (S. 12 f.). Bild 7: R. als Sekundaner 1911 (S. 20).

Bild 8: Mutter Marie Riecker geb. Helber. Bild 9: Elternhaus R., Pforzheim, jetzige Berliner Straße, 1945 zerstört (Bild 22). Bild 10: Der Großherzog winkt dem Büb-chen R. (Mitte) mit der Hand (S. 30).

Bild 11: Besichtigung Schülerbibelkreis Pforzheim durch Großherzogin Luise v. Baden, Insel Mainau 1913 (R. r. vorn, S. 30). Bild 12: Beim Durchmarsch 1915 durch Kowno auf erobertem Festungsgeschütz (R. 2. v. l. oben. S. 39). Bild 13: Ernste Gesichter! Silberne Hochzeit im Kriegsjahr 1917 (R. in s. Familie als Leutnant).

Bild 14: Am Tag der Trauung mit Else geb. Mohr, 14. 4. 1928 (S. 74). Bild 15: Der junge Pfarrer unter der Kirchentür Ahorn-Buch. Bild 16: Auf der Barockkanzel. Vorgehänge Erinnerung an das Reformationsjahr 1930.

Bild 17: Mädchenverein Buch a. Ah. im Festzug des Landestreffens Pforzheim 1933 (S. 83). Rechts in der Mitte Frau Else R., rechts R. Bild 18: Der junge Vikar mit Kindergottesdiensthelferkreis Pforzheim-Brötzingen (S. 72).

Bild 19: Im Bewußtsein eines Auftrags. Freudenstadt 1938. Bild 20: Die Familie auf dem Sommerberg bei Wildbad 1951.

Bild 21: Else R. mit Sohn Gerhard auf den Trümmern des Hauses, in dem ihre Mutter und Schwester umkamen (S. 124). Bild 22: Elternhaus R. nach der Zerstörung 1945 (vgl. Bild 9). Bild 23: Thorwaldsen-Statue im Garten, mit R. und Verwandten. Bild 24: R. im Pfarrgarten Adelshofen bei der Abfassung von »Ruf an alle – George Whitefield« (S. 144).

Bild 25: Pfarrhaus in Ahorn-Buch. R. mit Schwester und Vater (S. 78). Bild 26: Pfarrhaus Heiliggeist in Heidelberg (S. 120). Bild 27 : Das alte Pfarrhaus Adelshofen mit Kirche (S. 141).

Bild 28: Auf dem gesundheitlichen Tiefpunkt 1961 (S. 187). Bild 29: Zwölf Jahre später, Aufnahme des Sportevangelisten Helmfried Riecker von seinem Onkel. Bild 30: Vater und Sohn Albrecht schreiten die zukünftigen Zimmer der Baracke ab (S. 184).

Bild 31: Der erste Neubau 1963/64 (S. 192 ff.). Bild 32: Der zweite Neubau 1967/69 (S. 195).

Bild 33: Richtfest beim zweiten Neubau (S. 196). Bild 34: Die Gottesruf-Halle 1970/75 (S. 205). Bild 35: Gesamtansicht des Werkes (v. l. Hallenneubau, Schwestern-, Brüderhaus, Baracke.

Bild 36: Ein Chor singt und Br. Peter Lohmann spricht bei der Einweihung der Gottesruf-Halle 1975. Bild 38: Konferenz der bibeltreuen Ausbildungsstätten in Adelshofen 1966.

Bild 39: Eine alttestamentliche Schriftrolle wird erklärt. Bild 40: Lehrstunde im Neuen Testament. Bild 41: Der neue Unterrichtsraum dient der Bibelschule (1976).

Bild 42: Die Kommunität Adelshofen 1976. Bild 43: Festzug zur Kirche bei der zehnjährigen Kommunitätsfeier (vorn r. neben R. Landesbischof Dr. Heidland). Bild 44: Mitglieder der Kommunität singen dem Achtzigjährigen zum Geburtstag (22. 2. 1976). Bild 45: Besuch auf Ceylon.

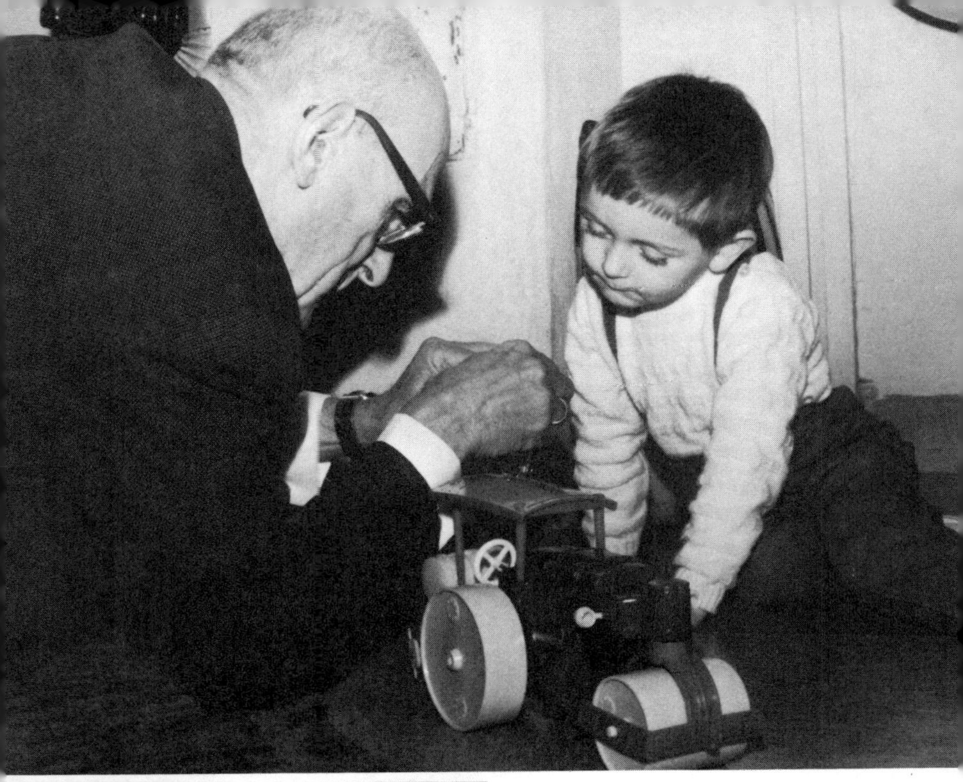

Bild 46: Der Opa spielt mit seinem Enkel. Bild 47: Die Enkelin spielt mit ihrem Opa. Bild 48: Je ein Strauß der geliebten Dahlien für die Küche und fürs Arbeitszimmer.

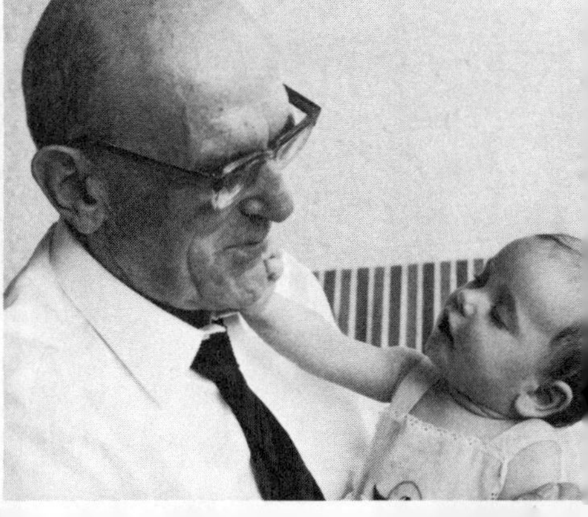

sen werden, jeder rannte zum Luftschutzkeller. Draußen fielen Bomben und ich dachte an meine Bienen. Nachher war es nur ein Stellwerk, das brannte, aber die Gleise waren zerstört. Nach dem Aufladen der Kästen auf einen Lastwagen, drängte ich etwas zur Abfahrt. Die hünenhafte Chauffeuse äußerte zu einem Mann: »Was will denn dieser Fatzke?« Bei der Durchfahrt durch Karlsruhe sah man gleichfalls Rauch und Brand von Häusern. Der Gepäckwagen an dem in Durlach stehenden Einsatzzug hatte noch keinen Schaffner. So lud ich meine Kisten selbst ein und nahm auch anderes mir Hereingereichtes in Empfang: Kinderwagen, Koffer, Gepäckstükke. Man bedankte sich, bot auch eine Zigarre an. Ein Soldat fragte, ob er nicht bei seinen Sachen mitfahren dürfe. »Warum nicht?« Schließlich kam der Lademeister und wollte mich zum Gehen veranlassen. Ich meinte aber, wo ich den Wagen geladen habe, könne ich nun wohl auch mitfahren.

Kurz vor dem Umsiedeln in die Innenstadt hatte sich mir scheinbar noch einmal eine Gelegenheit zu einem gewissen Studium gegeben. Ein sachverständiger Freund schrieb mir, ob ich nicht jetzt im Krieg wenigstens eine Lehranalyse mitmachen wolle, und empfahl mir einen in seiner Nähe wohnenden Professor hierfür. Bei Fliegeralarm marschierte ich durch die menschenleeren Straßen jener Stadt; bei uns nahm man das nicht so ernst und blieb auch dann noch oft in den Wohnungen. Ein Bekannter, den ich zuerst besuchte, kam mir als Luftschutzwart im Stahlhelm entgegen und entsetzte sich über meine Harmlosigkeit in solcher Gefahr.

Ähnlich unbedacht ging ich auch in mein neues geistiges Abenteuer. Ich vertraute der Richtigkeit des Weges vollständig und öffnete mich ganz. Mit wissenschaftlicher Genauigkeit schrieb ich meine Träume auf, manchmal bewunderte er, und immer analysierte er sie. Jeder tat seine Sache ungeschminkt; er war nicht gerade ein Christ. Öfters träumte ich, ich käme zu irgend etwas Ersehntem zu spät, und er meinte, es sei nun auch Zeit, mich auf meinen eigenen Weg zu machen. Er ließ Bücher und Bilder herbeibringen, auch heidnische Symbole, und es war eigentümlich, welch starken Einfluß der Professor auf mich hatte. War hier Okkultes im Spiel? Ich stand noch unter Gott, aber nicht mehr so wie früher. Eine wissenschaftliche, von ihm losgelöstere Denkweise durchdrang mich bei diesen Studien. – Eine Bombe zerstörte bald die Stelle der Lehrbehandlung. Damit fand auch diese ein Ende.

Immer stärker wurde der Luftkrieg. Zuerst waren in dem benachbarten Mannheim nur einige Häuser zertrümmert, und wir fuhren hin, um das zu betrachten. Dann wurde dort ein Großangriff unternommen – wir sahen das noch von unserer Wohnung vom Stadtrand aus mit Erschütterung. Es hielt uns nicht im Luftschutzkeller; man wurde nur einmal Zeuge dessen, was sich da entwickelte. Der Nachthimmel war hell durchstrahlt vom Licht der Scheinwerfer und erfüllt vom Brummen der Motore. Immer neu standen »Christbäume«, leuchtende Kugelpyramiden über der Stadt. In diese Eckmarkierungen hinein wurden Bomben gelegt. Erbittertes Abwehrfeuer setzte zahllose krepierende Pünktchen in das Dunkel. Ein Flugzeug stürzte brennend ab. Um seine Bahn sauste der Pilot, hell beleuchtet, am Fallschirm in korkzieherartiger Bewegung nach unten. Es war ein Höllenspektakel und ein Höllenanblick. Denn nun erhob sich der Brand. Die Stadt glich einem kochenden Ofen, in dem immer neue Explosionsscheine aufzuckten, gefolgt von dumpfem Getöse. Immer höher stiegen die Flammen, bis zuletzt eine einzige, riesengroße feurige Wand den ganzen Horizont entlang stand. Darüber zog nach rechts in langsam schwarzem Schwall die Rauchwolke ab. Ich dachte, was in diesem ungeheuerlichen Etwas wohl alles mitschwimmt? All die Kultur dieser reichen Handelsstadt: die Barockkommoden im Schloß, die wir so sehr bewundert hatten. Die schönen Gemälde der Kaufherren, die Warenlager, die Ladeninhalte, sie schweben alle in diesem Rauch davon. Eine apokalyptische Erscheinung. So wird es auch am Weltuntergang sein. »Weh, weh, die große Stadt!« sagten die Kaufleute, als sie deren Brand sahen (Offb. 18, 19), und so hieß es auch in uns.

In Frankreich war die gegnerische Invasion gelungen, und die Front rückte nach hinten. Mit banger Erwartung hatten wir den Verlauf dieser Landung verfolgt, und als bei Avrenches – dieser Name haftete – die Abwehr durchbrochen wurde, wußten wir, wieder ist ein Stück Entscheidung gefallen.

Die Hitler-Jugend wurde militärisch aufgeboten; sie sollte rückwärtige Stellungen ausheben. Auch unser vierzehnjähriger Sohn war dabei und packte seinen Tornister. Bei Nacht wurden sie verladen. Auf den Straßen dem Bahnhof zu bewegten sich die Kolonnen dieser zum Teil noch schmächtigen Gestalten. Im Gleichschritt, braun gekleidet, singend, auf der Stelle tretend, boten die mobilisierten Halbwüchsigen einen gespenstischen Anblick. Ihre Begeisterung tat uns Eltern weh. Konnte von ihnen dieses Opfer überhaupt verlangt werden? Sie schanzten dann in Lothringen und wurden von Fliegern beschossen. Eines Nachts rief es von unten mit heller Stimme – also wieder da! Sie waren zum Teil auf die Fahrzeuge der vom Rhein zurückgehenden Truppen aufgesessen. »Mir ist der Magen zusammengeschnurrt« sagte der Heimgekehrte noch einige Tage. Und in der Tat, sie hatten sehr viel mit Wurst und zusammengelesenen Pflaumen Bekanntschaft gemacht.

Die Konfirmation des Jungen geschah unter Fliegeralarm. Als die Sirenen heulten und wir gerade angefangen hatten, fragte ich von der Kanzel: »Sollen wir weitermachen?«, und alles war dafür. Sonst hätte es bis zum Abend keine Gelegenheit mehr gegeben, und es war in unserer Stadt auch kaum noch etwas passiert. Die Konfirmandenprüfung war acht Tage vorher. Wir überlegten, ob wir die Paten und Angehörigen nicht auf diesen Tag zur häuslichen Feier bitten sollten, wie wir es in der Familie gewohnt waren. Am Orte pflegte man das Fest am Konfirmationstag zu halten. Wir luden also die Lieben nicht zu dem zeitigeren Termin ein. Hätten wir es doch getan! Sie hätten wohl nicht zu sterben brauchen.

Die Schuttmasse

Am Freitag vor der Prüfung dröhnte ein ganzer Schwarm von Bombern in der Höhe über uns weg nach Süden. Es war Februar 1945, und kein Abwehrflugzeug war in dieser Zeit mehr zu sehen. Samstagabend arbeitete ich im Garten, da öffnete sich das Fenster, und meine Frau rief zu mir herab: »Eben kam im Radio: ›Schwerer Bombenangriff auf Pforzheim!‹« Dorthin waren also die Maschinen geflogen! Die Telefonverbindungen waren abgerissen; unsere Verwandten in Mühlacker sagten durch: »Vom Gaswerk bis zur Wagenhalle alles ein einziger Schutthaufen!« Lagen auch unsere Angehörigen darunter? Es war ja fast die ganze Stadt genannt!

Ich hielt also meine Konfirmandenprüfung, sehr unruhig, und dann fuhr ich mit dem Fahrrad los. Tagsüber war kein Bahnverkehr mehr möglich, die Züge wurden aus der Luft beschossen. Nach der Übernachtung bei einem Freund mußte ich mich wegen des Gegenwindes auch den Berg hinab auf die Pedale stemmen – dies schien mir nun wirklich ein Bild des Lebens zu sein. Auf dem Wegkreuz über der Stadt standen kleine Gruppen, die sich berichteten. »Au dod! (Auch tot!)« hörte ich im Vorbeifahren die entsetzten Rufe. Die ganze, weite, mir so vertraute Talmulde war von bläulichem Rauchdunst erfüllt. Hier hatte einmal Pforzheim gestanden.

Es waren schon Wege durch den Schutt gebahnt. Die Brücken lagen kopfüber. Ich sah Gräßliches. Der Angriff war abends nach Geschäftsschluß erfolgt. In der Todesangst hatten sich mehrere Menschen im Laufen von hinten umklammert, und so lagen sie übereinandergestürzt. Einer Puppe gleich kauerte die klein gewordene Gestalt einer Frau noch aufrecht; die Hitze hatte alles verbrannt und die Haut ihres Gesichtes schrumpfen lassen wie die eines welken Apfels.

An der spitzen Straßenecke, wo das Haus meiner Verwandten gestanden hatte, stieß ich auf eine Gruppe von Leichen. An ihnen sah ich Zettel mit Namen. Da stand auch der meiner Schwiegermutter. »Ach Oma!« rief ich überrascht und außer mir, und nun erblickte ich erst das Gesicht der teuren Weißhaarigen, der wie zur Abwehr quergelegte Arm hatte es verdeckt. Neben ihr lag im Pelz eine junge Verwandte, das seidige Haar in den Staub gestreckt.

Auf einem Rolladen im Seitenraum des Hausganges fand ich meine Schwägerin. Über mehrere Tote hinweg war ich dahin gekommen. Sie trug noch den geblümten japanischen Kimono, den sie zum Waschen angezogen hatte, als der Alarm ertönte und auch schon die ersten Bomben fielen. Sie konnte wohl nicht einmal mehr den Brustbeutel mit Edelsteinen aus dem Geschäft ihres Mannes ergreifen, den sie sonst immer bei sich trug, denn sie mußte um ihr Leben rennen. Ein Bild für die Schnelligkeit, mit der einmal das Verderben hereinbrechen wird (Mark. 13, 15). Im Keller fand sie ihr Gatte mit den Hausgenossen zusammen auf einer Bank sitzen, nachdem er sich mit seinen französischen Gefangenen durch den glühend heißen Schutt dahin durchgearbeitet hatte. Alle trugen eine feine Blutspur am Munde – der Luftdruck hatte sie, wie so viele andere, getötet. Es waren sehr starke Bomben verwendet worden.

Ein Trupp von Männern schob und zog mit abgerissenen Telefondrähten die Teuren zum Friedhof. Diese waren quer über einen Glaserkarren gestreckt, den Rolladen unter sich. Auf alle mögliche Weise, auf Leiterwägelchen, auch in Lastwagen, hochaufgefüllt mit verbrannten Leichen, sah man die Toten dorthin bringen. Ein Sarg war eine seltene Erscheinung, ein Einzelgrab eine Ausnahme. Auf dem Platz hinter der Friedhofskapelle lagen in ihren Uniformen viele Reihen kräftiger Männer, jeder mit einem Namenszettel an der Brust. Ihr Transport wurde im Keller eines Schulhauses verschüttet, und man hörte lange ihr Geschrei, bis es verstummte. Hatte niemand die Initiative ergriffen, sie zu retten? Wie viele gehen geistlich so verloren!

Den felsigen Kalkboden bewältigten französische Gefangene und ich an diesem Tage nicht mehr. Notgedrungen war das Grab breit, nebenan kam der Sarg des Schwiegervaters zum Vorschein. Alle drei waren eines unnatürlichen Todes gestorben. Am anderen Morgen ließen wir Mutter und Tochter in ihren Kleidern hinab und warfen einige Zweige auf sie, später die Erde. Ich betete ein Gebet, das kaum heraus wollte, und befahl sie der Gnade Gottes. Der Schwager stand wie erstarrt. Alles Leid der Welt brach aus mir heraus, als ich an jenem ersten Abend durch den Friedhof radeln mußte. Ich sprach zu Gott mit Tränen und brachte ihm diesen Jammer dar, oder ich heulte einfach.

Bevor ich nach Hause fuhr, sah ich noch ein mir unvergeßliches Bild, ein Symbol für das Ganze. In einer langen Reihe hatte man die Toten eines öffentlichen Luftschutzraumes nebeneinander gelegt. Es war ein ehemaliger großer Weinkeller, und auch sie hatte der Luftdruck getötet. Wie sie vom Ende überrascht worden waren, lagen sie da. Frauen hielten ihr Handtäschchen, andere trugen noch den Hut auf dem Kopf. Oft in den besten Jahren, Familien mit Kindern, gut gekleidet, fast wie in Bewegung. Als ich an diesen vielen Menschen entlang zurückging, rief mich ein früherer Bekannter über die Straße an, was ich hier mache. Ich: »Das muß ein Pfarrer gesehen haben!« So etwas gab es. Ich sah! »Wie gar nichts sind alle Menschen, die doch so sicher leben!«

Ich radelte wieder heim, zum Schluß auf der ausgestorbenen Autobahn, und lag nahe an deren Rand. Ich schaute zu den Sternen auf. Was war der Tod! Und was war das für eine Welt!

Zu Hause hatte inzwischen ein Telegramm meines Schwagers gemeldet: »Mutter und Trudel tot.« Als ich erwähnte, wie wir beide »in das Loch« hinuntergelassen hätten, schrie meine Frau auf: »Was, sie sind schon beerdigt?!« Ach, wie hätte ich sie benachrichtigen und wie hätte sie hinkommen können?

Der Krieg blutete sich langsam aus. Immer größer wurde die Unterlegenheit, es war hoffnungslos. Als ich in Pforzheim an der Ecke des zerstörten Hauses bei den Leichen kniete, hob ich das Angesicht zum Himmel, aus dem all das Unheil niedergesaust war, und sagte: »Eine Regierung, die ihre Bürger nicht vor so etwas schützen kann, sollte aufhören, Krieg zu führen!« – »Wir kapitulieren nie« stand zwar in großen Buchstaben an einer Wand des Hauptverkehrsplatzes unserer Stadt, und man munkelte von einer Wunderwaffe, mit der man »ganz England in die Luft sprengen könne«. Es war die Atombombe, aber sie fiel auf andere. Die große Fluchtbewegung im Osten hatte eingesetzt, man hörte Schauriges. Wenige Wochen, bevor uns die Front überrollte, wurde zum Widerstand um jeden Preis, auch durch die Zivilbevölkerung, aufgerufen. Da sagte ich das gleiche im Pfarrkonvent: »Eine Regierung, die Frauen und Kinder zum Kampfe benötigt, sollte aufhören mit Kriegführen.« Im Radio vernahm ich nach einer Ansprache Hitlers mit Staunen: »Der Führer sprach zum letztenmal zu seinem Volk.« Seine Stimme hatte noch dunkler als sonst geklungen, und er hatte die Vorsehung beschworen, die doch auch wieder günstigere Zeiten geben könne. Aber sie hatte seinen Untergang beschlossen. Wie ein sich zum Himmel reckender Baum lautlos umstürzt, so fiel er von dieser Hand.

Überrollt

Die Front nahte sich der Stadt. Alle Vorbereitungen wurden getroffen. Die Akten der Partei wurden verbrannt; dabei ging auch der Dachstuhl meiner Predigtkirche in Flammen auf, in welchem solche angeblich gelagert hatten. Als ich morgens den Schaden besah, schwamm das Gebäude in Wasser. Vielleicht war auch eine Brandbombe gefallen? Die Brücken über den Fluß sollten gesprengt werden; alles wurde gerichtet. Keine blieb mehr stehen, seitdem bei Remagen am Rhein ein Offizier wegen Nichtsprengung erschossen worden war. Ob man ein solch schönes, altes Bauwerk bei uns retten konnte? Man versuchte, das alte Brückentor durch Zubauen »panzerdicht« zu machen. Als Einwohner schippte auch ich mit. Zu mir in meiner Windjacke sagte ein anderer: »Bist du ein Volkssturmmann?« Ich brummelte etwas durch meine Zähne. Diese nächtliche Aktion nützte nichts; auch hier flogen einige Bogen in die Luft.

Der Güterbahnhof wurde bombardiert. Immer von neuem schossen die Flugzeuge schräg zu ihm herab, und genau so zog die Leuchtspurmunition der Abwehr ihre blitzschnellen Streifen ihnen entgegen. Nach der Besetzung hatte ich die Opfer zu beerdigen. Eine lange Reihe von Särgen stand in einem gemeinsamen Grab, und ohne Unterschied der Konfession tat ich den Toten diesen Dienst, da ich wegen Sprengung der Brücken allein zur Verfügung stand.

Die letzten Nächte verbrachten wir im Luftschutzkeller. Weiter entfernt feuerte immer noch eine deutsche Batterie, und ich ging auf die Straße, um die Richtung festzustellen. »Wo schießen sie denn hin?« fragte ich eine Radfahrerin, die aus der Gegend des Feuers kam. Sie rief den Namen des nahen Neckargemünd, »dort gibt's Öl!« Sie hatte »sie« als »Sie« verstanden. Es war ein Wink des Himmels. Wir bewaffneten uns mit Kannen und schöpften dann aus dem Grund des Flußkahnes das dort stehende, ausgelaufene Rapsöl zwischen den Fässern herauf. Die sich herandrängenden Frauen bekamen auch noch ihren Teil. Dieses Öl war ungereinigt, es tat uns aber in den ersten Hungerwochen kostbare Dienste. Wir ließen es nicht einmal »raffinieren«, denn hierbei fiel ein Teilbetrag weg.

Den Käse dazu bekamen wir im »Tunnel«. Hier stand ein Verpflegungszug der Wehrmacht, und die Bevölkerung verproviantierte sich aus diesem. Wer wußte, was kam? »Im Tunnel gibt's Brot!« hatte mir meine Frau zugerufen. Es war schon mehr eine Plünderung, eine seltsame Situation ganz außerhalb des Gewohnten, wie sie der Krieg bringt. Alte Instinkte erwachten, man mußte sich versehen. Ich war dann doch beschämt, als ich an der Polizei vorbei meinen Rucksack aus dem Tunnel trug und die Leute zusahen.

Im Vorraum unseres Hauses wollten sich drei Soldaten ihrer Uniformen entledigen. Sie trugen darunter Zivilanzüge. Das Heer war gerade im Wegzug. Wir hatten gehört, daß Deserteure an Bäumen aufgehängt wurden und wehrten ab. Da warfen sie Uniformen und Waffen über den Gartenzaun und verschwanden. Ich sah sie dann einige Tage später, schon nach der Besetzung, an einer Straßenecke stehen; sie wollten nicht erkannt sein und drehten ab.

Nun war es soweit. In dieser Nacht sollte die Front über uns weggehen. Alles versammelte sich im Luftschutzkeller. In den anschließenden großen, unbenutzten Räumen fand sich auch die halbe Nachbarschaft ein; irgendein Schutz schien ihnen im Pfarrhaus gegeben zu sein. Unser Sohn verschwand für eine Weile, ja für länger. Er erzählte später, er sei zum Fluß gegangen. Dort waren noch Soldaten, die auf das andere Ufer feuerten. Auch war gerade von einer zerstörten Brücke zur anderen ein Scharfschützenduell im Gange. Einer der Männer sagte zu ihm: »Junge, das ist kein Platz für dich! Geh heim!« Bis zuletzt war gekämpft worden. Ich hörte, daß der auf halber Höhe gegenüber entlangführende Philosophenweg unter Beschuß gehalten wurde. Er hatte eine Lücke im Gebüsch. Sooft ein Soldat durchsprang, wurde auf ihn geschossen. Noch immer, noch immer!

Es war Karfreitag. Morgens um 8 Uhr hielt ich Kirche. Als wir herauskamen, waren wir »amerikanisch«. Der Krieg war zu Ende. Unbesorgt, wie wir die ganze Zeit über gewesen waren, ging ich von diesem Gottesdienst nach Hause. Irgendwie ein Kind vor Gott darf man doch sein! Olivgrüne, lange Gestalten gingen an den Hauswänden entlang vor, das Gewehr schußbereit. Nachmittags schauten wir hinter einer Plakatsäule hervor dem Flußübergang zu. Immer wenn die beiden Geschoßeinschläge einer noch feuernden deutschen Batterie aus dem Wasser aufspritzten, rannten die Soldaten aus ihrem Kampfgraben zu den Booten und ruderten los. Am andern Morgen quoll der Marktplatz über von Kanonen und Zugmaschinen voll schlafender Männer. Auf der jenseitigen Uferstraße rollten unablässig Transporte feldgrauer Gefangener durch. Dichtgedrängt standen sie aufrecht in den großen Kästen hinter den Sattelschleppern. Manche warfen Briefe für ihre Angehörigen herab.

Noch wußten die Amerikaner nicht, wie sie mit uns daran waren. Es schien, als hielten sie uns für Barbaren, so, als ob wir Hörner auf dem Kopf hätten. Bei einem Ostergottesdienst in einer Art Freiarena fanden ihre Familien keinen Blick zu uns her, obwohl die Liebe zu ihnen hinübertastete. Zuviel war ja auch geschehen. Bei einem Spaziergang auf der Waldhöhe sahen wir einen breiten Blutfleck in der Wegfläche. Offenbar hatte hier eine Mine ihr Opfer gefordert. Und wir konnten noch lachen über diese böse Überraschung! Entsetzt und mißbilligend schaute uns eine vorübergehende amerikanische Familie an. Im Filmtheater mußten die Pfarrer beider Konfessionen einen soeben aufgenommenen Streifen aus einem Konzentrationslager ansehen. Zweistöckige Schlafstätten mit lebenden Skeletten, eine Wanne mit Goldzähnen, davonwankende Besucher wurden gezeigt. Zur Orientierung.

Ich brauchte einen Paß für meinen auswärtigen Dienst. Der zuständige Beamte hatte seine Füße auf den Tisch gelegt und unterhielt sich weiter angelegentlich mit seiner Nachbarin. Mein Interesse galt eben dann der Landkarte hinter mir. Schließlich aber bekam ich höflich die Bescheinigung.

Kriegsverurteilt

Gefangene englische Flieger waren in einem Ort bei Pforzheim aus Rache für die Zerstörung der Stadt von Hitler-Jugend umgebracht worden. Mein Schwager, der Bruder meiner Frau, war nur dahin befohlener stummer Zeuge des Anfangs der Tragödie. Er wurde aber von einem englischen Offizier beschuldigt, ihn beim Herausführen aus der Übernachtungsstelle geschlagen zu haben. Nach der Aussage der deutschen Zeugen des Prozesses war er aber überhaupt nicht aus der Reihe getreten. Er war »Intellektueller« und erst während des Krieges der Partei beigetreten, das verschärfte wohl das Strafmaß. Die Ermäßigung der 15 Jahre auf 10 kam rasch, aber mehr auch nicht. Ich war überzeugt, daß er kein Täter war und wandte mich für ihn an Professor Viktor Gollancz, an Churchill, zuletzt an die englische Königin. Sein Geschäft war zerstört, seine Familie ohne Ernährer, ich bat für ihn um Gnade. Das Gericht habe gesprochen, das Urteil sei gültig, erhielt ich zur Antwort. Hier sah ich, was es heißt, wenn Recht und nicht Gnade gilt. Diese lange Zeit wurde verbüßt, lediglich ein Drittel wurde ihm wie allgemein bei Wohlverhalten geschenkt.

Noch nie war ich in einem Zuchthaus gewesen. Das eiserne Tor, die Sehluke darin, das Wachzimmer mit den vielen eisernen Schlüsseln in den Schränken, die dicken Stäbe der zweiten Tür, alles immer aufgeschlossen und zugeschlossen, welch ein Inbegriff von gefangen! Im Besucherraum war zwischen mir und meinem Schwager ein dichtes Eisengitter. An seinen Flächen legten wir zur Begrüßung die Handflächen aneinander. Er weinte. Ich glaube, er hat die ganze Zeit geweint. Wie ein Schwert stand es zwischen ihm und mir, wie das herabblitzende Schwert des Geschickes. Auf der Heimfahrt entrang sich mir ein Gedicht.

Die Gefangenen litten Hunger. Man versuchte, etwas einzuschmuggeln. Wie viele sorgenerfüllte Wege habe ich dafür gemacht, am Ort und außerhalb! Und wenn ich mich dieser Riesenburg der Verzweiflung näherte, wußte ich nicht, ob sie zum Ziel geführt hatten. Schließlich ging ich zum englischen Kommandanten und bat ihn um Erlaubnis. Er lehnte ab und meinte, es sei ungesetzlich, über die Lebensmittelkarten hinaus etwas zu besitzen oder zu bekommen. »Aber sie haben Hunger!« rief ich und ging. – Wie hat sich seither die Atmosphäre geändert! Da sich im Besucherraum kein Gitter mehr befand, versuchte ich, meine Büchsen und Würfel offen zu überreichen. Ob ich nicht wisse, daß das nicht erlaubt sei, meinte der Wächter. Aber dann kam er auf meine Seite herüber und schaute zum Fenster hinaus. Ein Wink des Schwagers mit den Augen, und die Kostbarkeiten wanderten in die Sträflingshose.

Bei der Arbeit konnte der Gefangene hören, wie die Verbrecher sich ausmalten, was sie alles tun wollten, wenn sie bei einer Revolution in Freiheit kämen. Als sich bei einem Besuch zufällig die Korridortür zum eigentlichen Gefängnis öffnete, konnte ich dahinter eine lange Doppelreihe angetretener Gefangener sehen. Es waren vielfach Polen, die sich wegen Plünderung dort befanden.

Ich gab meinem Verwandten den »Goldgrund des Lebens Jesu« von

Borchert zu lesen, und er äußerte, er habe daraus gesehen, was Gnade sei. Es gibt ja nur diese eine. Die Zähne fingen bei der schlechten Ernährung an, ihm auszugehen, im Genick entwickelte sich ein schweres Furunkel. Kalt und fast ohne Heizung waren jene ersten Winter nach der Besetzung bei ihm und in gewissem Maße auch bei uns. Stundenlang mußte man oft bei den weiten Reisen nach Westfalen in den überfüllten Abteilen stehen, die Not selbst umgab uns als Volk wie ein Gefängnis. Nun sollten wohl auch wir leiden, nachdem andere durch uns gelitten hatten.

Nach der Niederlage, dem Selbstmord Hitlers, dem totalen Zerbruch hatte eine gewisse Bereitschaft geherrscht, sich unter die Geschicke zu beugen und ihnen recht zu geben. Gottes strafende Hand war zu gewaltig, das fühlte man. Ich überlegte mir, ob ich nicht in der Kirche eine Woche lang über alle diese Vorgänge und ihren Sinn sprechen sollte, denn die Gotteshäuser waren ohnedies überfüllt, und man spürte die Erwartung einer Deutung. Irgendwie aber war mir dieses Unternehmen allzu groß, und auch mein wissenschaftlicher Berater mahnte ab. Es war traurig zu sehen, wie unter dem Eindruck des Hungers und der Schrecklichkeiten bei der Besetzung des deutschen Ostens und dann angesichts der Vertreibung seiner Bewohner die Bereitschaft zur Selbsteinsicht aussetzte und man sich schnell damit absolvierte: »Die sind auch nicht besser als wir!« Man sah, Unrecht macht Unrecht nicht gut. Eine Stunde war versäumt.

Hunger

Der Hunger tat weh; wir waren in der Stadt, und der Mangel traf uns mit aller Härte. Wenn der kleine Sohn von der Quäkerspeisung in der Schule in seinem Kochgeschirr seinen Rest des Kakaobreis mitbrachte, konnte sich der Vater begierig darüber hermachen. Man hörte, daß Frauen das Fett an den Ausgußröhren der amerikanischen Küchen abkratzten. Unser großer Junge machte an seinem wöchentlichen Brotlaib Kerben, aber ach, sie wurden nicht immer eingehalten, und oft sprang die Mutter ein. Die Tötung ihrer Angehörigen und diese viele Not machten sie schmal.

Manchmal kam ihre Freundin aus der Klinik und brachte einen Laib Brot. In der Abteilung für Frischoperierte war der nicht so nötig. »Der Rabe des Elia« sagten wir öfters zu ihr. Ein Verwandter aus der Schweiz schickte auch je und dann ein Ölpaket, obwohl er selbst nicht viel übrig hatte. Und wie willkommen war das! Wir wandten uns an vor Zeiten ausgewanderte Glieder unseres Stammes in Amerika, denn unseren Kleinen hatte, wie viele Kinder, eine Hungerkrankheit befallen, aber Antwort kam nie. Menschen sind verschieden.

Die Hamsterfahrten begannen. Ich saß mit meinem Ältesten auf dem Anhänger eines Lastwagens. Die beiden Fahrzeuge beförderten schwere Betonbalken. Auch anderes Volk hockte bei uns; diese Transportgelegenheiten waren offiziell. Plötzlich schwankte unter uns der Boden, es war, als ob wir hinterrücks ins Nichts stürzten. Blitzschnell krabbelten wir unten davon, denn die Betonlast konnte nachkommen. Der Anhänger hatte sich abgelöst, wurde aber vor dem Abhang mit seiner Gabel durch einen Baum festgehalten. Hinkend erreichte ich dann mein Endziel.

Man erinnerte sich der Orte auf dem Lande, wo man früher gewesen war oder Verwandte wohnten, und hoffte auf Güte. Als ich in einem Hause sah, wie sich der kleine Sohn der Familie breite Schnitten Butter auf sein Brot legte, drehte sich alles in mir um, und ich sagte: »Junge, das kann ich nicht mit ansehen, wo meine Kinder daheim kaum was haben.« Ich ging durch das Dorf, um zu sammeln. Lauter harte Sachen, Kartoffel, Grünkern, Rüben, wenig Fett. Es war bitter, als ein Bauer mir aus dem Sack die runden Rübenköpfe in den Korb fallen ließ – bums – und mich dabei zur Rede stellte – bums –, wie ich da im Dorf herumlaufe – bums – und Sachen zusammenhole – bums. Seine Frau wehrte ihm, und ich sagte: »Wenn Ihre Kinder auch so Hunger hätten, wie meine, würden Sie ebenso herumlaufen!« Nachher lag ich in dem schmalen Zimmer, wo ich schlief und jammerte. Immer in kleinen, kurzen Tönen, ich sagte Gott all meine Not. Es war Zeit der Verlassenheit.

Else und ich suchten auf den Äckern Ähren. Wie Ruth. Es waren aber viele »Ruths« dagewesen, und so fand sich nur da und dort ein Strünkchen. Wir kamen auf einen Streifen, der war offensichtlich erst jetzt abgeerntet. Wieviel entdeckten wir da! Nun war Ruth doch noch ein wenig wahrgeworden! Ganze fünf Pfund Mehl konnte man aus dem Gelesenen gewinnen und war froh darüber. Wir lasen Bucheckern in unseren Wäldern und lernten auf den Knien rutschen. Aber auch hier war das meiste schon abgelesen, und sorgfältig trug man dann die kleinen Säckchen zum Müller, um einiges Öl zu bekommen. Man vernahm, anderwärts seien die Wälder mit Besen gefegt und das Öl in Fässern eingelagert worden. Es war herb, davon zu hören.

Schließlich kam 1948 die D-Mark. Alles war verwandelt. Am Abend vorher gingen wir noch durch das Warenhaus und sahen lauter hölzernen Plunder. Am andern Morgen standen die Schaufenster voll Blumen, Lebensmittel, Waren. Man konnte wieder kaufen.

Diese überall mit großer Erleichterung aufgenommene Wendung der Dinge brachte nun eine große Veränderung in mein Leben. Durch die Entwertung der bisherigen Währung waren meine Mittel zu Ende, ich mußte wieder in den kirchlichen Dienst. Aber ich übernahm nun kein großes Pfarramt mehr, sondern nur noch solche Tätigkeiten, die mir eine Weiterführung meiner literarischen und theologischen Arbeiten, den weiteren Aufbau einer geistigen Existenz erlaubten. Denn um diese hatte ich gerungen, und diese sollte und mußte sich erfüllen. Und sie ward geschenkt. Ja, mehr als das.

Ausbruch ins Freie

Das Ringen um die eigentliche Berufung und Erfüllung meines Lebens war ja bisher dessen Grundthema gewesen. Gott hatte mich für etwas Bestimmtes geschaffen, erzogen, herangebildet: aber wofür? Ich hatte oft den Eindruck: Alles ist noch vorläufig, das Eigentliche steht noch aus. Dieses konnte kaum darin bestehen, daß ich ein normales Pfarramt und alle seine Obliegenheiten ausfüllte. Zu viele Linien hatten darüber hinausgewiesen. Aber gab es überhaupt eine Existenz außerhalb des Pfarrdienstes, die mich und meine Familie trug? Der Plan einer theologischen Lehrbeauftragung hatte sich zerschlagen, als Bekenntnispfarrer war er auch nicht auszuführen. Nachdem die Hitlerherrschaft zu Ende war, bot sich in irgendeiner Weise wohl eine neue Möglichkeit, theologisch und literarisch zu arbeiten. »Jetzt oder nie«, sagte mein Bruder. Auch ich wußte: Wenn ich jetzt nicht Ernst mache, kommt es nie dazu. Also ließ ich mich beurlauben. Ohnedies war mein bisheriger Platz sichtlich nicht der richtige gewesen, und bevor ich mich veränderte, mußte unbedingt der Versuch einer mir gemäßen Auftragsgestaltung nun eben aus meinen eigenen finanziellen Mitteln gemacht werden. Er geschah äußerlich gesehen zu einem denkbar ungünstigen Zeitpunkt. Die Hungerjahre 1946–1948 brachen damals an. Ich lebte in der Stadt, wie sollte man da existieren? Außerhalb einer Gemeinde? Nur als Privatgelehrter? Wo führte das hin? Nun, man würde sehen. Der Weg wies in diese Richtung. Also ging man ihn. Zu groß waren die Nöte gewesen, die vorher mich bedrängt hatten. Dieser Ausbruch ins Freie mußte gewagt werden. Der Berufung wegen.

Ich stand 1941 auf dem Hafelekar bei Innsbruck und schaute die fernen Gletscher. Hoch oben lagen sie als glänzendes Filigran, die mächtige Gebirgskette entlang. Sie schimmerten so verheißungsvoll silbern, rein, wie ein Anruf. Tief empfand ich die Not, hier zu stehen und mein Eigentliches zu versäumen. Ich vertraute einem Gedicht an, was mein Herz zum Bersten brachte. »Wann, o wann ...?« schrie die letzte Zeile. Im Bett saß ich oft auf, und schrecklich kam es über die Lippen: »Wer hilft mir?« So ging es nicht mehr. Ich mußte mich selbst aufmachen.

Kaum hatte ich meinen Weg ins Freie begonnen, kam eine große Versuchung, wieder in die sicheren Verhältnisse zurückzukehren. Man bat mich um eine Vertretung im Klinikenpfarramt, wo Not am Mann war. Aber nach einiger Zeit erwies sich mir dies als unmöglich. Ich gab dem in einem bedrängten Gedicht Ausdruck. Ich saß damals auf der Rückfahrt von einem Besuch meines in Werl gefangenen Schwagers auf dem Vorsprung der Heizvorrichtung an der Fensterwand des Abteils. Eine Frau beobachtete mich beim Schreiben. Ihr Blick erriet, daß etwas Wesentliches im Gange war.

Ruf

O Qual, den Ruf in sich verspüren und nicht wissen,
ob er von Gott, vom Teufel, wirklich ist gesandt,
so bitter ist's, das sich're Wissen zu vermissen
und tastend nur dem weit'ren Weg sein zugewandt.

Nun hab mit Mühsal ich schon weite Streck durchmessen,
bin mutig Schritt für Schritt gewandelt und gestrebt,
und wo die andern längst das Wandeln wohl vergessen,
bin ich beim Zögern tot, beim Schreiten aufgelebt.

Ich dachte mir's so schwer nicht beim Beginn der Zeiten,
ich dachte, alles brächte frisches Tun und Wagen nur,
und ich begab mich blindlings fröhlich an das Schreiten,
erhoffte schon von selbst mir jederzeit die Spur.

So bin vom Amte froh entschlossen ich geschieden,
ich dachte, sicher könnte das kein Fehler sein,
und ich bekäme, was ich suchte, meinen Frieden,
und jede meiner Stunden würd' sich selber weihn.

Dem goldnen Kerker war ich endlich nun entronnen,
der tiefe Ruf, der kam, er war unwandelbar,
und dankbar blickte ich und kühl besonnen,
was nun an Auftrag, Wirken mir zuhanden war.

Das Leben hatte seine Mitte nun gefunden,
die Anklag' schwieg, daß edle Zeit mir war versäumt,
und alle Kräfte, alle Sinnen waren mir entbunden,
Erfüllung ward, was nächtens heimlich ich erträumt.

Du edle Arbeit, große, mir verborgene Geliebte,
ich liebte dich, indem ich unverwandt dich tat,
je mehr ich dich erkannt, je froher ich dich übte,
und Waffen gab der Geist zur Hand mir früh und spat.

So tat ich dich, so sah von fern ich mir erstehen
dein Reich, dem auch von weitem nie ein andres gleich,
Gestalten nach Gestalten kamen her, mir unbesehen,
und zauberhaft erstand vor mir der Schöpfung Reich.

Jedoch der Anruf meines strengen Schicksals wollte,
daß ungetrübt und unerprobt die Stund' nicht sei,
und was in ungestörtem Werden bleiben sollte,
das ward in Frage mir gestellt schon wieder neu.

Ich hab wie eh'mals harte Arbeit übernommen,
sie wurde mir mit Bitten kürzlich anvertraut,
um Hilf' zu tun, bin ich zum alten Dienst gekommen,
und seh die Säle wieder, die ich einst geschaut.

Jedoch was Freiheit war, wird nun zur neuen Hemmung,
die Tage dehnen sich, die Wochen unerträglich schon,
und der Ideen liebend stolze Überschwemmung
muß hart behaupten sich im Joch der Alltagsfron.

Gewiß, ich schritt untätig nicht durch diese Hallen,
die jäh erfüllt der Menschen grenzenloses Leid,
und durfte mir der Liebe Dienst im tiefsten Herz gefallen,
und ach, die Welt, sie ward im Kleinen mir so weit.

Daß Jesu Sinn, der einzigartig unerkannte,
an diesem Leid sein kräftig, helfend Rühren treib',
und den Verlornen höchste Liebe zu sich wandte,
das, wahrlich, war kein leerer, öder Zeitvertreib.

Jedoch vom Ziele ab bringt mich dies lange Tuen,
der Blick verhüllt sich, leer liegt das Gespinst
der Fäden an dem Webstuhl, und sie ruhen,
hab acht, daß du nicht, goldnes Wasser, mir zerrinnst!

Und schon erhebt sich bürgerlich und klug das Mahnen,
ob das nicht mir gewiesen nun zum Wege sei,
daß ich verleugne all das höh're, dunkle Ahnen
und wähle nun des Dienstes neue Sklaverei.

Ein schöner Dienst, o wahrlich! doch nicht zugemessen
als Inhalt meines Lebens mir nun stets fortan!
Soll all die blut'gen Opfer, schon gebracht, vergessen
ich blindlings, alles nun erklär'n für leeren Wahn?

Nein, füglich sei in seinem Recht mir dies bestritten,
ich folg der Spur, die mir sich in die Zukunft weist,
ich weiß, daß in dem blinden Tasten doch inmitten
sich mir erweist der höhern Fügung treuer Geist.

Ich wag's! Wenn alle auch bedenklich dieses schauen,
und die Bedenklichkeit im Herzen tief ficht an
den, der nicht leichthin und in blindem Selbstvertrauen
beschritt die weite, ungewohnte Schaffensbahn,

so leer von Menschen, die dem gleichen Ziel verpflichtet,
die raten, helfen, Mut zusprechen könnten mir,
allein, das sei! – der Menschen Einspruch nicht vernichtet,
was deutlich ruft und weist die Wege im Gewirr!

Des Buches Lesung, jetzt im Zug zu mir sich wendend,
des Menschen Formung und Bestimmung stark geweiht,
es hat auch mir gesprochen, meine Not beendet,
und still und klar ich bin zu Weiterem bereit.

Leiden

Dieser einsame Weg war schwer durchzustehen. Innerlich und äußerlich führte er durch große Tiefen.

Schon in der ausgehenden Amtszeit schien mich alles Glück verlassen zu haben. »Sie Pechvogel!« sagte jemand zu mir. Meine letzte Konfirmation fand statt. Beim Wechsellied waren nur die Verse der Gemeinde aufgesteckt, die der Konfirmanden wurden als selbstverständlich zu singen vorausgesetzt. Der Organist spielte stur und mit Fortissimo alle vier Verse durch, die Konfirmanden schwiegen. Ich trat heraus, um ein Zeichen zu geben. Der Mann an der Orgel schaute nicht her, mit Gebraus musizierte er allein zu Ende. Als ich die Abschiedspredigt hielt, lag keine Bibel auf dem Kanzelpult. Der vorhergehende Redner hatte sie offenbar mit hinabgenommen.

Sollte ich sie holen? Ich wußte wenigstens den Textanfang, und den brachte ich dann.

In der Kirche fand eine Gebetsveranstaltung der Allianzkreise statt. Es war Bußtag, schon am Anfang meines selbständigen Weges. Ich saß mitten unter den Zuhörern, und oben sang der Chor. »Dennoch bleibe ich stets an dir...« – »Wenn ich nur dich habe...« klang es erschütternd von der Orgelempore. Ich konnte mich nicht mehr halten. Heiß rannen einige Tränen aus den Augen. So bitter standen sie auf der Wange, daß sie diese bissen. Damals verfaßte ich für das niedergeschmetterte Volk ein Büchlein: »Der Weg aus der seelischen Not der Gegenwart.« Die Untertitel lauten: »Müdigkeit, Trauer, Bitterkeit, Sorge, Schuld, Bann, Zweifel, Einsamkeit.« Ein Bekannter fragte mich: »Das hast du dir wohl vom Herzen geschrieben?«

Ich erlebte, wie ein tief in Leiden isolierter Mensch ängstlich, mißtrauisch, angriffig wie ein Kettenhund wird. Das hing mir noch lange an. Es nützte nichts, wenn wir unserer Empörung über mißliebige Menschen nächtlicherweise durch kritische Bemerkungen und Schelten Luft machten. Es wurde nur um so schlimmer. Schließlich kreiste die Bitterkeit wie ein Gift in den Adern, so unerträglich!

Die gewaltige Hand Gottes lag auf meinem Leben. »Ich weiß, daß du ein harter Mann bist!« konnte ich einmal ausrufen. »Otto, versündige dich nicht!« sagte die Frau. Es ging noch einmal durch eine Tiefe gleich jener vor der Bekehrung.

Mit Schrecken rief mich die Ärztin an. Die Untersuchung einer kleinen Geschwulst bei meiner Frau hätte diese als bösartig erwiesen. Uns entsank der Mut. Wir machten einen Spaziergang, mehr wie zum Abschied. Über die Höhe eines nahen Berges, durch Wälder, die Kinder waren dabei. Wir plauderten. Aber im Grunde gingen wir wortlos benommen. Es war, wie wenn der Blitz neben uns eingeschlagen hätte, das Todesurteil verkündet worden wäre. Wir machten uns auf den Weg zur Tonaufnahme, um später eine Erinnerung zu haben. Zwei sangen, es war ihr Lied: »Großer Gott, wir loben dich...!« Noch heute klingt es, nachdem sie gestorben ist. Aber selten. Von der Platte kommt zu Anfang ein Märchen, das hatte die Mama erfunden. Vom Mückles-Fritzle, das von der Mückles-Mutter fortfliegt, im Eisenbahnwagen allerhand Abenteuer erlebt, aber schließlich wieder zurückkommt und so froh ist: »Das ist ja meine

Mutti!« ruft er, und alle schlecken ihn ab, denn er hat von einer Sahnetorte Wunderbares an sich hängen. Diese tiefe, dunkle Stimme! Sie erzählte. – Das rote Licht erglühte. Es war Aufnahmeschluß, und wir hatten wie unser Leben, das »Großer Gott, wir loben dich!« noch nicht zu Ende gebracht. Merkwürdig, daß mir jetzt in der Erinnerung daran Schuberts Musik aus dem »Impromptus« den Geist und auch das Ohr durchklingt. Vieles Leid wird so von Musik umtönt. Und ich weine.

In jener Zeit dachte ich oft an das Wort: »... der wird dir geben, was dein Herz wünscht.« Aber es klang wie eine verlorene Verheißung. Ein Freund war mir viel, welchem ich das alles sagen und zu dem ich gehen konnte.

Zwei Geschichtswerke

Ich saß in der Bibliothek der Universität und arbeitete. Nun endlich war ich frei, dies zu tun. Aus den Regalen nahm ich die Lexika, Sammelwerke, Kunst- und Literaturgeschichten, die mir helfen sollten, mein Werk zu schreiben. Ich hatte eigentlich zwei Arbeiten im Gange: »Die innere Geschichte der Kirche – Rückgänge und Einseitigkeiten, Anliegen und Erneuerungsfaktoren der Kirchengeschichte«, und eine Kulturgeschichte aus christlicher Schau. Für die erstere hatte ich schon lange begonnen, die Quellen zu lesen, alte Kirche, Benedikt, Bernhard von Clairveaux, Luther. Die Erwecker hatte ich bereits studiert.

Auf dem Jugendsekretariat der Stadt fand ich ein zweibändiges Bildungswerk für die amerikanische Armee »Civilisation past and present« (»Die Zivilisation in Vergangenheit und Gegenwart«), welches das Wissenswerte vorzüglich und allgemein verständlich brachte. Alles war da behandelt: Die politische und soziale Geschichte der Völker, Einst und Jetzt der Literatur, bildenden Kunst und Musik, der Philosophie und Religion, die Entwicklung der Wissenschaften, der Technik und der Medizin, überhaupt eine Gesamtdarstellung der Schöpfungen des menschlichen Geistes. Ich dachte, etwas Derartiges könne auch für Deutschland gut sein. Mein älterer Junge hatte mich gefragt, was »Mesopotamien« sei, und ich hatte den großen Nachholbedarf unserer Jugend erkannt. Wie gerne ging ich selbst dem Reichtum der Kulturerscheinungen entlang! Wie einer Gemäldegalerie! »Mich gelüstete, einen Spaziergang durch die Weltgeschichte zu machen«, hätte ich darüber schreiben können. Es war ein Unternehmen, riesengroß. Es erweiterte sich noch immer, je näher ich der Gegenwart kam. Das 19. Jahrhundert war besonders reich an schöpferischen Geistern; wie viele Typen waren da zu bezeichnen, die ich nur zum Teil näher kannte. Aber das Ganze war begonnen und sollte weitergeführt werden. Ich biß mich durch. Der Zettelkatalog, das Stichwortverzeichnis umfaßte allein schließlich einen zweiteiligen Kasten. Hierzu hatte ich zunächst zwei Jahre gebraucht.

1948 verschlang nun die Währungsreform meine Existenzmittel. Ich stand im Garten, als ich das Nähere über sie las, und mir war gleich klar, daß nun die Rückkehr ins Amt geboten sei. Auf dem bisher verfolgten Weg hatte sich auch kein rechtes Ziel gezeigt.

Sofort bekam ich eine Aushilfsstelle in Rheinau.. Alles war so plötzlich gekommen. Im Zug reiste ich hin und her und las weiter meine Bücher. Ich fand das derart passend, daß ich nach Angebot einer Pfarrstelle darum bat, mich bei diesem Dienste zu belassen, denn er erforderte nur Schule und Seelsorge. Ich war eine Art Vikar und viel freier. Nach 700 oder 800 Seiten war das Werk beendet. Es wurde nie gedruckt, denn für so etwas Umfangreiches und Volkstümliches war im Deutschland der Geistigkeit angeblich kein rechter Bedarf. »An solchen Arbeiten lernt man am meisten selbst«, schrieb mir zum Trost ein Verleger.

In der Tat war es erstaunlich, was der Menschengeist alles hervorgebracht hatte. Ich liebte das, besonders die Malerei, und universell war die Schau. Einmal konnte ich alles durchblicken, und ich mußte oft an Gott denken, der überhaupt alles weiß, und göttlich war das Vermögen, so Ungezähltes in den eigenen Geist zu fassen. Vieles konnte ich nur durch Vermittlung anderer wissen, was mich beunruhigte, und die Arbeit beanspruchte mich total. Ob das geführt, also nach Gottes Willen war, oder mein eigenes Bedürfnis und Planen? Nun, später lehrte ich darüber.

Ich setzte dann das kirchengeschichtliche Werk fort und sah von neuem nicht hinaus. Wie durch viele Täler mußte ich mich winden, über Höhen kommen, vor immer weiteren Gebirgszügen stehen. Ich sollte zuverlässig arbeiten, in der Geschichte kann man nicht flunkern, und doch die großen Linien und Maße beibehalten. Ich war oft angetan und erstaunt über die Sichten, die sich herausstellten. Den näheren Plan zum Ganzen hatte ich nach vielen Vorarbeiten bei einer Fahrt um den Bodensee entworfen. Die Grundlinie, die Hauptpunkte und die meisten Einzelteile waren mir da gekommen. Der Fahrer saß schweigend neben dem kritzelnden Freund. Diese Arbeit verschlang weitere Etappen freier Stunden, aber ich empfand den Auftrag und scheute nicht das noch offene Geschick des Werkes. Dieses wird sich erweisen.

Nach der Kultur- und Kirchengeschichte steht nun diese Lebensgeschichte zur Frage. Ich möchte eben geschichtlich sein. Und schreiben.

In jener Aushilfsstelle am Rande der Großstadt fühlte ich mich wohl. Es waren liebe Leute. Konnte ich da nicht bleiben? Konnte man die Gemeinde nicht teilen? Sie war übergroß! Dies mißlang. Menschliche Riegel schoben sich vor. Ich war ungehalten. Aber es war noch nicht der Platz.

Aufs ganz kleine Dorf sollte ich kommen, da, wo ich jetzt bin. Gottes Hand wollte es so. Ich sagte später oft: »Ich wurde wie ein Fußball hierher gekickt.«

In jener Zeit fuhr ich nach Möttlingen. Meine Frau war doch erkrankt, und dort konnte Heilung sein. Es stand ernst um sie, ärztliche Kunst war an ihr verloren. Das wußten wir, wenn auch vorläufig noch nicht viel Bedenkliches eintrat. Glaubensheilung gab es, das war uns klar, und wir stellten sie Gott anheim. In Wahrheit aber mußten wir wohl um meinetwillen dorthin gehen.

Ich war ganz zerknittert. »Otto muß unters Wort!« rief ein Freund bei Tisch, als er mich anschaute. Er sah recht. Und das Wort kam. Durch die Brüder, die es unnachsichtig sagten. Wie mit einer Stahlbürste rieben sie mich ab, uns alle, es tat wohl. Hier war Wahrheit, hier vollzog man Buße. Ich sagte alles, was mir auf dem Herzen lag, und die Brüder schauten mich freundlich an. »Ich bin doch ein Kind Gottes!« rief ich. »Ja, aber ein unartiges!« kam die Antwort. Ich mußte es zugeben. Hier war der Tiefpunkt. Von nun an ging es wieder aufwärts. »Sie werden erhöht werden!« rief mir ein Dekan nach, als ich vom Gespräch auf dem Schotterhaufen am Straßenrand zum Dorf zurückschritt.

Noch zehn Jahre lebte meine Frau nach dem Einsetzen ihrer Erkrankung. Wie das im einzelnen kam, weiß ich nicht. Auch ich hatte öfter über jener kranken Stelle gebetet und zum Herrn aufgeschaut. Als sie dann starb, war es doch ein Aufhalten gewesen.

Von Möttlingen schrieb ich auf einem ganz alten, schlechten Papier, anderes hatte ich nicht zur Hand, meine Zustimmung zur Versetzung nach Adelshofen. Diesen Ort hatte mir der Oberkirchenrat genannt, als ich in der Angelegenheit mit ihm sprach, und er hatte sich dabei einen Ruck gegeben.

Ein anderer, größerer, näher der Stadt, schied auf wunderliche Weise aus. Auch er sollte nicht sein. Als ich zu meinem Bruder von der Wahl zwischen beiden sprach, riet er zu dem kleineren, »und der ist noch zu groß!« rief er. Ich sollte ja arbeiten!

Die Erfüllung

Das kleine Dorf

Ich hatte mir den Ort Adelshofen angesehen. Er war in der Tat klein. Als ich vor dem Pfarrhaus eine Frau nach diesem fragte, rief sie: »Sie stehen ja davor!« Es war ein dickwandiges Ungetüm mit kleinen Fenstern. Am Anschlagbrett waren verschiedene Wahlen im Jugendkreis mit Stimmenzahlen kundgetan. Die Kirche sah pompös aus, eine große, klare Front, aber dahinter kam nur etwas Kleineres, Halbrundes. Ich ging mit dem Pfarrer über die Empore und besah mir die dörfliche Kostbarkeit dieses hübschen Gotteshauses. Er erzählte mir, daß er zwölf Konfirmanden, vier Trauungen und acht Beerdigungen etwa im Jahr habe. »Da bleibst du! Das ist das Richtige!« dachte ich. Ob das hier nicht ein wenig abgelegen sei, war meine Frage. »O nein, man kann überall gut zu den nächsten Städten kommen!« versicherte er. Das Wiesental zu dem nächsten Städtchen war entzückend, es gab mir später ein Gedicht. – Also blieb ich.

Zur Dienstübernahme kam ich in das Dorf zurück. Im niedrigen Wohnzimmer entfalteten die vier Kirchenältesten und der Dekan ein eifriges Tun. Als ich diese vier altväterlichen Röcke sah, dachte ich: »Mensch, wo bist du hingekommen?« Der wellige Fußboden, die vielsproßigen Fenster, die leicht muffelige Luft, alles atmete eine andere Welt. In sie sollte ich nun eingehen!

Rot ragten die Giebel des Palastbaues über mir. Es war unsere Abschiedsserenade aus der Stadt; die Menge saß im Hof, die Musik klang auf. Als die Nacht über den Dächern anbrach, wurde »Der Hirte auf dem Felsen« gesungen, von Schubert. Das war schon auf der Platte schön, aber hier hinreißend. Vorne im Chor stand halbgeduckt eine Sängerin, wie zum Sprunge, die Arme nach hinten, das Lied in das Dunkel hineinsingend. Inbegriff von Musik. In diesem einmaligen Innenhof hatte ich die Darstellergruppe ihr Ständchen erheben hören, während über ihnen im Erker Romeo und Julia eben starben, oder Gretchen hatte im »Faust« ihr »Heinrich!« in die Nacht hinausgeschrien, und ich saß sonderbarerweise neben der Schwester eines Mädchens, mit dem ich zu keiner Heirat hatte kommen können.

Es gab wenige Abschiedsbesuche. Still hoben wir uns davon. Ein

Freund rief mir durch den Hausflur nach: »Ich danke dir, daß du mich zu Christus geführt hast!« Der oberste Geistliche des Landesteiles gab mir beim Hinausgehen sein gütiges Wort mit: »Der Herr segne Sie! Er gebe Ihnen einen guten Beginn!« Das war eine »beracha«, eine Segnung nach der Erzväter Weise.

Während wir uns dem Dorfe näherten, hielten wir an. Wir beteten. Es war uns etwas bange. Welch eine neue Umgebung! Als meine Frau und ich bei einem vorausgehenden Besuch das große, leere Wohnzimmer betreten hatten, knieten wir nieder. Es stand noch ein Speiskübel vom Verputzen in der Stube, der diente uns als Anhaltspunkt und Altar. »O Herr«, flehte ich, »dies ist voraussichtlich unsere letzte Stelle. Schenke uns doch hier eine Erweckung!« Uns war klargeworden, aus all den langen Studien, aus Erfahrung, aus innerstem Wissen, daß eine Erweckung das einzig Kostbare ist, mitten in einer wirren Welt, mitten in der Kirche. Das Gebet sollte erhört werden. Hier sollte, etwas zugespitzt gesprochen, mein eigentliches Leben beginnen.

Beim Ausladen des Möbelwagens kam eine Marmorgußstatue von Thorwaldsen zum Vorschein. Ich kaufte sie einst aus dem Garten, in dem meine Bienen standen, gegen vier Pfund Honig. Das Grundstück gehörte früher einem Bildhauer. Der Sockel, der zum Abstützen eines Luftschutzbunkerzugangs diente, kostete noch extra ein Pfund. Lange hatte sie am Treppenaufstieg meines schloßartigen Hauses gestanden, nun starrten sie die Kinder, die den Einzug beobachteten, an. »Das ist die Lichtträgerin«, sagte ich, »wißt ihr, wie jene zehn Jungfrauen.« Sie trug den Krug in der einen Hand, die Leuchtschale in der anderen. Diese Figur steckte vorher halb als Abstützung in der Erdwand dieses Luftschutzkellers, und die edle Faltung ihrer Rückengewandung war mir gleich aufgefallen. Nun stand sie abends in unserem Garten, mit ihrer Anmut und ihren bloßen Armen etwas fremd und vielleicht anstößig zwischen Pfarrhaus und Kirche. Sie war ja mehr eine Griechin als eine Christin. Ein halbes Jahr später hielt ich bei ihr in meinem Wege inne. Ich hatte die Anfrage erhalten, ob ich nun das Pfarramt behalten wolle. Die Locken der »Dame« fielen edel gerafft über die Bänder herab, das Profil hob sich klar und klassisch gegen meine vor Alter gründgelb getigerte Hauswand ab, und ich fragte mich: »Soll ich hierbleiben?« Aber es war so: Ich sollte hierbleiben.

Später ist diese »Schöne« in den Holzschuppen gewandert. Ich konnte sie selbst nicht mehr dort oben sehen. Viel Größeres war geschehen. Vom Kohlenstaub ziemlich angeschwärzt und trostlos stand sie in der Ecke und lag eines Morgens unversehens in Trümmern. »Das ist Herrn Pfarrers letzter Götze!« hatten die Bibelschüler gerufen.

Als wir zwei Tage am Ort waren, kam die Krankenschwester zur Tür herein und brachte uns ein Kännchen Milch. Das war ein Liebeszeichen, und deren viele erwies sie uns im Lauf ihres eiligen, geschäftigen Daseins. Hinter den Fenstern der Veranda erschien die Jungscharleiterin mit ihren Mädchen und sang uns ein Liedchen zum Willkommen. Sie wurde dann Stütze und Schrittmacherin in vielem. Eine priesterliche Seele, eine geistliche Mutter im Dorf verband sich mit uns im Gebet, dort konnten wir ein- und ausgehen und uns manchen Rat und Trost holen.

Der Anfang war dunkel. Die Umstellung auf die Schulen erwies sich als schwierig; der älteste Sohn fuhr täglich auf einem beschotterten Landweg zur Bahn und kam schmutzbedeckt zurück. Wut und Verzweiflung stiegen da auf.

Der Jugendkreis setzte seine Linie fort. Mit ohrenbetäubendem Getöse ging die »Reise nach Jerusalem« um die Stühle herum vonstatten. Noch immer einmal mehr wurde »Elfer raus« ausgeteilt und in die Karten gestarrt, ehe die Andacht kam. Man hätte die jungen Herren auf Samtsesseln in die Abende tragen können, damit sie überhaupt nur kamen. Schließlich gaben sie auch das auf und sagten: »Wenn der Pfarrer mit den frommen Mädchen alleine zusammensitzen will, soll er es tun.« Der alte Ofen im Konfirmandensaal rauchte, wir kauerten frierend um ihn. Die Beleuchtung war schlecht, die Fenster stiegen aus dem darunterliegenden Treppenhaus nur etwa einen Meter über den Fußboden und gaben dem Raum etwas Helligkeit. Aber wir meinten Jesus.

In diese Stelle hatte ich den festen Entschluß mitgebracht, nun am Evangelium nichts abzubrechen. Ich hatte soeben eingesehen, welch eine Gnade eine entschiedene Botschaft ist, wie durch sie Licht und Wahrheit ins Leben kommt und die Menschen gerettet werden. Nur um den ganzen Preis gab es auch das Ganze. Also predigte ich beide Wege, den schmalen und den breiten, beide Lebenszustände, den wiedergeborenen und den nichtwiedergeborenen, beide Ziele, Himmel und Hölle. Das zweite verschweigen, hieß für mich unredlich sein, die Menschen irreführen, ihnen gerade das Beste vorenthalten. Das gab die Erweckung.

In der Gemeinde kannte man von früher her geistliches Leben, denn in den letzten drei Generationen war dieses durch Evangelisationen jeweils neu aufgebrochen. Man wußte etwas von Wiedergeburt und neuer Schöpfung, weltlichem und jüngermäßigem Leben. Gläubige Menschen hatten sich in Gemeinschaften gesammelt und oft um eine Neubelebung gebetet. Vieles war aber im Dorfbegriff Form geworden. »Mir henn alles gwißt, mir henn bloß net gwett« (»Wir haben alles gewußt, wir haben nur nicht gewollt«), sagte nachher ein junger Mensch. So erregte es doch Aufruhr, als die letzte Herausforderung zum Leben kam. »Der Pfarrer redet immer von der Wiedergeburt! Zu dem kann man ja nicht mehr in die Kirche!« hieß es. Ich mußte erwidern: »Ich kann nichts dafür, daß die Bibel immer diese Texte bringt, und ich bin verpflichtet, sie textgemäß zu behandeln. So habe ich es in der Ordination versprochen.« Es war in der Tat wunderbar, was die Bibel alles sagte.

In jener Zeit kam die Aufforderung an mich, das Leben großer Erwecker zu beschreiben. Ich hatte mich mit ihnen schon viel beschäftigt, während das »Evangelistische Wort« entstand, und jetzt hatte ich Zeit. So sagte ich zu. Ich wollte über Whitefield, den gleich großen Zeitgenossen Wesleys, schreiben.

Ich saß wieder im Garten, wieder schwirrten die Bienen, wieder verharrte ich über den vergangenen Jahrhunderten. Ein ergreifendes Leben erstand vor mir, dessen Hingabe auch mir Ruf war. Ein großer Prediger, ein großes Licht war der Zeit gegeben, das über das Maß vieler hinaus weithin schien. Wieder wurden jene Zeiten echter Bewegung lebendig, sie riefen nach einer solchen, die ihr heute entsprach. Ob es sie gab? Ob das Land wieder von ihr ergriffen werden konnte?

In das nahe Städtchen kam »Jugend für Christus«. Es war 1953. Schon drei Jahre war ich hier; ob sich je etwas rührte? Mein Jüngster hatte das Zelt für einen Zirkus gehalten, rutschte aber schnell von der hintersten Bank nach vorne, als er sah, daß hier Flanellbilder geboten wurden. Andere Kinder gingen bald mit dorthin, auch Jugendliche machten sich mit ihren Fahrrädern auf. Abends nach der Veranstaltung tanzte eine lange Kette glühender Rotlichter die Straße entlang zurück.

Es wurde zur Entscheidung aufgefordert, zum Zurückbleiben. Als ich am Ausgang des Zeltes um die Ecke bog, sah ich vorne ein kleines Grüppchen sitzen, zusammengedrängt wie eine Schar schüchterner Hühnchen. Aber sie blieben. Es waren die Unsern! Freude durchwallte mein Herz. Endlich ein Schritt. Sie kamen dann heraus, so strahlend! Das Leuchten der Gnade stand auf ihrem Gesicht; sie hatten sie erfaßt. Durch schlichtes Gebet. Das war der Anfang.

Mit diesem halben Dutzend junger Mädchen begannen wir einen Kreis. Sie waren alle durch Sünden durchgebrochen zum wahren Leben. Auch »gute, brave« Mädchen brauchten Reinigung, Erstanfang. Wir lasen die Bibel, sangen »Reichslieder«, beteten; alles noch sehr befangen. Fast erstarb ihnen das Wort noch im Munde. Aber das gab die Stützen für später.

Zu Wilhelm Furtwänglers Tod kam im Radio eine Sendung der Wiener Philharmoniker. Die «Unvollendete» von Schubert. Sie hatte der Künstler dirigiert. Ich lag auf dem Sofa. Die große Musik griff mir ans Herz. Hierbleiben? Was tat ich hier? War nicht alles vergeblich? Wie eine Mauer der Widerstand, dick und schwer die Luft.

Das Erwachen

Das Jahr 1955 hatte gerade begonnen. In der ersten Woche kam man zur Allianzgebetsstunde zusammen. Wir waren im Saal der »Evangelischen Gemeinschaft«. Ich betete vom Pult darum, daß mir Gott meine Fehler und Versäumnisse verzeihen möge, und auch die Diakonisse tat so. Nach diesem schlichten und ach so dürftigen Schuldbekenntnis war plötzlich Gott auf eine fast beängstigende Weise nahe. Es war atemberaubend. Da war eine lautlose Herrlichkeit und Präsenz (Gegenwart). Beim Hinausgehen sagte der Gemeinschaftsvater: »Henn der au gmerkt, daß mer heit owed hoher Bsuch ghat henn?« (»Habt ihr auch gemerkt, daß wir heute abend hohen Besuch gehabt haben?«) Als sich die Leute nach ihm umdrehten, erklärte er: »Die heilich Dreieinichkeit isch do gwä, Vadder, Sohn unn heilicher Geischt; unn wenn's scho a Ehr isch, wenn en irdischer Kenich uff Bsuch kommt, was isch's erscht, wenn d' heilich Dreieinichkeit kommt!« (»Die heilige Dreieinigkeit ist dagewesen, und wenn es schon eine hohe Ehre ist, wenn ein irdischer König auf Besuch kommt, was ist es erst, wenn die heilige Dreieinigkeit kommt!«) »Hennders au gmerkt, Vadder?« (»Habt Ihr's auch gemerkt, Vater?«) fragte ich ihn und legte ihm dabei den Arm um die Schulter. Nachher sah ich, es war eine Verheißung.

Gott wußte, was er tun wollte.

Es war schon öfter angeregt worden, eine Evangelisation zu halten. Ich sagte: »Ich muß erst das Schlachtfeld kennen, bevor die Schlacht stattfindet.« Vier Jahre war ich nun hier, ich kannte es. In Nonnenweiher lernte ich Pastor Kemner kennen, der dort auf einer Pfarrerfreizeit sprach. Gerade von der sexuellen Not besonders unter der Jugend wußte er offensichtlich mehr als wir. Man rief uns an, er spreche nun in Stafford bei Spöck. Wir liebten alles Evangelistische, Erweckliche, und fuhren hin.

Die Ansprache beeindruckte uns nicht sehr, wir waren auch müde. Mit dem Pfarrer ging ich dann draußen auf und ab, der Evangelist hatte noch Seelsorge. Wir wurden von ihm zur Mithilfe im Gebet in die Sakristei gerufen, und nun sperrte ich die Augen auf: Ein Mädchen kniete vor einem Stuhl, ihre Freundin in Fürbitte wie über den ihren hingegossen. Ich dachte: »Wo in aller Welt gibt's das noch? Den holst du dir!«

Kurzfristig fragte ich dann an, und kurzfristig sagte er zu. Er habe gleich gewußt, daß da etwas geschehe, äußerte er später. Sonntagabend kam er an und stieg gleich auf die Kanzel. Ein erschütternder Strom von Beredsamkeit kam aus seinem Munde und rief die Leute im Tiefsten an. »Kommt heraus aus euern Höhlen, ihr Sünder, Gott wartet auf Euch und ist euch gnädig!« ließ sich seine Botschaft zusammenfassen. Und sie kamen. Hatten sie sich vorher verkrochen aus Furcht vor Gott, Gericht, Schuld, hatten sie widerstanden, so begriffen sie nun, daß *sie* gemeint waren, und eine große, unerhörte Gnade rief: Jesus! »Jesus geht durch Adelshofen«, es war wirklich so. Ein Wehen des Geistes fing an, es überführte viele. »Den mußt du gehört haben!« sagten sie im Wirtshaus; immer neue großartige Geschichten von heute kamen, bezwingende Anrufe, ja Schreie mitten ins Herz hinein. Das war nicht gemacht, das war Sorge um die Seelen. Und Buße trat ein, man erkannte sich selbst.

War man zuerst wegen des Redners gerannt, so trat man nun den viel schwereren und doch seligen und notwendigen Weg zum Seelsorger an. Diese kernigen Menschen, junge und alte, knieten nieder, bekannten ihre Sünden und empfingen Vergebung. Der Seelsorger war oft erstaunt, wie leicht das ging. Es war eine Himmelsgnade drin. Wie wenn an einem Stamm gerüttelt wird, und die reife Ernte prasselt herunter, so kam es mir manchmal vor. Die Zeit war gekommen.

Meine Frau, todkrank, weinte Freudentränen, als sie das Geläufe an ihrer Zimmertür vorüber hörte. Mein Jüngster hatte unten an der Treppe ein Plakat mit Pfeil angebracht: »Zum Sprechzimmer«. Ich sagte: »Bub, du hast mehr Mut als dein Vater!« Denn ich hatte nicht geglaubt, daß jemand käme.

Ein Zimmer im Erdgeschoß wurde Warteraum. Hier missionierten schon Neugewonnene, bereiteten vor. Als zwei Burschen zur Hintertür hereinkamen und vor meiner gerade hinausgehenden Frau zurückprallten, sagte diese: »Kommt nur herein, wir sitzen alle auf dem gleichen Bänkle!« Daß wir Sünder waren, war in diesen Tagen tiefe Überzeugung; daß Jesus lebte, Sünder suchte und aufnahm, auch. Wenn die Männer von oben wieder erschienen, faßte ich sie manchmal in die Arme und begrüßte sie als Brüder. Auf den Zügen manches Mädchens stand die Schönheit der Wiedergeburt, in den Augen anderer: »Ich kann glauben!« Es war eine Himmelsernte.

In jenen Tagen wurde viel gesungen. Gott wurde sehr gerühmt. Von lauter nüchternen Leuten.

Dies fing damit an, daß wir auf der Empore standen, im schmalen Gang zwischen Orgel und Brüstung, ein kleines Grüppchen, und gerne unseren Teil beigetragen hätten. Wir sangen die schlichten, volksmäßigen Lieder, die zu Herzen gingen: »Komm zu dem Heiland, komme noch heut! ... Hört, Jesus ruft: Kommt alle her! ... Offen steht Jesu erbarmendes Herze ... Laßt die Küstenfeuer brennen! ... Einen nach dem andern führet her zum Herrn!« Als wir das letztere brachten, sah ich mich ermunternd um zu denen, die sich inzwischen zu unserem Trupp hinzugefunden hatten. Es war ein Bekenntnis, sie waren nun auch »dabei«. Ich nahm meine Gitarre mit auf die Empore, ich dachte: David sang ja auch zur Harfe im Heiligtum.

Die Lieder wurden aufgenommen und auch im Dorf gesungen. »Ich weiß einen Strom... Am Kreuze meines Heilands... Welch Glück ist's, erlöst zu sein...« In der Nachbarschaft sagten sie: »In Adelshofen sind sie alle verrückt geworden. Das ganze Dorf hat sich bekehrt. Aus allen Fenstern singen sie heraus.« Nun, es war nicht ganz so, aber das war wahr: »Uns ging ein neues Licht gnadenvoll auf.«

Mitte der Woche saß ich oben auf der Empore der Kanzelgegenüber. An der Wand über dieser stand in einfacher Zeichnung ein Kreuz; vom Schnittpunkt gingen Strahlen aus. Ich war sehr bedrückt, denn auch meine Schuld stand noch einmal auf, ich empfand tief, wer ich war und wie wenig ich genügen konnte.

Ich schaute das Kreuz an – war es auch für mich da? So bang war mir. Schuld ist konkret. Aber die Flammen, die vom Kreuz ausgingen, sprachen zu mir. Diese Liebe ergriff mich. Ich konnte es glauben: Auch für mich da. Das war der Durchbruch. Zugleich in der Gemeinde. Vielen ging es wohl so. Der Geist weht, wo er will.

Samstag war der letzte Abend. Es sollte ein Dankabend sein. Viele waren gekommen. Und tatsächlich, nach der Predigt des Evangelisten ging ein Danken durch die ganze Kirche hin. Junge, Alte, Burschen, Mädchen beteiligten sich an ihm, es war herzergreifend, feierlich und ungezwungen.

Während der Woche war ich einmal nach Schluß des Abends von einer Frau aus der Kirche ins Pfarrhaus geholt worden. Ihre Mutter fragte dort nach Frieden. Als ich durch den Garten eilte, brach hinter mir helles Licht aus den Fenstern in das Dunkel hinaus, drinnen war man noch freudig am Singen. Wie eine Kraftstation stand das Gotteshaus in der Nacht, wie eine Verheißung an die Welt. Darf nicht so etwas die Kirche sein?

Am übernächsten Sonntag trat auf meine Bitte hin die erweckte erwachsene Jugend zum Alter und sang ihr Lied. Viele kamen heran, zuerst die Mädchen, dann von oben die Burschen. Es war ein Bekenntnis vor der ganzen Gemeinde, eine Art Taufe. Nachher feierten wir außer der üblichen Reihe das heilige Abendmahl. Es waren vielleicht siebzig alte und neue Gläubige.

Später hörte ich, es hätte einer gesagt: »Wenn das der Pfarrer noch einmal macht und wir Ungläubigen allein da oben hockenbleiben, gehe ich nicht mehr in die Kirche.« Es war die große Scheidung im ganzen Dorf eingetreten, hier auch äußerlich. Am letzten Tag der Welt wird sie allen sichtbar sein.

Der Gnadenzug

Unmittelbar, mit Macht, sofort und bleibend traf uns ein missionarischer Auftrag. Das kam so:

Sonntag war der Evangelist weggefahren. Er begann in einem Dorf bei Pforzheim mit einem weiteren Dienst. Montag kamen wir im Jugendkreis zusammen, wir konnten nicht bis Freitag warten. Ein Mädchen ging durchs Dorf und lud ein. Als ich die Tür öffnete, saß in dem schmalen, langen Raum an den Wänden entlang die Blüte der Dorfjugend. Die Bänke reichten nicht aus, man mußte auch noch den Orgelbock holen, eine Traube von jungen Burschen hing auf ihm. Eine Kämpferin aus dem Mädchenkreis kam herein, und als sie die vielen Leute sah, ging ein seliges Leuchten über ihr Gesicht. Wie wir nun zusammen waren, hätte ich am liebsten mit allen einen Jubelschrei ausgestoßen über all das Geschehene, die große Gnade, aber das ging nun doch nicht.

Sofort beriet man, ob man in den Vereinen bleiben sollte. Das war eine Lebensfrage. Vertrugen sich Geist aus Gott und Geist der Welt? Die meisten verneinten das, einige waren aus missionarischen Gründen dafür, zu bleiben. Ich sagte: »Es wird sich zeigen, wer wen missioniert.« Die Mission ging nach der negativen Seite.

Der Vorschlag kam, an den neuen Arbeitsplatz des Evangelisten zu fahren. Dafür blieb nur der nächste Abend übrig. »Die Sache des Königs hat Eile.« Wir erlebten dies auch weiterhin, Schlag auf Schlag kamen die Dinge, das gemäßigte, wohlgeregelte Leben war durchbrochen. Es herrschte Schneeglätte, und die beiden Busse kamen zu spät an. Der Evangelist unterbrach , begrüßte uns, kürzte seine Rede und spannte uns gleich ein. Ein Mädchen ging hinaus, die auch sonst oft die erste war, und gab ein Zeugnis, andere folgten. Das war der Anfang. *Mission*, das nahm nun kein Ende. Gott, Gott, du sendest!

Unsere Lieder erklangen auch nach dem Abend noch, als die Seelsorge im Gange war. Ein langer Kranz von jungen Menschen stand vor dem Altar und sang, eine lebendige Kette, ein Vorhang. Hinter ihm gingen so manche in die Sakristei, die in der Woche vorher den Schritt noch nicht getan hatten. Der Pfarrer der Gemeinde schlug ein schönes, wirklich schönes Gesangbuchlied vor, aber nun waren die Sänger am Ende, setzten sich in die Bänke, öffneten ihre Rucksäcke und vesperten. Gemeinsam wollten wir nach Hause fahren, und so geschah dies erst nach Mitternacht.

Auf einer abfallenden Straße hatte sich ein Lastwagen quergestellt. Alle Mann gingen ans Helfen, junge Fäuste versuchten auf Kommando stets neu, das Fahrzeug mit seinen Vorderrädern aus dem Graben zu stemmen, ein Sinnbild von Rettung an der Kirche. Die Fahrer schimpften, als wir vorschlugen, die Polizei und einen Abschleppwagen zu holen, und so fuhren wir auf einem großen Umweg weiter.

Zu Hause trafen wir 1/2 3 Uhr meine Frau auf der Straße, mit Stock und Kopftuch, sie hatte gerade die Nachbarn wegen unseres Ausbleibens alarmieren wollen. »Aber Frau Pfarrer, was tun denn Sie hier?« fragten die Mädchen und stürzten auf sie zu. »Euch Schläg geben, weil ihr so spät kommt!« rief sie scherzhaft und drohte mit dem Stock. Sie faßten sie am Arm: »Oh, Frau Pfarrer, es ist doch sooo schön gewesen!«

Wenn ich an jenen Tagen nachts wach lag, war es mir öfters, als stünde eine zarte Röte hinter der Kirche. Ich sah sie nicht, und doch färbte sie den Himmel. Dieses Gebäude war das Symbol für das Geschehen. Hier war Gott am Werke.

Später sah ich das gleiche Haus noch zweimal in besonderem Licht, nun direkt vor Augen. Flammende Röte durchglühte den ganzen Äther hinter ihm, grotesk schwarz nach Sepiagrün hin stand die edle Silhouette dagegen. In wallenden Bändern schwang sich das feurige Karmin durch das Firmament. War das eine Verheißung?

Eines Morgens wurde ich zu einer erstaunlichen Erscheinung gerufen: Die ganze Vorderfront der Kirche lag in einem lichten Ockerschein, der die gelben Sandsteine verklärte, Turm und abfallende Seitenflügel. Aber darüber wölbten sich zwei Regenbogen, wunderbar strahlend aufsteigend in den dunklen Morgenhimmel, die Kirche genau umschließend. Nur von hier aus konnte ich das so sehen; es war anscheinend extra für mich gemacht. Ich fühlte mich in jener Frühe tief über mich gedemütigt; ich faßte es nicht und faßte es doch, daß Gott *mich* meinte mit diesem Bild der Gnade. Leuchtend und unwidersprechlich stand es in den Augen. Direkt im Auge, wie einst der Abendstrahl vom Roßbergturm.

In jenen Wochen ging ich selbst durch eine Revolution. Ich lernte an den Geschehnissen und konnte einer Entscheidung nicht ausweichen. Alles vollzog sich in großer Schlichtheit, Einfalt und Konsequenz. Die Schwierigkeit, Kompliziertheit und Vernageltheit der Dinge wich der durchsichtigen Wirklichkeit der Gnade und des Glaubens. Der Geist wehte, wo er wollte, und rief viele. Ich konnte mich nur freuen. Diese kernigen Menschen ergriffen das Heil und standen darin. Es war Wahrheit, sie umgab mich und machte mir selbst das Glauben und die Liebe leichter.

Zugleich wußte ich, daß ich gefordert war. Wenn ich nachts wach lag und jene erwähnte lichte Röte am Himmel stand, mußte ich überlegen, was ich nun tun wollte. Sollte ich mich dem allem entziehen und neutral-wohlwollend daneben stehen? Oder sollte ich mich identifizieren und in die Führung gehen? In jenem Falle konnte ich »für die ganze Gemeinde da sein«, in diesem gab es Kämpfe und Schläge. Wenn ich mich entzog, war das Geschenkte eigentlich umsonst, denn ohne oder gegen den Pfarrer konnte die Bewegung unmöglich aufkommen. Wenn ich aber die Fahne ergriff, mußte ich auch in der Heiligung vorangehen, denn ohne sie dauert keine Erweckung; Gott entzieht sich ihr dann. Wollte ich diese letzte Verpflichtung? Wie aber, wenn sonst alles verkam? »Nein, o nein!« rief ich, »nur das nicht!« So stand ich zur Verfügung.

Ostern wiederholte sich das Geschehene, es fand eine Fortsetzung und weitere Höhe. Pastor Kemner kam wieder, es zeigte sich, daß noch viel in die Scheune zu bringen war. Die Kirche füllte sich schon, der Redner stand aus. Er hatte ja noch morgens Dienst in Norddeutschland. Ich wurde unruhig und überlegte mir einen Text für das Einspringen. Aber ich glaubte. Und wirklich, zehn Minuten vor dem Läuten surrte das Auto, der Freund trank eine Tasse Kaffee, lehnte sich etwas zurück und stieg auf die Kanzel. So geht es zu im Reiche Gottes. Viele hatten vom Februar her Zeit gehabt, ihren Entschluß zu überlegen, und es gab in dieser Nacht und in der folgenden viel Seelsorge.

Der Ostermontag gehörte dem Glaubenstreffen. Es war das erste seiner Art. Ich dachte, man könne statt »Konferenz« auch diese Bezeichnung nehmen. Ebenso hatte es sich mir aufgedrängt, daß dafür wohl die große Kirche in Eppingen nötig sei. Als ich vor ihr die Treppe hinaufstieg, sah ich eine lange Reihe von Omnibussen und Personenwagen. »Wie im Krieg«, dachte ich, und es geschah auch ein Aufbruch, eine Mobilmachung. Die Kirche war unten und oben besetzt. Wo kamen die Menschen nur alle her? Ein großer Trupp aus Adelshofen trat an den Altar, vielleicht 60 Leute, alte und junge. Sie sangen das Lied ihres Lebens: »Gott ist die Liebe, er liebt auch mich. Drum sag ich's noch einmal und noch viel tausendmal...« Alle neun Verse brachten sie, sie hatten es ja erfahren. Ein unvergeßlicher Inbegriff der Stunde, eine Demonstration von Gott her, wie sie so dastanden; frische und brüchige, gute und falsche Stimmen priesen Gott. Ein Schuldekan, der in der Reihe der Sprecher auf der Kanzel stand, nahm darauf Bezug und meinte, sie hätten sie wirklich »viel tausendmal« bezeugt, diese Liebe Gottes. Eine Gruppe Mädchen verließ aber während des Chors die Kirche, ihre Leiterin protestierte damit gegen diese »Heilsarmeelieder«, die ihr ästhetisch zuwider waren. Eine Woche später kam sie und entschuldigte sich bei der »Jungen Gemeinde«, wie sich diese Gruppe Erweckter inzwischen genannt hatte; ihre Mädchen hätten ihr draußen Vorwürfe gemacht, und sie selbst habe einige Nächte nicht schlafen können, ja sie sei wie in der Hölle gewesen. Ästhetik kann auch sündigen.

Am Abend des ersten Ostertages brannten die Lichter hell hinter allen Fenstern des Pfarrhauses. Mitarbeiter, Gäste, Wartende, Umkehrende und eine Kranke durchlebten diese Stunde. Auf der Straße kurz vor dem Gebäude hatte sich eine große Gruppe Burschen aufgestellt, teils aus Neugierde, teils um Sperrfeuer zu legen. Aber wer hineinwollte, ließ sich nicht abhalten. Ich wurde herausgerufen, an der Hand durch die tiefe Dunkelheit geführt. Es ging darum, ob das wirklich so sei, daß man sich bekehren müsse. Als ich aus der Bibel und seelsorgerlich es ans Herz legte, dies heute zu tun, wurde ich schon wieder ins Haus geholt, um jemand »Neues« zu empfangen. Die Freude des Glaubensstandes, aber auch die Sorge um den weiteren Weg in den Familien redete aus manchem, der aus der Aussprache kam.

Einige Freunde aus Norddeutschland trafen gegen 1/2 11 Uhr ein; es waren Pfarrer, welche mit Kemner gekommen waren, um auch teilzuhaben. Als sie die Tür öffneten, lag gerade ein Junge in den Armen seiner Mutter und rief: »Modder, i hab der Heiland gfunne!« Sie klopfte ihm auf den Rücken und sagte: »Mei Bu, mei Bu!.« Und mein Neffe sprach: »Ist das schön! So etwas gibt es bei uns nicht!« Die Pfarrer standen im Hauseingang, es kümmerte sich weiter niemand viel um sie. Als ein weiterer Schwall von ihnen kam, hielten sich gerade zwei Burschen in den Armen und weinten vor Freude. Es war wie ein göttliches Theater; man sah, was hier »gespielt« wurde. Durchdringend wahr. Einer der Pastoren sagte nachher: »So etwas Sonderbares! Die auf der Straße unterhielten sich nur darüber, ob man sich gleich bekehren solle oder später!«

Auch am zweiten Abend ging es so weiter. Die Kette der Heilsuchenden riß nicht ab, und es wurde spät. Als wir schon zu Bett lagen, pochte es laut an die Haustür. Es war 1/2 3 Uhr. Ehe ich unten sein konnte, holte Kemner die Leute schon. Der eine Teil der beiden hatte geweint, weil es noch nicht beim Seelsorger gewesen war, und der andere sagte: »Der Pfarrer hat gesagt, man könne zu jeder Tages- und Nachtzeit zu ihm kommen. Auf, wir gehen noch!« Zu meiner Frau äußerte ich lächelnd: »Du wirst sehen, wenn das Auto wegfährt, springen sie ihm noch nach.« Und in der Tat, kurz vor der Abfahrt bimmelte es an der Hausschelle, und strahlend kam noch eine junge Frau mit ihrem Mann.

Nachher dachten wir oft: Der Gnadenzug war vorgefahren, und wer in ihn einstieg, war drin; wer es nicht tat, blieb draußen auf dem Bahnsteig. Immer noch kamen in der Gemeinde seither welche nach, aber eine Zeit der Ernte und des Erbarmens Gottes war damals, und der Grundstock für weiteres wurde gelegt.

Widerstände

Eine Erweckung ist, wie gesagt, ein Ereignis, das wie das jüngste Gericht wirkt. Die Menschen treten auseinander. Oft berührte mich das fast unheimlich. Es kam zutage, wer sich hatte zum Glauben rufen lassen und wer nicht. Die Menschen kannten einander, und jenes ließ sich nicht verbergen. Das Leben hatte ja eine Änderung erfahren, nicht nur die gedankliche Überzeugung. Für diese erträgt man noch einen gewissen Wechsel, aber wenn das weltliche Verhalten in das geistliche umschlägt, gibt es einen Sturm. »Nicht mehr mitmachen« ist in den Augen vieler schlimmer als sich betrinken. Eine gewaltige Herausforderung kommt heran, die Interessen des Reiches Gottes treten nach vorne, die »weltlichen Lüste« werden verleugnet. Die höhere Geburt steht als Realität im Leben; wer sie nicht erfuhr, ruht irgendwie ganz und gar im Diesseits und spürt das. »Wir passen nicht mehr zu euch«, sagten die Frauen im Frauenkreis zu den »Erweckten«. »Da kommen die Bekehrten«, hieß es, als unsere Gruppe auf dem nächsten Bezirksjugendtreffen erschien. Daß sich eine so große Zahl Junger und Alter zum Glauben gefunden und eine so weitreichende »Umsinnung« erfahren hatte, gab Rumor im Dorf, in den Familien, selbst in den Kreisen der umliegenden Kirchengemeinden und der Pfarrer; es führte auch zu Fragen und neuen Situationen bei den schon Gläubigen. Vieles hat sich seither geklärt und durchgesetzt, die Ansichten wurden sachlicher und auch wohlwollender, wenngleich dieser letzte Unterschied immer noch besteht.

Zu dem grundlegenden Umsturz im Geist und im Leben hin sollte sich ja etwas Neues entwickeln, ein Ansatz im Reich Gottes; so überschritt er von Anfang gleich die Struktur des Ortes und stellte diesen vor zusätzliche Entscheidungen. Es brauchte Zeit, um das auszuwiegen.

Das große Gericht über weltliches Denken und Leben wurde vom Heiligen Geist tief in die Herzen getragen. Das gab Widerspruch. Immer, wenn eine Aktion im Reiche Gottes bevorstand, ging eine Flut von Gerüchten und Behauptungen durchs Dorf. »Der Teufel klappert mit allen Kochgeschirrdeckeln«, versuchte ich, dieses Phänomen zu benennen. Dann war es wieder ganz still, als wäre nichts gewesen. Aber hindurch mußte man jedesmal. Glaubenstreffen, Freizeiten, auswärtige Dienste wollten durch eine Tiefe erkauft sein.

Bis heute blieben diese irritierten, wenn nicht dämonisierten «Vor-Tage» vor Schlachten, die satanischen Überfälle, Anfechtungen, Einschüchterungen und Mißstimmungen. Sie sind das Sperrfeuer der dunklen Welt vor dem Angriff und dem Sieg.

In jenen bewegten Tagen konnte es geschehen, daß ein Mädchen des

Hauses verwiesen wurde. Von der Jungscharleiterin geführt, kam sie durch Garten und Hinterpforte ins Pfarrhaus. Es war ein rührendes Bild dörflicher Unschuld und Schutzbedürftigkeit und erinnerte mich an »Hermann und Dorothea«. Ich hörte den Bericht und sagte: »Du wirst bald wieder geholt werden; denn man braucht dich, und dann bitte dir aus, daß du die Junge Gemeinde besuchen darfst.« So geschah es. Die Opposition in diesem Haus legte sich später.

Es gab auch sichtbare Gerichte im Dorf, die jedermann verstand, wenn man es auch nicht laut äußern durfte.

Im Kirchenchor gab es Sturm. Es war eine ehrenwerte Gemeinschaft mit guten gesanglichen Leistungen und kirchlicher Gesinnung. Aber man konnte nach einer Weihnachtsfeier auch bis morgens durchtanzen. »Ein Tänzlein in Ehren, wer will es verwehren?« meinte der Leiter, nachdem ich die Sprache hierauf brachte. Als die Erweckung kam, zeigte es sich, daß hier unter kirchlichem Zeichen der Hort des Widerstandes lag. Ein Teil war zum Glauben gekommen, ein Teil nicht. »Den Frommen sind wir zu weltlich, und den Weltlichen sind wir zu fromm« stellte der Dirigent fest. Aber der Gesamtkurs blieb doch weltlich und der Erweckung entgegen. Oft beteten wir über diesem Block, und uns wäre eine Auflösung lieber gewesen als ein Fortbestehen. Dies wurde bekannt, und es gab eine Gerichtssitzung. Mir wurde vorgehalten, daß ich früher doch so kulturfreudig gewesen sei. Und in der Tat, ich hatte in den ersten Jahren meines Hierseins in dem Gasthaussaal des Dorfes einmal einen Musikabend gehalten und Schubert-Lieder zum Klavier gesungen. Warum jetzt alles so anders sei? Ob sie einen andern Geist hätten? Das erste Interesse der Leute aus der Jungen Gemeinde gelte eben dem Reich Gottes, der Mission, das erschwere es, nun noch vieles andere daneben zu tun, war meine Erklärung. Es wurde mir aber bestätigt, daß ich sie nicht zum Austritt, sondern zum Gegenteil ermahnt hatte, damit die Kirche im Dorf bleibe. »Man habe wieder eine richtige Predigt gehört, als eine Vertretung da war«, wurde mir bescheinigt. Tapfer setzte sich ein junges Mädchen für mich ein, als ich schon weggegangen war. Die Krise gehe von ihnen selbst und von ihrer Überzeugung aus, nicht vom Gemeindepfarrer, betonte sie. »Du hast dir gestern das Eiserne Kreuz verdient!« rief ich ihr zu, als sie am andern Morgen mit ihrem Leiterwägelchen um die Ecke bog.

»Heute ist der Kirchenchor auseinandergeplatzt!« war die Kunde, die eines Abends spät durch die Fenster hereinklang. Nicht die

Leute aus dem Jugendkreis, sondern andere hatten durch unregelmäßiges und unpünktliches Erscheinen schließlich sein Ende herbeigeführt. Wer sollte nun aber bei Beerdigungen singen? Für Silvester, einen der meistbesuchten Gottesdienste, bekam ich eine Erklärung vorgelegt, nach der zum Wiederbeginn und zu reger Beteiligung an dem Chor aufgefordert wurde. Eine Angehörige meines Vorgängers habe sich doch auch so sehr für diesen eingesetzt. Ich verlas die Abkündigung getreulich, alles war ja in Gottes Hand. Durch eine Versetzung kam dann diese lange, bange, schwere Frage zum Abschluß.

Seither haben junge Menschen noch oft im Gottesdienst gesungen. Als einmal derer über hundert im Mittelschiff der Kirche saßen und zum Ende einer Singfreizeit mit Gitarren, Trompeten und vielstimmigem Jubel ihre herrlichen Lieder sangen, mußte ich denken: »O Gott, wie groß bist du! Wie gehst du sonderbare, wunderbare Wege!«

Und bis heute erschüttert mich an hohen Feiertagen das Singen von Freizeitchören der Jugend oder der Ehepaare auf der Kirchenempore. Mit einem Male tritt da eine noch tiefere Atmosphäre himmlischer Art in unsere Mitte, es ist die der erwecklich-gläubig-hingegebenen Welt.

Man berief sich damals im Ort öfters darauf, daß doch andere Pfarrer in der Umgebung auch nicht diese Einstellung hätten. Und in der Tat, es kam zu theologischen Auseinandersetzungen und zu einigen Ereignissen im Kirchenbezirk. Das durch die Erweckung Aufgebrochene sollte im Rahmen eines Bezirksjugendtages in einer besonderen Arbeitsgruppe besprochen werden. Diese war von den reiferen Jugendlichen reich besucht. Es ging heiß her. Wieder standen drei Pfarrer gegen zwei. Einer meinte: Wenn zu ihnen in die Familie ein Gast käme, holten sie die Kartoffeln nach Bedarf aus dem Keller; wenn aber in Adelshofen einer käme, lege man sie auf den Tisch und sage: »Seht, unsere schönen Kartoffeln!« So wurde das Zeugnis mit Großtun verwechselt, und es bedarf in der Tat der Achtsamkeit. Oft wurde wohl aber auch gegen Zeugnis, Beichte, Erweckungslieder, Gebetsgemeinschaft, Mission, Heilgewißheit und Bekehrung opponiert, weil die Voraussetzungen zum Verständnis hierfür fehlten und man auch nicht in dieser Richtung zu gehen wünschte. In jener Stunde erfuhren wir aus dem Kreis der Jugendlichen und der kirchlichen Mitarbeiter manch unverhoffte Schützenhilfe. Wir blieben auch bewußt alle auf dem Boden der Kirche; nachher konnte gesagt werden, der Pfarrer von Adelshofen sei der einzige gewesen, der ganz ruhig geblieben sei. Für die Erweckung war dies sehr wesentlich.

Wir konnten bei dem Fußballspiel zwischen Pfarrern und Jugendlichen nicht so recht mit und saßen währenddessen singend und im Frieden oberhalb an einem Hang.

Die Frage brach auf den kirchlichen Jugendtreffen praktisch immer neu auf. Wir konnten im allgemeinen Zug singend mitgehen und hinter uns warf eine Gruppe immer wieder ganz andere Lieder dazwischen. Vielleicht mehr, um uns zu foppen. Bei einem wegen Regen in der Halle improvisierten »lustigen Nachmittag« war uns geistlich wenig wohl. Ein Wettbewerb um die besten Bügelfalten und blauesten Augen sollte durchgeführt werden, und mit den Preisrichtern wandelte auf der Bühne auch der Landesjugendpfarrer die Mädchenreihe entlang und beschaute die Augen. So ging es lange, und als ein junger Fant ans Mikrofon trat und »Ein Männlein steht im Walde« ins Lächerliche verzerrte, riß mir die Geduld; ich sprang auf und rief: »Machen Sie, daß Sie von hier oben herunterkommen, Sie haben keinen Auftrag!« Dann wandte ich mich und rief zur Menge: »So ein Quatsch, der hier gemacht wird!« Der Parodist erhielt einen Stups von hinten und sprang von der Bühne, und damit war es im wesentlichen aus. Nachher stand ich hinter dem großen Kreis im Freien; man sang die »Feste Burg«, ich wußte aber nicht, war ich nun »drinnen« oder »draußen«, und wo war der Teufel?

Anschließend gab es noch im Saal eine Diskussion, und man konnte sich nicht einigen. Warum wir nicht wegblieben, wenn wir mit diesem Kurs nicht einverstanden sein könnten, fragte ein jugendlicher Stimmführer. »Auf!« rief ich, »wir gehen!«, und schon wollte sich unsere Schar erheben. Jetzt griff der Landesjugendpfarrer ein, dies wollte er nun doch nicht haben.

Der Bezirksjugendpfarrer besuchte uns. Er war so recht herzlich ganz anderer Meinung als wir. Wir sangen auf der Empore der Kirche und hatten einen stilvollen Bach-Satz eingeübt (wir liebten diesen), aber auch unsere nun schon so langsam zum Tagesgespräch werdenden erwecklichen Lieder. Er hörte an der Türe stehend von unten mit seiner Gruppe zu. Bei der abschließenden biblischen Betrachtung über Johannes 10 gab er der Auffassung Ausdruck, die »anderen Schafe«, die »nicht zu diesem Stalle« gehörten, seien wohl sie, Jesus habe eben diese verschiedenen Arten von Christen gemeint. In diesem Sinne schrieb er beim Bericht im Bezirkskirchenblatt, er habe hier »einen anderen Stallgeruch« gefunden.

Auf einer Pfarrerzusammenkunft sollte unser Problem besprochen werden. Gleich zu Anfang wurde der Dekan gefragt, wie er sich hierzu stellte. Er behielt sich seine Äußerung für den Schluß vor. Ein Freund und ich hatten den möglichen Gang der Dinge schon ins Auge gefaßt. Wir wollten nicht lieblos, aber auch nicht unwahrhaftig sein. Die Frage kam, die wir vorausgesehen hatten. Ob wir sie als voll ansähen, oder ob wir eine höhere Stufe der Christlichkeit für uns beanspruchten? Nur im ersteren Falle könne eine Zusammenarbeit mit uns möglich sein. Ich nickte meinem Freund zu. Nur Gott im Himmel kenne die Herzen, wir maßten uns hierüber kein Urteil an, erwiderte er in dieser schwierigen Lage als unsere Antwort. Zum Schluß gab auch der Dekan seiner Meinung Ausdruck: Ihm habe ein Mädchen aus unserer Gemeinde einen rührend-liebenden, ermahnenden Brief geschrieben, und ein Berufsschüler habe sich bei ihm dafür entschuldigt, daß sein Verhalten unaufmerksam und nicht immer in Ordnung gewesen sei. Das seien rechtschaffene Früchte der Buße. Und das sei seine Stellung zu uns. Als wir unser erstes Haus einweihten, sagte er, hier sei ein Werk von Gott. Er war uns in der Kirche ein willkommener Freund.

Gleich im ersten Jahr erhielten wir Besuch vom Prälaten für Nordbaden. Er hielt die fällige Visitation. Diese wäre mir zu einem späteren Zeitpunkt lieber gewesen, denn sie brachte mitten in diesem Werden viel Schreibtischarbeit. Aber vielleicht wollte man sich über das Geschehene selbst überzeugen. Ein sehr wohlmeinender Herr prüfte alles. Ich hatte am Sonntag vorher gesagt, wenn sie unserer Sache in unserer Kirche einen Dienst erweisen wollten, sollten sie reichlich kommen, und so brach die Empore fast von Männern. »Unzählige Gläubige waren erschienen«, konnte er nun auch als erfreuliches Plus feststellen. Er änderte dies in seinem Bericht in »zahlreiche Gläubige« ab. Ich war allen sehr dankbar. Natürlich galt sein Interesse auch der Jungen Gemeinde, und diese versammelte sich nach dem Gottesdienst unten in den Bänken. Welch eine frohe, große Schar jugendlicher und mittelaltriger Gesichter! »Von sechs Liedern, die gesungen wurden, waren fünf »Reichslieder«, bemerkte er in seinem Schriftstück; das sechste, ihm unbekannte, war eines von mir, und das war auch nicht viel anders! Wie froh und bereit waren wir alle bei dieser Begegnung mit Prälat, Dekan und der übrigen Visitationskommission!

Nachmittags trafen wir uns noch einmal zur Gemeindeversammlung in der Kirche. Der freundliche Besucher ermahnte uns, daß die Flamme nicht nur hell lodere, sondern auch Kraft und Wärme ausstrahle. Ein Gemeindeglied fragte während der Aussprache, Pfarrer

Riecker habe vor seiner Abreise zu einer Pfarrertagung gebeten, man möge dafür bitten, daß Pfarrer zum Glauben kämen. Ob denn nicht alle gläubig seien? Ich war erschrocken, belustigt und gespannt. Was wollte der arme Gefragte sagen? Demgemäß kam seine Antwort auch etwas gewunden heraus.

Gemeinschaftsgestaltung

Der Leiter der Volksmission rief mich an. Er riet mir, die eben neu Gewonnenen im Wochengottesdienst weiterzuführen und diesen dahin umzugestalten. »Ja, aber die Gemeinschaften?« war gleich meine Antwort. Er meinte, so erreiche ich einen größeren Kreis, und ich behandelte nun an diesen Abenden fortlaufend Themen wie Anfechtung mit Bibelzitaten für die seelsorgerliche Praxis. Ich versuchte, darüber ein lebhaftes Gespräch zustande zu bringen, denn die Kinder der Erweckung sollten nun gemeinsam und brüderlich den Weg in die Zukunft finden und gehen, und da war es nun nichts mehr mit dem Vortragssystem. Die Jüngeren beteiligten sich auch, aber die Älteren zogen nicht recht. Betrübt schaute ich manchmal auf die Männer in der hintersten Bankreihe. Welche Gelegenheit war jetzt da, etwas aufzubauen! Konnte nicht etwas Lebendiges und Notwendiges in Gang kommen, wenn man Gott vertraute? Warum kamen so selten Äußerungen? Sah man hier eine Aufgabe des Gemeinschaftskreises in Anspruch genommen? Ging diese Form über das dörflich Übliche und Mögliche in ihren Augen hinaus?

Als der Evangelist nach seiner ersten Arbeit abgefahren war, wurde ich tags darauf vor dem Gottesdienst gebeten, für den Abend zu der Gemeinschaftsstunde in der Kinderschule einzuladen und mitzuteilen, daß ich selbst dabei sei. Ein Strom von Besuchern flutete herein und füllte das Sälchen. Auch Männer in den besten Jahren, Jugend, neue Gesichter. Der Gemeinschaftsvater schaute über seine Brille, las die Losung und hielt seine Auslegung über die Offenbarung Johannes, wie wenn nichts geschehen wäre. Nachher sagte ich ihm, so ginge es nicht, es müsse sich nun notwendig etwas ändern. Das Mitgeteilte dürfe nicht wie heute so im allgemeinen Erbaulichen ohne rechte Beziehung zur Situation bleiben, sondern solle konkret, lebensnah und besonders für die Jungerweckten sein. Das nächste Mal begrüßte er dann alle sehr freundlich. Aber offenbar überschritt die große, plötzlich erwachsene Aufgabe den örtlichen Rahmen der Brüder. Sie fragten mich, ob ich nicht die Gemeinschaftsabende übernehmen wolle. Nun war ich wieder grundsätzlich in diesem Rahmen für Laienarbeit, hätte es aber vielleicht doch tun sollen.

Der Männerkreis war um ein Mehrfaches gewachsen. Ich hatte dort die Gewohnheit angetroffen, daß der Text reihum gelesen und nachher auch von jedem zu der betreffenden Stelle etwas gesagt oder das Wort weitergegeben wurde. Ich schlug freie Beteiligung an der Aussprache vor, sonst kamen manche »Neue« bei »ihrem« Vers ins Gedränge. Als ich von einer vorübergehenden Abwesenheit zurückkehrte, hatte man wieder zur alten Übung des »Reihum« gefunden. Es sei so doch einfacher. Aber nicht missionarischer! Ein Schrumpfungsprozeß begann. Aus vielen Gründen.

Ich hatte die jungen Männer zu mir ins Pfarrhaus eingeladen. An diesem Abend war auch Gemeinschaftsstunde. Man bat mich, ob wir nicht herüberkommen wollten. Welche Schar von jungen Menschen in diesen von den Vätern her ehrwürdigen Bänken! Wir sangen: »Es schaut bei Nacht und Tage...« – »Mein Gott, ich bin entschieden« war wirklich unser Herzensausdruck. Der von außerhalb gekommene Bruder knüpfte daran an und behielt nun das Wort. Er war ein alter Missionar und eine liebe Persönlichkeit, aber konnte man so verfahren?

Mit Urgewalt brach hier die Frage der rechten Form auf. Dies wurde von mir erst nachträglich erkannt, damals in seiner Tiefe gefühlt und durchlitten, von den Geschwistern kaum gesehen und verstanden. Jedes Gewächs hat seine göttliche Gestalt. Diese Form ist nicht die Hauptsache, sonders das Gewächs, aber der gemäße, natürliche Wuchs ist diesem wesentlich. Wir standen in einer lebendigen Bewegung, waren mit dem Feuer, Zeichen und Siegel dieser Bewegung getauft, nach diesem Gesetz angetreten. Wir konnten nicht anders sein als missionarisch, gelockert, in der heutigen Sprache sprechend, gemeinsam aktiv; sangen und zeugten frisch und heute von Jesus, waren unterwegs und mobil für ihn, nicht nur äußerlich, sondern auch im innern Gefühl und Geist. Wie sollte man da anders werden? Wo sollte man da anders ein Zuhause finden? In dramatischer, wenn nicht tragischer Weise stieß das alles mit dem Vorhandenen zusammen, das aus so ganz anderen geschichtlichen Wurzeln entsprungen und geworden war. Der verharrende, gesammelte, statuarische Stil war anerkannt und geliebt. Aus dem gleichen Evangelium, in der gleichen Liebe zu Jesus, aber ein so sehr verschiedener Lebensausdruck. Vielleicht hätte sich manches gewandelt, wenn die Jugend mitgearbeitet hätte, aber sie fand kein Herz hierzu.

Ich stand hinter dem Pfarrhaus und schnitt Himbeeren. In diesem Garten erschien manchmal ein Fingerknöchelchen oder ein Rükkenwirbel an der Oberfläche. In alter Zeit waren hier die Leute aus der Gemeinde schlafen gegangen. Was sollte ich tun? Sollte ich etwas Neues beginnen, mit neuem Vorzeichen, neuen Möglichkeiten? Der Sonntagabend war kostbar. Aber konnte ich die Geschwister aus der Gemeinschaft einfach nebenhinaus setzen? War das in der Liebe? Gab es nicht Streit? Konnte so der Anfang gedeihen? Was war der nächste Schritt? Gewiß nicht dieser! Ich sah, ich mußte mich hineinstellen und es Gott überlassen, was daraus wurde. So stellte ich mich hinein. Es gab einen langen Weg.

In jenen Anfangszeiten eiferte ich viel um die Gemeinde. Welch eine Chance war da! Ein echter, geistlicher Aufbruch, so wenig erweckliches Leben sonst. War hier nicht einfach ein kostbarer Ausgangspunkt? »Ihr könnt ein zweites Herrnhut werden!« rief ich manchmal im Wissen um diese Möglichkeit, ohne uns mit diesem alten, großen Sitz der Gnade vergleichen zu wollen. In den Gemeinschaftsstunden, wo ich seit Anfang meines Dienstes mitsprach, kamen immer wieder Texte in dieser Richtung. Es war mir manchmal leid, daß offenbar Gott selbst dieses Thema immer wieder anschlug; eine letzte Herausforderung, ein letzter Anruf, eine letzte Sendung brach stets und unabänderlich aus diesen neutestamentlichen Worten. Ich konnte sie nur auch so auslegen. Es waren die Lehrtexte zu den Losungen, Aufrufe aus Herrnhut.

Wieder kam ein Evangelist. Ein gewaltiger Appell erreichte die Herzen. In der Kirche war es wie ehedem. Ein Schrei war in mir: Ob man seinen Auftrag wahrnahm? Ob man seine Berufung und Erwählung festmachte? Ob man sich reinigen ließ? Der Herr rüttelte wieder an den Herzen. Man stand auf der Schwelle zu irgendeinem neuen Durchbruch.

Da erschien der Evangelist früh an meinem Bett und sagte, sein Vater ließe ihn rufen, er läge schwer krank und wohl im Sterben und wolle ihn noch einmal sehen. Was war da richtig? Ging die Gemeinde vor, der Augenblick, oder der Wunsch des Vaters? Ich dachte an das Wort: »Laßt die Toten ihre Toten begraben, du aber gehe hin und verkündige das Reich Gottes!«, wollte dem Sohn aber die Entscheidung überlassen. Er glaubte, reisen zu müssen; die Stunde ging vorbei; der Vater ist nicht gestorben. Was hätte *ich* getan?

Aber so hageln oft bei entscheidenden Wendepunkten Familienrücksichten herein, häufig als Veranstaltung der Finsternis. Die Leute werden krank, um uns von wichtigen Schritten abzuhalten oder werden ohne ihr Wissen dazu mißbraucht. Hier bedarf man der Führung und Achtsamkeit.

Wie hatte nun plötzlich alles aufgehört! Die Nachmittagsbibelstunde wurde jetzt zum Abschluß. In sie legte ich noch einmal mein ganzes Herz hinein. Ich rang mit der Gemeinde, bedrängte, beschwor sie, sich aufzumachen, sich von Jesus rufen zu lassen, mit Opfer, Einsatz und Gehorsam die Nachfolge zu vollziehen und nicht im Bürgerlichen, Gewohnten, Alltäglichen zu verharren. Es war eine Schau, die für später bestimmt war. Mit bedrückten, geschlagenen Gesichtern schlichen sie an mir vorbei hinaus. Wollte ich immer nur etwas von ihnen? Waren nicht die Verhältnisse gegeben, die Gemeinschaften von den Vätern der Familien gegründet und sie diesen Treue schuldig? Was sollte denn nun werden? In der Bibel- und Gebetszusammenkunft der Männer der beiden Gemeinschaften sagte ich dann: »Ich glaube, die Stunde ist schon vorbei. Vielleicht kommt sie in sechs oder acht Jahren wieder.« In anderer Weise kam sie. Das alles war der Anfang gewesen.

Es war wie eine Raketenstufe. Ohne die erste gibt es nicht die zweite und die dritte. Die Treue und Liebe der Geschwister trägt uns nun, sie sind mitgegangen. Zunächst aber mußte sich vieles neu durchsetzen und herausgestalten, was selbst wohl in seiner Richtigkeit empfunden, aber nicht zu beweisen war.

Erweckte Jugend

Hier wurde die Junge Gemeinde der Schrittmacher. Von diesen jungen Menschen lernte ich viel. Sie waren mir ein Vorbild in der Kindlichkeit, Naivität und Glaubensfrische. Sie hatten des Heil erlebt, und sie standen darin. »Uns ging ein neues Licht gnadenvoll auf.« Sie rechneten mit Jesus heute und hier, liebten ihn und gehörten ihm. »Wir sind erlöst, Halleluja!«, konnten sie dankbar und glaubend singen, wenn sie in irgendeiner Kirche den Herrn bekannten. Sie gingen vorwärts ohne Umschweife, Jesus war ja mit ihnen. Ein Auftrag der Liebe und der Rettung war da, den führten sie schlicht aus.

Dieses Himmelreich war für sie zugleich ein Jugendreich. Sie waren in irgendeiner Weise noch unbelastet von der Misere des Lebens, frei füreinander und für die Stunde. Alle jungen Menschen lieben gemeinsame Aktionen mit dem Schwung der Ziele und der Freundschaft. Ich dachte oft an frühere Zeiten. Aber hier war Heiliger Geist und Wiedergeburt – eine neue Welt trug sie.

In unserer dämmrigen Kirche standen wir und hielten uns an der Hand gefaßt. Ein großer Kreis bildete sich um den Altar und erweiterte sich noch immer mehr in die Bänke hinein.

»Am Kreuze meines Heilands,
da ist mein sichrer Stand«,

sangen wir, und das Kreuz stand ganz echt in unserer Mitte.

Nach einem unserer Abende zogen wir durch das Dorf, wir wollten ihnen eine Freude machen. Es war schon spät, und wir sangen halbaut und verhalten. Aber so war es gerade schön, zur Gitarre im Pulk hinzuwandern.

»Ich weiß einen Strom, dessen herrliche Flut
fließt wunderbar stille durchs Land.«

Auch die Neutäufer-Gasse begrüßten wir, und sie traten unter die Tür und lauschten. Nachher sagten einige aus dem Dorf, man hätte den Pfarrer wegen Ruhestörung belangen können, aber war es nicht schön, anstatt des üblichen Jugendkrachs die stillen Lieder in die Herzen zu singen?

Ähnliches machten wir dann ein Jahr später in einem Nachbardorf. Kemner evangelisierte, und auch hier trugen wir den Sang durch die Gassen. Bei jedem Schritt knirschte vor Kälte der Schnee; einfach durch Singen konnten wir zu Jesus einladen.

Sie waren unterwegs mit den Rädern. An einem Zaun lehnte ein Jüngling. Er schaute traurig auf seine Schöne, die auf der Tanzfläche da drin mit einem andern zu sehen war. Sie stiegen ab und sangen ihm

»Ich bin durch die Welt gegangen...«,

dann schwangen sie sich wieder auf die Räder. »Da kommen die Addelshöffer!« wurde in den Dörfern gesagt, wenn sie durchfuhren. Man kannte sie schon.

Ein Freund hatte an einem Sonntagabend zu uns gesprochen. Die Jugend stand dann nachher noch in der Kirche und sang. Ein Lied folgte dem anderen, und als es vielleicht fünf oder sechs waren, meinte der Besuch, ich solle stoppen, es würde sonst seelisch. Ich sagte: »O laß sie singen! Es kommt die Zeit, wo das von selbst weniger wird.« Und in der Tat, später wurden sie stiller, gehaltener, vielleicht auch enttäuschter mit sich, anderen, Sünden, Kämpfen. Aber bis heute singen wir.

Im Hermanns-Denkmal gingen wir die Treppe herunter. Wir waren unterwegs zum Meer. »Ich hab einen herrlichen König« tönte es in dem gewundenen Steingang. Mit einer wunderbaren Resonanz, Zartheit und Fülle war dieses Erklingen ein Inbegriff unserer Jugendbewegung. Nachher sagte man unten zu uns: »Singen Sie doch noch einmal ein Lied!«

Am Meer stand ein Leuchtturm. Rot-weiß gestreift. Die Straße hinab stürmte ein Mädchen, die Kupferlocken flatterten, laut sang sie: »Laßt die Küstenfeuer brennen!« Vor dem Zebra-Wachtbild leuchtete diese Gestalt auf wie eine Vision von Jugend- und Retterliebe.

Das Boot durchschnitt die Wesermündung. Kaum jemand hatte schon das Meer gesehen. Wie schön war es auf dem Dach des Oberdecks! In der Kajüte beim Steuerrad war eine Gruppe von Mädchen am Singen. Da standen sie. Die drei Häupter bildeten mit den Bullaugen und dem Uferstreifen dahinter eine großartige Einheit. »Komm heim, komm heim, o du irrende Seel!« – offenbar hatte es mit dem Steuermann noch nie jemand so gut gemeint. Er schaute starr geradeaus.

Vor dem Jugendtag in Ahlden erklang eine klare, nachdrückliche Stimme. Ein Bauernmädchen sprach hier frei eine unumwundene Bezeugung und Ermahnung. Andere folgten. Wir sangen. Es war eine Stunde wie eine Legitimation und Erfüllung.

Auf der Heimfahrt kamen wir durch Sylbach. Ein Freund lebte dort. Unser Zeugnis am Abend war wegen der fremden Mundart den Einheimischen großenteils unverständlich; dennoch empfanden sie wohl die Bewegtheit und einen Auftrag. »Dir fehlt wohl noch der Friede?« sangen wir ihnen inbrünstig zu.

Andern Morgens beim Anziehen hatte ich eine seltsame Schau: Vor meinem geistigen Auge stand der Bibelschulberg, damals noch unbebaut, und auf ihm zog sich eine Reihe von weißen Häusern hin, ähnlich wie eine Diakonissen-Anstalt. Dazu tönte es in meinen Ohren:

»Ach, daß du könntest glauben!
Du würdest Wunder sehn!
Es würde dir dein Jesus
allzeit zur Seite stehn!«

Das Ganze war derart nah, war fast handgreiflich. So sehr nachdrücklich, mir ans Herz gelegt, vom Herrn? Von Engeln? – In späterer Zeit wandte ich mich beim Weggehen einmal um und sah die großen Gebäude stehen. Alles war eingetroffen, bis jetzt, alles. *«Allzeit...!»*

Die junge Gemeinde machte sich auf Missionsreise. Noch ungeübt, es war ein Unternehmen. In Hessen, eine ganze Woche lang. Durch den niedrigen Wirtssaal eines Dorfes schwangen sich unter der Decke die Fastnachtsgirlanden; die bunten Wimpelchen waren uns neu, aber Ausdruck der Situation. Für immer begriffen wir, wie schön es ist, an einer echten Front zu stehen.

In einer halbdunklen Turnhalle verkündigten wir das Kreuz Christi. Wir waren noch so unerfahren, daß wir das Mikrofon zur Tonbandaufnahme hinter uns stellten; so quakt der Laut nur dumpf, aber es war echte Begegnung mit echter Jugend. Nachher nahm mich noch eine Gymnasiallehrerin wegen der Lieder und theologischer Fragen ins Gebet; alle ihre Schülerinnen, mit den sauberen Gesichtern dieses hübschen Volksschlages, hörten ausgereckten Halses zu. Welch ursprüngliches Dienen!

In einer klassizistischen Dorfkirche entbrannte eine heiße Schlacht. Von der kirchlichen Jugend und ihren Maßgeblichen war eine Reihe da. Ihr ungehaltener Eindruck war: »Mit diesen Leuten kann man nicht diskutieren. Statt zu antworten, geben sie ein Zeugnis!« Wir hatten es so verabredet. Das Leben sollte an sie herangebracht werden, nicht Argumente.

In einem alten Erweckungsort war es uns schon etwas schwieriger. Die schöne Kirche, mit den glatten Steinfußböden, die Gemeindeversammlung im Saal abends, mit den vielen Gläubigen – das Evangelisieren und das Erzählen machte uns Mühe. Aber von jenen Tagen in Hessen ist ein Impuls ausgegangen, der bis heute anhält. Pfarrer, Jugendliche kamen zum Glauben, den Naiven war eine Antwort geworden.

Wir fuhren auf der Autobahn dahin. Es war wie in einem Schiff. Die Wände umfingen uns, das Gefährt schaukelte uns, alles glitt seinem Ziele zu. Losgelöst von der Heimat, auf der Fahrt zur Thüringer Grenze, war es da nicht Zeit zum Singen? Ist das sentimentale Bekundung oder Lebensausdruck? Kann man sich noch äußern? Wir konnten uns noch äußern.

»Selig, wer geistlich arm und bloß...« Diese Seligpreisungen, wie redeten sie zu uns und wir mit ihnen! Und diese schöne Oberstimme des Liedsatzes! Wir genierten uns nicht der Oberstimme, überhaupt nicht der tiefen, wahren, göttlichen Eindrücklichkeiten, sondern hatten sie eben. Als das Lied fertig war, sagte ich, wir könnten ja selber Seligpreisungen dichten, es sei genug Stoff da. Ich genierte mich auch nicht, Jesu Linie fortzusetzen, denn sie geht ja vom Meister ins Leben hinein. Und siehe da, von allen Seiten kamen die Beiträge, worin das Leben des Jüngers selig zu preisen ist. Selbst sehr Schüchterne, Stille wagten ein Verslein. Es war mir Produktivität des Heiligen Geistes. Wie so oft: Nüchtern, leise, real, fortschrittlich. Ganz für mich konnte ich hier nur staunen, mich beugen.

Von überall kamen in jener Zeit die Lieder angeflogen. Es war, wie wenn sie bei uns zusammengetroffen wären, wie eine Verabredung. Irgendeine Initialzündung war erfolgt, nun sammelte sich dahin alles. Wir sangen sie halt, und viele sangen mit.

Wir legten ein Mäppchen an. Das kleine Schnellhefterchen enthielt zwanzig, dreißig Lieder. Das war der Anfang. Wir schrieben auf, was uns zukam. Es wurden immer mehr. Manchmal verschwand auch ein Heftchen stillschweigend. Es war dann »christlich geklaut«. Wir lachten.

In einem benachbarten »Jugendbund für Entschiedenes Christentum« (EC) tauchte ein besonders sangeskundiger Predigerschüler auf. Großartige Sachen wanderten von dort heran. »Wenn der schöne Morgen grauet...« hörte ich in unserer Kirche von einem Geschwisterpaar gesungen. Im Refrain schwang sich die helle Stimme des Mädchens hoch über den Tenor des Bruders. »Das mußt du gleich aufschreiben!« dachte ich. So »fing« ich die Lieder.

In Beatenberg hatten sie auch einen ganzen Stoß solcher. »Er lebt, er lebt!« – immer neue Chorusse stimmten die Schüler an, wenn die Leiterin hereinkam und sie wie ein Mann aufstanden. »Dort am

Gnadenthron, dem hehren Friedensort« – Kinder und Jugendliche der Freizeiten traten damit vor die Gäste, »Bruder, komm mit mir den schmalen Lebensweg!« – Bei diesem Wort war das Wiederholungsschnörkelchen in der Oberstimme so schön, daß ich stets mit ihm schloß.

Als der Heftbestand immer kleiner und der Bedarf immer größer wurde, dachten wir ans Drucken. So etwas über 100 Lieder sammelten sich in einem kleinen »Erwecklichen Lied«. Bei einer Besprechung fand die Zusammenstellung Einverständnis; nur für »Ich bete an die Macht der Liebe« wurde von einer Pfarrfrau angeregt, man möge die anstößige Stelle »... mit der ich Wurm geliebet ward« etwas ändern. »Der Wurm bleibt drin!« rief ich.

Das Heftchen fand beim nächsten Ahldener Jugendtag gleich reißenden Absatz. Überhaupt merkten wir, hier war etwas im Gang. Diese Lieder hatten eine Aufgabe. Sie verbreiteten den Geist der Erweckung. Irgendwie war ihnen dies Geheimnis inne. Es gibt ja im Reich Gottes Gaben, die verliehen werden, jetzt und hier, für diese sachte und reiche Aufgabe und Vorwärtsbewegung. Sie umfassen nicht so sehr nur intellektuelle Inhaltlichkeit, sondern geistliche Gnadenhaftigkeit und freundliche Mitteilung. Hier war am Wege etwas gefunden worden.

Bald kam das Ding mit Noten heraus, und noch mit schönen, gut singbaren Sätzen. Der alte Hänßler hatte sie gemacht. Das Titellied war aus Norwegen hereingeschneit: »Jesu Name nie verklinget«.

Auch dieses Bändchen war bald zu klein. Eine glückliche Fügung gab eine noch erweiterte Zusammenstellung. Wolfgang Heiner hatte das Seine dazu beigetragen. So machte es die Runde, weithin, dieses hereingeflatterte Vögelchen.

Manche meinten, evangelische Jugendkreise hätten daran wieder das Singen und Missionieren gelernt; selbst neutrale Busfahrer brummten die Lieder mit. Ich hatte Gott gebeten, mir doch auch einige Lieder zu schenken. Wenn solch ein Mangel an neueren Sachen war und sich vielleicht andere nicht so fanden, stand ich zur Verfügung. Ich lag im Mittagsdämmer auf meinem Bett, als etwas kam. Es meldete sich eine triumphierende Melodie, wie von sieghaften Hörnern. Wirklich hübsch! Sollte ich aufstehen? Denn aufgeschrieben mußte dies werden, sollte es nicht wieder im Schlaf versinken. Ich entschloß mich, bald standen die Noten laut Klavier auf dem Papier, sichtlich war das ein Refrain. »Freuet euch doch... alle mit mir« entsprach den hellen Tönen. Jetzt aber der Text? Auch er kam.

»Groß ist der Herr...« stand es da, in vier Strophen. Eine etwas schwere Melodie wurde probiert, aber dann ging dem Text entlang eine irgendwie auch fanfarenmäßige Tonfolge auf. Sie machte beim Aufstieg zur Höhe einen kräftigen Sprung, den glich ich dann – unnötigerweise – aus. Auch mußte »groß über alle Maßen« eingeglättet werden. – So ist es mit dem Dichten. Die Melodie wurde dann auch noch vom »Volk« zurechtgesungen, auch das mußte sie erleiden.

Wieder lag ich auf der Schlummerrolle. Nahe der Traumgrenze ist oft Beten und Intuition. »Brüder laßt uns alle treu in Christi Werk zusammenstehn« fiel mir ein. Ob das nicht ein Liedanfang war? Es sah ganz danach aus. Man empfindet das. Offenbar der Startschuß zu etwas Weiterem. Sichtlich hatte der Rhythmus von «Wenn der schöne Morgen grauet» Pate gestanden. Wieder stritten Mittagsbedürfnis und Ankommendes. Wo war auch Papier? Es fand sich auf dem Toilettentisch meiner verstorbenen Frau. Es war die Androhung einer Kirchensteuer-Lohnpfändung, die eingegangen war. »Du kommst mir gerade recht! Auf dich will ich was Schönes schreiben!« sagte ich. Es war wie eine Sühnung. Darauf kam nun diese Aufforderung zu brüderlichem Krieg, zu Angriff in Jesu Namen.

Ähnlich ging es mir in Selbitz! Ich erwachte nachts, ganz frisch. Schwere Eindrücke beschäftigten mich. Durch den Maschendraht der Zonengrenze hatte ich in verlassenes Land geschaut. Totenstille lag darüber. Chruschtschow hatte mit Raketen gedroht, etwas Dunkles, Ungeheuerliches mutete mich da aus dieser Perspektive an.

»Nahe ist das End der Welt,
die Raketen sind gerichtet...«

Ab brach die Zeit, die Angst der letzten Schrecken stand im Raum.

»Wie mit grimmem Unverstand
Wellen sich bewegen...« –

Eine Melodie aus der Schülerzeit fiel mir ein. Der Alarmruf des Liedes nahm daraus sein Profil.

Ich stand auf, denn ich wollte zu gern den Ton behalten. Es war drei Uhr. Der Flügel stand unten. Als ich ihn aufschlug, gähnte mir Leere entgegen. Die Tastatur war verschwunden. An ihrer Stelle lag ein Zettel: »Denkste!«

Als ich die Geschichte abends erzählte, kam nach dem eschatologischen Gedicht – ich sang es vor – ein zwerchfellerschütterndes Lachen. Die Tasten waren bei einer Reparatur entnommen worden.

Es war Bußtag. Ich hatte nicht mit zur Kirche gekonnt oder gewollt. Die jenseitige Herrlichkeit, groß, golden, aufleuchtend, hereinstrahlend, hatte sich einmal in einem Gedicht Ausdruck gesucht, und nun sang ich die Melodie dazu. Ich holte mir an diesem Morgen einfach einige Gedichte her und sang sie. Wie es mir kam, ihnen entsprechend, Auf-Gott-Hoffen und Vorwärtsschreiten, Wagnis, Hingabe, Liebe führten mich. Seither habe ich sie in der Schublade, sie müssen noch aufgeschrieben werden. Exakt denkend arbeitete ich aber dabei, den Schluß des Dithyrambos-Liedes modulierte ich mehrfach, diesen Ausgesang des Ewigkeitspreises. Mir selbst tönte das am erhabensten, gewissermaßen vor dem Thron Gottes in der Ausschau auf das Funkelnd-Bereite.

Der Schritt ins Freie

Gleich am Anfang und in den nächsten Jahren kam etwas für uns ganz Großes in Gang: Mission für Jesus. Sie war uns nicht eine Sache der guten, zweckmäßigen Überlegung, sondern eine tiefe Herzensbeauftragung, ein Anruf fürs Höchste und Letzte, eben für Jesus! Darin war all sein Leben, seine Liebe, sein Neigen zu uns, seine Fülle für die Menschen. Nichtsahnend hatten wir als junge Menschen ja gleich kindlich und liebend damit begonnen, und so ging es weiter.

Wir mußten auch auf die Straße, das merkten wir, dort war von selbst unser Platz. In Salzgitter, da, wo am Ende einer Häuserfront der Raum etwas zurücksprang, stellten wir uns auf. Es war eine Ersthandlung, ein Prototyp, das war mir bewußt. Wir sangen, die Leute blieben stehen. Wir bezeugten, sie hörten zu. Die Verantwortliche rief mir zu: »Herr Pfarrer, immer nur einen Vers! Immer nur kurz sprechen!« Sie hatte gleich das Gesetz dieses Straßenkampfes erfaßt. Sonst liefen die Menschen fort. Ein Polizist stand, hörte, noch andere, auf dem Gehweg wanderte der Verkehr, die Autos lärmten. Seltsam fiel der Ton ins Leere. Hier waren die Wände nicht wattiert wie in der Kirche, hier war man preisgegeben. War Jesus da? Gerade so meldete er sich! Wir standen konfrontiert, offen in Leistung, ohne Garantie, mit Jesus im Freien. Er doppelt unsichtbar, wir sagten aber unsere Sache. Das war der Anfang.

Ein zweiter solcher Start: Er geschah in Babstadt. Eine einfache Lautsprecheranlage war gekommen; auf der Terrasse des Pfarrhauses hatte sie gleich jemand ausprobiert und mit kräftiger Stimme durchs Dorf gesungen: »Wie schnell vergeht die Zeit!«, und an Ostern erklangen aus ihr vom Kirchturm unsere Auferstehungslieder weit hinaus.

Wir sangen den Heimatvertriebenen, die in dem alten Babstadter Schloß wohnten. Im Vestibül standen übereinander die Kisten mit deren Eigentum, die Kinder hingen an dem Geländer der Freitreppe, und oben, aus den Arkaden, wo früher die Gräfinnen geschaut hatten, wippten die Flüchtlingsfrauen mit ihren schwarzen Kopftüchern. Wir sangen und sprachen. Als wir nachher rausgingen, sagte die Wortführerin: »Herr Pfarrer, ich weiß nicht, mir ist's so wohl!« – »Siehst du, immer an der missionarischen Front ist's uns wohl: *Jesus* will das!« erwiderte ich. Unsere Gruppe sprach dann vor dem Schloß noch eine Weile durchs Mikrofon. Wenig hörte und sah man an Wirkung; um den Beginn selber ging es.

Und ebenso kam ein Anfang in der Heimatstadt. Der große Turnplatz bot Fläche genug, die Häuserzeile vor uns und der Bergaufstieg zur Seite umsäumten ihn. Noch hatten wir Mut, und »Jesus!« schallte es mächtig von den Hauswänden zurück. Hier, wo ich geboren war – über dem Fluß hatte früher einmal meine Schule gestanden –, wollte ich diesen Namen bezeugen, und ich sagte das auch. Auf der Bergtreppe hörten einige zu. Ein Herr trat heran, er hatte meinen Vater gekannt. Auch jetzt ein Stoß ins Leere, ein Versuch, eben ein Anheben. Die Polizei meinte, das ginge nicht, ihr Amt erlaubte es uns nicht, aber wir hatten gezeugt.

Und eine weitere Stunde, ebenso symbolisch: Bei unserer ersten Evangelisation in Mittelwürttemberg standen wir auf der Gasthausbühne und sangen. Vom Wirtssaal klangen Gläser und Stimmen herein. »Hört, Jesus ruft: Kommt alle her!« – Die Hörer nannten es nachher »Viktoria-Lied«. Selten waren wir so voller Freude, voller Ruf, voll des letzten Ansprechens an die, die wir sahen. Unser ganzes Herz hüpfte, sprang, eilte zu ihnen. Herauf und herunter, quer durch alle die anderen Begleitstimmen konnte ich nur die Töne dieses großartig proklamierenden Liedes bringen. Hier wurde Lebensangebot real – sie verstanden es auch. Und unsere Gruppe war wie *ein* Körper, der das sang. Und so noch oft.

In jenen Jahren starb meine Frau. Am 4. August 1956. Sie hatte gerade wie vor Torschluß das neue Werden gesehen, dann verabschiedete sie sich. Der Jüngste war nun 15 Jahre alt, jetzt nahm sie der Herr weg. Es war schwer. Sollte ich ganz frei sein für seinen Dienst? Zunächst begriff ich es nicht. Aber glauben konnte ich.

Es war durch namenloses Leiden gegangen. In dem kleinen Dorf hatte man nicht die nötige Hilfe, da brachten wir sie nach Heidelberg. Dort konnte sie bestrahlt werden, besorgt werden, betäubt werden. Aber sie war klar, wenigstens mit dem Willen, auch mit dem Wesen. Sie ging wie ein Ritter durch diese letzten Kämpfe, eine Christin.

Am 27. Juli war ihr Geburtstag. Ich hatte Urlaub genommen und besuchte sie von einem nahen Höhenkurort. Wie jeden Tag war ich da und schaute sie mit ihrem gebrochenen Arm auf ihrem Lager. Als sie gestürzt und der Knochen geborsten war, hatte sich das neu aufgetretene Übel offenbart. Jeder Atemzug war eigentlich ein Stöhnen, aber sie verschob das möglichst auf Stunden ohne Besuch. Heute kam ein Student von einer christlichen Gruppe, um mit mir einen Dienst zu verabreden. Mein Sohn lief herbei und fragte mich, ob ich nicht einmal zu Mama kommen könne. Ich war unwillig und meinte, ob es nicht auch ohne mich gehe. Als ich hereinkam, war der zweite Arm gebrochen. Sie hatte sich beim Umbetten am Wärter festgehalten. Nun mußte man sie füttern.

Sie bat um ein Lied. Was sollte man singen? »Groß ist der Herr!« schlug sie vor, lächelnd. Offenbar mir zu Trost und Liebe. Mit einigen Geburtstagsbesuchern sangen wir dies. Beim letzten Vers »Leicht ist mein Herz, froh ist mein Sinn« setzte mein Gedächtnis aus, so schlossen wir hier.

Wir waren uns klar, was bevorstand. Ich las am Tag vor ihrem Tode 1. Korinther 15 und Römer 8, und wir sprachen über die Herrlichkeit nach dem Tode. Die Auferstehung, Jesus, das Licht, leuchtete herein. Wir vergaben uns. Bitten um Vergebung, sie kamen. Ob ich glücklich gewesen sei neben ihr? »Oh, wir hatten ein reiches Leben!« Was mir an ihr gefehlt habe? »Daß sie oft so moralisch gewesen sei.« Sie habe das nie begreifen können, sehr zu ihrem Kummer, meinte sie. Aber das war vorüber: »Ich habe dich geliebt von der ersten bis zur letzten Stunde.« Wo man ihr Grab habe? »In Adelshofen, denke ich.« Wer dort dafür sorge? »Oh, da sind treue Leute.« Sie war's zufrieden. »Sage ihnen, auf dem Totenbette könne man sich nicht mehr bekehren, da sei man viel zu schwach dazu,« ließ sie bestellen. Und zu ihrem Bruder sagte sie: »Das Leben ist so kurz, und man macht so viele Dummheiten, die man nicht mehr rückgängig machen kann.«

Als die Krankheit das Herz erreicht hatte und dieses rasend zu klopfen anfing, merkte man, nun näherte sich der Tod. Den ältesten Sohn hatte ich aus Schweden rufen lassen. Ob er es noch schaffte? Auch das mußte sie hingeben.

Als alle gegangen waren und es Abend ward, saß ich am Rolltisch, dem Ding, auf dem das Essen serviert wurde, und lauschte. Mir ward klar, was nun nahte. Es war unaufhaltsam. Eine seltsame Wirklichkeit, die im Raume stand, jene Majestät, die das letzte Machtwort spricht. Ich weinte. Sie verließ mich. Sie atmete still, kaum hörbar. Vielleicht war es wie ein letzter Gruß, ein Bei-mir-Sein.

Dann kam mir ein Gedicht, sie stammen ja immer aus den letzten Tiefen. Das Herz muß reden.

Nun naht der Todesengel,
der heilige Herr der Welt,
er ist vom Herrn bestellt
und führt aus dem Gedrängel.

Das Weh schneid't tief ins Herze,
so bang ist mir der Mut,
was wohl der Herre tut,
erlischt mir diese Kerze?

Du edles Angesichte
so still, getrost liegst da,
und nie mein Aug' so sah
des Wesens tief Gewichte.

In majestät'scher Größe
schläfst du zum Herren hin,
und ich, da steh' ich in
von dir verdeckter Blöße.

Bin wert ich dein gewesen?
Du standst in Lieb zu mir,
und es genüge mir,
daß lieb ich dir gewesen.

Oh, und nun mußte ich im Adreßbuch all die Namen ankreuzen,

welche jetzt bald zu benachrichtigen waren. Etwas schlief ich dann. Gegen vier Uhr meinte ich, sie riefe meinen Namen. Der Atem ging heftiger, kein Puls mehr da, die Hand eiskalt. »Kurz vor«, murmelte der Arzt dann draußen. Nun war es Zeit, die Lieben zu holen. »Wenn ich einmal soll scheiden...«, betete ich, als sie still um das Bett standen. Mühsam stieß sie heraus, der Junge solle hinknien, sie wolle ihn segnen. Er tat's, ebenso dann die Verlobte seines noch abwesenden Bruders. »Der Herr segne dich... und sei dir gnädig« – die Hand auf dem Haupt vergewisserte der Liebe und Bitte der Sterbenden. »Viel Kraft!« rief sie mir zu und schaute mich – es war schon ganz zuletzt – mit einem überaus liebenden Blick an.

Plötzlich ließ sie sich aufrichten. »Mehr Luft!« – die Fenster standen weit offen. »Mehr Licht!« – Albrecht rannte zum Schalter. Sie sank halb zur Seite, ein Zug unendlichen Schmerzes oder der Beschämung spielte um ihren Mund. Sprach der Herr mit ihr? Voll und strahlend öffnete sie dann die Augen, wie in guten Tagen. Sie sah jedoch wie durch mich hindurch etwas unendlich Erhabenes, überaus Herrliches. Voll Klarheit und Lauterkeit waren diese braunen Augen, wie sie sahen und staunten. Dann erlosch das Licht. Sie war nicht mehr.

In diesem Augenblick aber stand mir vor der Seele, wie herrlich das Leben drüben ist und wie kurz dieses, wie wichtig, dort drüben zu sein, und wie alles nur eine Vorbereitung darauf ist. »Es war kurz und leicht«, hatte tags zuvor die Leidende gesagt.

Ich sank auf die Knie, um Gott zu danken für dieses Leben, aber ich mußte weinen. Sie hoben mich auf, trösteten mich. Daß wir das Grab in Adelshofen suchten, war ein Glaubensschritt. Wohl hatte die Stadt ihres Sterbens für Auswärtige keine Begräbnismöglichkeit, aber eine Grabstätte in dem kleinen Dorf war auch nichts Gewisses. Was sollte dort später werden? Etwas wurde, das wußte ich.

Vor dem Altar in der Kirche thronte eine erhaben Ruhende. »Der Tod seiner Heiligen ist wert geachtet vor dem Herrn« – um dieses Wort hatte ich den Freund für seine Ansprache gebeten. Was sollten wir singen? »In dir ist Freude in allem Leide« – ging das? Oh, es ging! »Wir jubilieren und triumphieren« erklang es, auch wenn der Blick – vorerst noch – auf einem bleichen, majestätischen Antlitz ruhte. Und der Sargdeckel senkte sich darüber.

Wie polterten die Schollen auf ihn! Wie entblößt standen wir drei an diesem Grabe! »Was soll aus euch werden?« hatte sie gerufen, »wo du doch immer so mit deinen Arbeiten beschäftigt bist!« Die Erde ihres Grabes war auf die Stelle daneben geschüttet. Hier sollte auch ich wohl einmal ruhen.

Vater und Mutter waren schon vorher von mir gegangen. Immer im Jahre, da mir ein Sohn geboren wurde.

Vater starb an Krebs. Überraschend. Als er im Krankenhaus unter dem Messer lag, ging ich mit Mutter vor dem Fenster des Operationssaals auf und ab, langsam, oft, und mußte denken:

»Wartet nicht so lange
bis zum Sonnenuntergange!«

Ach, er hatte allzulange die Entscheidung hinausgeschoben, der Welt verhaftet, und nun war es zu spät. Das geliebte Gesicht war zerfallen, als man ihn aus dem Saal trug.

In gewohnt tätiger Weise hat er sich dann mit Wasser überspritzt, als ihm heiß war, und nun stand ich wenige Tage später wieder an seinem Lager, eine Lungenentzündung war eingetreten. »Vater schwach« hatte man mir telegrafiert. Er lächelte aber, als ich verkündigte: »Wir werden einen Sohn bekommen!« – »Vater, ich danke dir, daß du mich hast studieren lassen!« rief ich ihm noch zu, solange es hierfür Zeit war. Ob er es hörte? Der Sohn segnete den Vater mit dem Wanderpsalm »Ich hebe meine Augen auf zu den Bergen...« Als Gabe und Liebe zum Sterben legte ich ihm die Hand auf die Stirn: »...Der Herr behüte deinen Ausgang und Eingang von nun an bis in Ewigkeit. Amen.« – »Amen!« wiederholte er laut. Er hatte es gehört und gebetet.

Beim Sonnenuntergang und Abendläuten verschied er. Eine unendliche Sorgsamkeit und Achtsamkeit lag auf seinem Gesicht, wie früher, wenn er am Klavier Wagner gespielt hatte. Die Majestät des Todes senkte sich darauf. Von der Seite sah es aus wie das eines Römers, bronzen die Silhouette.

Mutter aß. Ich fragte: »Wie kannst du jetzt essen?« Sie sagte: »Man muß leben.«

Als ich mich letztmals vor ihrem Häuschen von ihr verabschiedete, schauten ihre blauen Augen unter dem blonden Haar so lauter zu mir auf: »Ich wünsch dir halt alles...« – nach einem Schlaganfall versagten ihr oft die Worte. Aber das »Gute« stand in ihren Augen geschrieben. Sie rannte noch einige Schritte hinter uns drein, als wir gingen. Abschied.

Nun hatte sie nach einem zweiten Schlag die Ohnmacht befallen. Wir vier Kinder standen, die Arme über den Achseln verschränkt, an ihrem Bettende. Wie erstaunlich war es, daß in der Bewußtlosigkeit tiefer Friede auf ihrem Gesicht lag. Wo der herkam? Er hatte schon in ihr gewohnt. »Sie war eben doch eine Christin«, kam der Eindruck aus meinem Bruder.

Ehe ich ging – ich mußte zum Dienst zurück – beugte ich mein Haupt tief zur Bettdecke, legte ihre Hand auf es und sagte: »Mutter, segne mich!« Ein leiser, ganz leiser Ruck kam in die Hand. So hatte sie mich gesegnet! Ich nahm die leichte Gestalt noch einmal in die Arme und schied.

An meinem Geburtstag beerdigte ich sie. Der Pfarrer der Gemeinde war ein »Deutscher Christ«, und so kam an mich die Aufgabe. Ein Frosch steckte mir beim Reden im Hals, was sollte ich auch sagen? Als ich hinter dem Sarg dreinschritt, war es wie eine Aufforderung, die aus ihr kam: »Heute habe ich dich geboren. Ich reiche dir die Stafette weiter!«

Die Bibelschule

Als die erweckliche Bewegung mit ihrem Kämpfen, ihren Nöten und Ansätzen aufsprang, war mir gleich klar, daß dies nicht auf den Ort beschränkt bleiben sollte. Die Kraft des Impulses, die neue Sicht war hierfür zu groß und deutlich. Wie weit reichte alles dies über die bürgerlichen Gewohnheiten hinaus! Ich sah, daß die Kirchengeschichte mehr oder weniger ein Abzugsverfahren an dem darstellte, was ursprünglich geschenkt war. Hier erstand es neu auf. Ich staunte und schrieb darüber auch nach zwei Jahren ein Buch: »Erweckung heute und ihre Botschaft an uns.« Es ergaben sich allzu deutlich theologische Konsequenzen und ebenso Vergleiche mit dem Leben der Gläubigen heute. Ich hielt darüber auch Vorträge, so in Liebenzell vor der Pfarrer-Gebets-Bruderschaft, schrieb Aufsätze und sprach mich noch sonst darüber aus. Auf der Konferenz »Theologie und Pietismus« bedauerte ich die Stagnation des Lebens in den gläubigen Kreisen und mußte mich darüber in einer Zeitschrift des Hochmuts bezichtigen lassen. In einer anderen meinte man, ich hätte die Totenglocke der Gemeinschaftsbewegung gezogen, die Glocke habe aber einen Sprung, eben meine Überheblichkeit (anders später). Etwas Richtiges war auch daran. Ich war damals in einer schlechten Verfassung, aber es sprach auch Eifer um

Gottes Haus. Gewiß war doch für alle eine Neubelebung möglich! »Mach's Pröpferle drauf, 's verriecht sonst!« wurde mir von einem »Kapitän« gesagt, als ich immer neu davon anfing, was Gott unter uns getan hatte. Ich dachte, dies göttliche Handeln müsse sich doch auf diese Weise von selbst weiterverbreiten. Aber der Preis ist Buße. Er ist zu bezahlen. Und das ist offenbar gar nicht so selbstverständlich. Vielleicht hätte ich diese Alarmtrompete an das gläubige Volk weiter blasen müssen. Das drängte mich aber von selbst in die Rolle der Propheten an Israel.

Es war schwer, sich irgendwie in dieser Linie zu sehen. Wie kam ich dazu? Bei solchem Widersprechen von Brüdern? Machte man dann nicht das eigene Werk als anmaßend in ihren Augen häßlich? So meinten die Geschwister. Erst mußte man wohl den springenden Punkt selbst ausleben.

Und ähnlich mit den Schrittmachern der Erweckung. Die landeskirchliche Institution und Struktur bot für sie wenig Raum. Erst müssen sie mit ihrer erwecklich-missionarischen Gesamthaltung und Zurüstung bei Farbigen, Kindern und Gläubigen »ankommen«, bis sie in der wissensbetonten Kirche einen ihnen gemäßen Platz finden.

Dies alles zeigt sich aus der Entwicklung von zwei Jahrzehnten. Damals, am Anfang, wurden die vorliegenden Möglichkeiten mehr empfunden als in ihren Folgerungen abgesehen. Aber mir wurde etwas von der Realität des neutestamentlichen Lebens deutlich. Es ist so sehr unbürgerlich, das Gewohnte, Angepaßte, Festgelegte schon der Atmosphäre überschreitend und durchbrechend. So herrlich frei und eigen! Es wehte der Geist, er berührte mich, da war die Chance! Gewiß würde es auch zerflattern, und es zerflatterte vielfach, aber da war eine reale Linie, und die wollte ich bewußt festhalten! Was im Alltag absackte, war Sache des Alltags und der für das Versacken Verantwortlichen; aber jetzt eröffnete sich mir eine Richtung, die des Lebens, die wollte ich gehen, um jeden Preis. Es zog mich etwas dahin, ich wußte darum, ich durfte es nicht verlieren, hier war das Eigentliche! Und ich folgte.

Wenn es in der Öffentlichkeit nicht ging, wenn es in breite Kreise nicht fiel, so war es doch an Ort und Stelle möglich. In meinem eigenen Bereich. Hier konnte ich beten, ringen und standhalten. Und glauben. Gott mußte handeln, seine Sache weiter wahrmachen. Ich vertraute darauf. Durch mich armen Menschen und die Meinen. Ich war restlos preisgegeben. Ihm. Es donnerte auf mich nieder, was niederdonnern mußte, aber ich kam durch.

Als die jungen Leute anfingen zu heiraten, war für mich der Zeitpunkt da. Zur Schulgründung. Nicht daß ich etwas gegen das Heiraten gehabt hätte, aber ich sagte mir: Nur daß eine Zahl junger, gläubiger Ehen entsteht, dazu ist dieses Ganze nicht geschenkt. Jetzt ist es Zeit zu handeln. Mir schwebte der Gedanke vor Augen, durch eine Ausbildungsstätte Pioniere für die junggeschenkte Erweckung zu schaffen. An vielen Orten brach neues Leben auf. Sollte das nicht Schrittmacher bekommen? Handgranatenwerfer, entschlossene Seelen, Bahnbrecher, die bewußt vorwärts führten und nicht nachließen? Oh, es war ein weiter Weg dahin; ich sah es erst später. Aber der Anfang kam. Jetzt.

Zugleich meinte ich, das mit einer Gemeindehelfer-Ausbildung verbinden zu können. Es schien mir alles mehr eine Sache des guten Willens und der Lehre zu sein, und der Kirche wollte ich gerne dienen.

Die »Junge Gemeinde« war »dagegen«. Zwar gaben einige von ihnen den Anlaß zur Gründung. Es schien, als ob sie bereit wären, sich volldienstlich rufen zu lassen, aber es kam nicht soweit. Einer von ihnen wurde erst durch mehrere Berufsunfälle dazu genötigt und gab Gott gedemütigt recht. Und die junge Schar war überhaupt nicht dafür, daß so etwas gegründet wurde. Warum? Es blieb mir ein Rätsel. Vielleicht schien ihr das alles zu anmaßend, oder sie fürchtete unbewußt etwas Zweites neben sich, das dann kam.

Eines Abends wurde mir beim Schlußgebet in ihrer Mitte völlig klar, daß ich jetzt handeln müsse. Ich ging hinauf und schrieb an einen kirchlichen Mitarbeiter, mit dem ich in der Sache schon in Verbindung getreten war, ob er nicht als Lehrer kommen wolle. Ich ließ den Umschlag andern Morgens zur Post tragen und sagte: »Das ist ein wichtiger Brief!« Der Mann war krank und starb bald, aber es war ein Anfang. Der Startschuß.

Ein Freund wollte mir beim Unterrichten helfen. Am Abend nach einer Zusammenkunft der »Ahldener Bruderschaft« legten wir dort einem kleineren Kreis unsere Pläne vor. Auch junge Menschen waren dazu geladen. Sie schienen irgendwie angetan von der Sache. Unter der Tür rief der Pastor über die Achsel zurück: »Ihr nehmt mir meine besten Leute weg!« Das Einverständnis war allerseits sichtlich. Über uns Knienden und Betenden sprach Bruder Hümmer (Selbitz) eine priesterliche Segnung, die uns Realität selber war. Im Vorraum trat ein junger Mann auf mich zu und meldete sich als Schüler an. Er hatte mit Gott abgemacht, wenn ich zuerst herauskäme, wolle er dies tun. Er war noch ein sehr junger Anfänger, aber so fügte es eben Gott. Er diente uns dann den halben Winter unverdrossen.

Im Januar kam eine Zweite aus diesem Kreis. Wir hatten eines Morgens so recht herzlich um weitere Schüler gefleht; an diesem Morgen entschloß sie sich. Aus dem Hessischen stießen zwei weitere Mädchen dazu, und so konnten wir am 21. Januar 1958 mit der Schule beginnen. Wir knieten nieder, baten Gott um Gelingen und priesen und lobten ihn über dieser Möglichkeit.

Dann setzten wir uns an den Tisch und begannen mit Matthäus 1 – Auslegung des Neuen Testaments. Wir waren im Wohnzimmer des Pfarrhauses. Dieses mußte uns als Eß-, Unterrichts- und Versammlungsraum dienen. An der Wand neben dem Ofen hing ein Fähnchen. Darauf stand: »Gott rief dem, was nicht ist, daß es sei.« – »Abraham glaubte auf Hoffnung, da nichts zu hoffen war.« Ich hatte es einmal von einer Pfarrerfreizeit eines befreundeten Werkes mitgebracht. Immer wieder einmal stand ich davor und dachte, was es wohl bedeutete.

Es sollte sich zeigen.

Weil wir beiden Pfarrer von unserer Dienstzeit manche Stunden an dieses neue Unternehmen wandten, wollten wir hiervon unserem Bischof Kenntnis geben. Wir entwickelten ihm unseren Plan, er war nicht gerade ablehnend und betete nachher mit uns. Wie wir unsere jungen Leute bezahlen würden, nach welcher Gehaltsklasse, sie wollten doch auch heiraten, gab er uns zu bedenken. Es war uns etwas schwer; die Frau meines Freundes entsetzte sich nachher darüber und rief entrüstet, am liebsten würde sie aus der Kirche austreten, wenn das die Hauptgesichtspunkte seien. Bei der Einweihung unseres ersten Gebäudes schrieb er mir, wenn das Werk von Gott sei, so könne man es nicht dämpfen, sei es aber von Menschen, so werde es untergehen. Er vergaß, unseren Besuch seinen Freunden von der Kirchenleitung mitzuteilen, so daß hier die Orientierung fehlte. Wir dachten auch, unseren Versuch erst einige Jahre eine Probe bestehen zu lassen, ehe wir für ihn Zustimmung und Anerkennung beantragen könnten. Das verfaßte und das neu aufgesprungene Leben ging so noch längere Zeit nebeneinander her. Es ist unseren Anfängen aber von der Kirchenleitung nie eine Schwierigkeit gemacht worden; dem Vernehmen nach hielt man die Möglichkeit offen, daß bei uns ein wirklicher geistlicher Aufbruch vorläge. Für diese Tatbestände waren wir herzlich dankbar.

Bei der Gestaltung der Bibelschule sollte mehr instinktiv als aus

Wissen, mehr aus Ablehnung des Falschen und aus einem inneren Überzeugtsein von der Notwendigkeit eines Neuen Schritte getan werden. Hier zog sich mir die ganze Summe meines Lebens zusammen. Ich hatte zu sehr gelitten, hatte die Struktur theologischer und kirchlicher Gegebenheiten in meinem Streben nach geistlich Fruchtbarem oft allzu hemmend um mich empfunden. Auch die Kraft und den Ruf Jesu hatte ich allzu deutlich gefühlt und in den Ereignissen sich vollziehen sehen, als daß ich nicht ihm hätte unbedingt das Hausrecht einräumen müssen. Ich war frei, es sollte frei gestaltet werden. Tradition und Neues in klarer Einheit. Weder schwärmerisch noch brutal öde. »Werdet voll Geistes«, und »Seid nur einmal recht nüchtern!«, beides stand mir vor Augen. Das erweckliche Leben sollte auf die Ausbildung übertragen werden.

Ende 1960 hielt ich vor der württembergischen Pfarrer-Gebets-Bruderschaft einen Vortrag über die Grundlinien einer Bibelschule, in dem sich die notwendigen Erkenntnisse schon klar vorfinden.

Aus positiver Schau heraus sollte an der Neugründung vieles »anti-« sein:

antiintellektualistisch
antiinstitutionell
antisekuristisch
antignostisch
antiorthodox.

Ich nahm diese Fremdworte, um vor Theologen diese Dinge deutlich zu umreißen.

Wir wollten nicht intellektualistisch – kritisch über die Bibel verfügen, sondern uns ihrer Realität und Zuverlässigkeit als Wort Gottes unterstellen.

Wir wollten kein Lehrinstitut sein, sondern in einer Lebensgemeinschaft als Mannschaft aus der Stille heraus brüderlich lernen und arbeiten.

Wir wollten nicht ein gesichertes Leben vorne hinstellen, sondern von Gott geführt sicherungslos den inneren und äußeren Glaubensweg gehen.

Wir wollten nicht Erkenntnis um der Erkenntnis, Forschung um der Forschung willen betreiben, sondern missionarisch leben und hierfür die Erkenntnis nehmen.

Wir wollten nicht in lehrhafter Kühle und Distanz die Dinge sehen und behandeln, sondern aus echter Buße, aus Glauben und Lebenshingabe, in gesunder Frische und Unmittelbarkeit, in Liebe zu Jesus und dem Bruder leben und dienen und unsere erwecklichen Lieder singen.

Der christliche Geist sollte bestimmen, nicht der griechische. Ob sich Menschen bekehrten, sollte der Maßstab sein, nicht wieviel wir wüßten. Theologisch solid sollte die Ausbildung sein, aber geistgetragen. Wir waren und sind überzeugt, daß sich eine *sehr* gute Ausbildung aus dem christlichen Ansatz gewinnen läßt. Hier sollten Schritte in dieser Richtung getan werden.

Nach dem Vortrag fragte ich einen Bruder, ob der »anti« nicht zuviel gewesen wären. »O nein«, sagte er, «es waren herrliche anti!«

Oft stellte ich mir im Pfarrhaus vor, daß oben bei der Baracke an einem Fahnenmast eine Flagge flattere: Schön blau das Tuch, ein weißgezacktes Kreuz, wie das der Malteser darin, Zeichen der Unabhängigkeit und Hingabe vor Gott. Unentwegt sollten »Jesus!« und »Erweckung« im Winde wehen.

Nöte mit Menschen

Im alten Pfarrhaus herrschte reges Leben. Unter dem Dach wohnte die Mädchenschaft, außerdem auch die Mäuse. Schalkhaft versteckten diese die Nüsse vom Speicherboden in den Damenschuhen, die vor der Tür standen. Hier fand ich einmal in einem Pappkarton von den Mädchen naiv ausgeschüttete glühende Asche. Sie stammte aus einem Kanonenofen, der den größten Raum, das ehemalige Zimmer der Hausangestellten, heizte. Eine ganz kleine Schlafecke war unter dem herabfallenden Dach eingerichtet worden. Durch die Ziegel pfiff der Wind. Mit Preßplatten wurde das Ganze abgedichtet. Im Winter war dort ein richtiger Kristallpalast mit lauter bizarren Eisgebilden. Eine ganz steile Treppe führte zu den übrigen Wohnräumen hinab.

Durch die Tür in der Waschküche schlüpfte öfters ein »guter Geist« aus dem Dorf herein und ließ ungesehen etwas zurück. Ein Huhn, einen Ballen Butter. Das war dann Freude!

Eine bestimmte Örtlichkeit gab es nur einmal. Hiervor stand man dann Schlange, wenn »Glaubenstreffen« waren. Einmal verfolgte eine wilde Range einen Jungen mit geschwungenem Handtuch da hinein. Er warf gerade noch das Schloß vor. Ich mußte ihr bedeuten, daß ihres Bleibens nicht länger sei, wenn sie diese Exzesse fortsetzte.

Dieser Auftritt geschah bei einer Freizeit. Das Haus quoll oft über vor Jugend. Wunderbar war die Enge und das Gedränge bei größeren Anlässen. Leben! Leben! Die Haustür unterhalb der Staffeltreppe und die dickwandige Fensternische darüber hatten so etwas noch nie gesehen.

In diesem alten Haus gingen wir durch viele Nöte. Es waren die des Anfangs, Geburtswehen.

Menschen kamen, die ungeeignet waren und die uns irgendwie ein Bein stellen sollten. Als »bekehrt« fanden sie sich ein. Durften wir zu Geschwistern nicht Vertrauen haben? Mußte dieses nicht grenzenlos sein? Wir machten unsere Erfahrungen. Aber die Liebe zu den »Wracks« überdauerte diese Lehren.

Eine Suchtgebundene wollte Schülerin werden. Jesus habe sie befreit. War das nicht schön? Sie installierte sich gleich mit ihren Möbeln in einem von uns gemieteten Zimmer. Aber es zeigte sich bald, daß das unmöglich ging. Sie drohte mit Selbstmord, als wir ihr dies gesagt hatten, und schloß die Tür. Die Polizei verwies uns telefonisch an den Bezirksarzt zu ihrer Lebensrettung. An seinem freien Samstagabend mußte er erscheinen und ihr gut zureden. Sie öffnete, und alles war nicht so schlimm gemeint gewesen. Als sie gar nicht wich und noch Kinder zu falschen Aussagen gegen uns verleitete, die sie auf Tonband laut brüllen ließ, mußten wir Räumungsklage erheben. Das einzige Mal, daß ich vor den Richter ging. Die Wohnung stand ihr nun wirklich nicht zu, und wir wollten ihr noch die Umzugskosten ersetzen. Eines Tages trat jemand von uns zur Haustüre herein und meldete: »Sie ist fort!« Wie aus einem Munde riefen wir: »Halleluja!«

Ebenfalls als Schüler kam ein ehemaliger SS-Mann hierher. Freunde hatten ihn uns zu weiterer Ausbildung empfohlen, nachdem er sich bekehrt und angefangen hatte zu evangelisieren. Er besaß unzweifelhaft eine Gabe, konnte erschütternd aus seiner Zeit als bekehrter SS-Mann erzählen, es hatten sich auch schon Leute darüber zum Glauben gewendet. Aber ach, er war krank, sichtlich. Ein regelmäßiges Leben vermochte er nicht zu führen oder am Unterricht teilzunehmen; sein im Krieg zerschossener Darm verlangte viel Rauchen und Fleischnahrung. Ein Trümmerhaufen von einem Menschen mit einer unbändigen Energie. Hatte er zwei Schichten? Oben war die Jesus-Schicht, den liebte er zweifellos, aber von unten brach wie durch einen vulkanischen Gang etwas Dunkles, Unheimliches, Beängstigendes hervor. War es seine Vergangenheit? Ich übte mich in der Bescheidenheit, als er mehr und mehr die Zügel ergriff. Das gab große Not im Hause. Ich erkannte die Erwecklichkeit an, die Frauen durchschauten seine innere Gefährlichkeit, und während er bei einer Tagung über deren Gestaltung und über unser gegenseitiges Verhältnis mit mir ins Reine zu kommen versuchte, saßen sie unterhalb im riesigen Kellergewölbe auf der Treppe und beteten. Ich war mit ihm herzlich befreundet, und er appellierte öfters an mich, ob ich ihm mißtraue. In eine meiner persönlichen Angelegenheiten griff er kräftig ein und spielte Schicksal. Es gab damals viele Wunden.

Abfallstücke aus einem Steinbruch ließ er auf eine Höhe beim Dorf fahren, zu Weihnachten sollte die Bibelschule stehen. Er sah sich stark nach Geld hierfür um, dies war mir unbehaglich.

Was war das für ein Geist? War es der unsere?

Bei einer Arbeit außerhalb fragte ich den dortigen Prediger nach seinen Erfahrungen mit diesem Mann. Er hatte die gleichen. Da war es mir klar, daß ein Zuzug und eine Mitverantwortung nicht in Frage kam. Er raste, als wir ihm das mitteilten, aber ich blieb ganz ruhig, selbst wenn es aussah, als wolle er mich mit seinem Krückstock erschlagen. Solche schweren Minuten gibt es im Leben. Er zog dann weg, behielt aber die Liebe zu mir. Als er mich später um die meine bat, sagte ich, ich könne ihm kein Vertrauen mehr entgegenbringen. Hatten sich doch auch seine eindrucksvollen Erzählungen als erdichtet erwiesen.

Er starb unbeachtet und ganz für sich. Er war wie ein Feuerwirbel durch unseren Anfang gegangen.

Ein dritter Mann machte uns sehr zu schaffen. Wie mancher Gestrandete kam auch er in unseren Bereich, es war schon später, und er half uns sehr bei handwerklichen Arbeiten. Es schien, als ob er wirklich aus seinen vielen Gebundenheiten aufgetaucht und erlöst sei. Aber es überwältigte ihn wieder. Im Wirtshaus saß er und erzählte dort die abenteuerlichsten Sachen über uns. Er mußte es ja wissen. Wir konnten ihn nicht behalten. Eines Tages war ich gezwungen, ihm an seinem Bette zu sagen: »Von dem jetzigen Augenblick an haben wir keine Verantwortung mehr für Sie!« Das berührte mich wie der neutestamentliche Ausschluß aus unserer Gemeinschaft. Er war dann praktisch obdachlos, und wir mieteten ihm im Nachbarstädtchen ein Gasthauszimmer. In der Zwischenzeit kam er einmal mitten in der Nacht zu uns heraus. Es gab blinden Alarm bei den Mädchen in der Baracke oben, und als er mir auf der Dorfstraße um den Hals fallen wollte, wich ich zurück. »Sie haben wohl Angst vor mir? Ich hätte Sie auf der Stelle niederschlagen können, wenn ich gewollt hätte. Auch hätte ich am Neubau der Bibelschule alle Fenster einschmeißen können. Das hätte mich nur ein halbes Jahr gekostet. Aber so bin ich nicht.« Er war es nicht. Aber ist es nicht ganz schwer, Menschen nicht zurechthelfen zu können? Fehlt es an Vollmacht? Eine quälende und oft bedrängende Frage.

Das alte Pfarrhaus

Als ein Stück Paradies, ein altväterliches Elysium steckte der Pfarrgarten zwischen Haus und Kirche. Auf einem vorsintflutlichen Plattengang kam man durch eine Rosenlaube dahin. Rosenzäune umgaben ihn, Taxushecken umschlossen die Beete, es war ein vorgestern, alte Zunft. Aber stehengebliebene Zeit berührt das Historikerherz seltsam.

Die Kirche war unsere Zufluchtsstätte. Hier konnten wir vor Gott beten, singen, stille sein. Manchmal knieten wir am Altar und übergaben unser Leben neu Gott. Ich segnete auch diesen und jenen, wenn er in der ersten Bank betete und Zuspruch nötig hatte. Man konnte da schlecht knien, es war sehr eng, und eine Fußbank fehlte. Aber die jungen Häupter über das obere Ende der Balustrade gebeugt sehen, war ergreifend. Ich staunte, für wen alles sie beteten. Eine Zentrale der Fürbitte war entstanden, eine Zentrale der Welt schien mir ein solcher Ort zu sein. Das Gedenken ging flehentlich, brüderlich, segnend zu so vielen Menschen, Bereichen, Kirchen, Gruppen, Häusern. Was kreuzten sich da schon Linien! Welche Würde echter Berufung solchen Tuns!

Im Turm saß manchmal unser Intensivster, dem es ganz und gar am Reich Gottes und an einem hingegebenen Leben lag, und hielt Stille Zeit. Er war uns wie ein Heiliger, oft auch etwas mit Überhang, und nach dieser Richtung, zu einer nach seiner Sicht restlos »geistlichen« Gruppe hat es ihn dann auch fortgezogen. Er sei der einzige Christ im Dorf, meinten die Leute. Er nahm alles wörtlich, schenkte einen Rock gleich weiter, wenn er zu einem zweiten gekommen war, und hatte eine Gabe des lauteren Sinnes. Wir trauerten ihm sehr nach.

Meine Möbel waren im ganzen Haus verteilt. Was sollte ich auch noch mit ihnen? Es war seltsam und jedem Eigentumsbegriff abschwörend, sie oft in ganz anderer Benutzung zu sehen. Es gab mir aber doch einen Stich ins Herz, als ich durch eine offene Tür ein

Mädchen vor dem Spiegelschrank meiner Frau ihr Haar machen sah.

Unser rotes Schleiflack-Tischchen trug plötzlich den siebenarmigen Leuchter; die handgeknüpfte »Brücke« meiner Schwiegermutter diente als Vorlage vor dem Altar. Geräuschlose Verwandlung der Zwecke.

Auf den gelb-schwarzen Schachbrettplatten der Küche standen abends gerne noch einige »Unentwegte« und »vesperten«. Sie hätten sich zwar auch an das Abendessen halten können und überschritten die Zeitgrenze des Tages, und so mußte der »Chef« noch einmal herabkommen und ihnen gewaltig den »Marsch blasen«. Erziehungsprobleme an erwachsenen Menschen setzten ein, der »Rebellengeist« machte sich bemerkbar.

Jene Anfangszeiten konnten durch die ungreifbaren Widerstände inner- und außerhalb des Hauses furchtbar müde machen, verdrießlich, resigniert, und eines Abends hatte ich keine Lust mehr zu irgend etwas. Ich sollte notwendig an einer Veranstaltung teilnehmen, aber streikte und erklärte, nun sei es aus. Auf meinem Lager aber wurde mir die Unhaltbarkeit dieser Situation klar, und ich stand auf und rief zur Küche hinab, ich käme. Dort hatten zwei gute Seelen auf den Knien gelegen und zu Gott geschrien: »Herr, wenn jetzt auch noch der Herr Pfarrer aufgibt, das kannst du doch nicht zulassen!« Gleich darauf gab ich mein Lebenssignal. Als ich hinabkam, hatte eine der beiden schwarze Kleider an. Ich fragte, warum. »Ich hatte mir den schwarzen Pullover geliehen und mitteilen wollen, der liebe Gott sei gestorben, wie dies Käthe Luther auch getan hatte!« Als ich herunterrief: »Ich komme!« waren sie mit »Halleluja!« aufgestanden.

Vom Bruder eines unserer Schüler kauften wir ein Motorrad. Mit den Fahrrädern allein ging es nicht mehr. Für einen Dienst in der Pfalz starteten ein Schüler, auf dem Rücksitz eine Schülerin, und eine dritte, etwas rundliche, in dem schmalen Beiwagen. Wie sie bloß hinein- und herauskam? An einer Tankstelle fragte die Inhaberin: »Ist das Ihr Kindchen?« Wir haben selten so gelacht!

Das alte Ungetüm, das Pfarrhaus, wurde abgebrochen. Als Verkehrshindernis. Eine neues hinter der Kirche wurde erbaut. Wir zogen in eine Baracke auf dem Berg. Und nun rollten der Bulldozzer und die Lastwagen, und alles wurde abgefahren. Diese schreckliche »Raupe« mit ihrem Greifarm! Staubwolken sprühten, wo vorher Leben gewesen war, und zuletzt warf sie das Untergeschoß in den Keller. Sic transit gloria mundi. So vergeht der Ruhm der Welt. Jesus allein sollte bleiben. Als Geschichtsbewußter sah ich der Zerstörung dieser »Wiege« bedauernd zu, aber ich verstand: Keine Reliquien!

Der Glaubensweg

Gott hat uns auf eine wunderbare Weise auf den Berg geführt. Wir verstehen unter »Wunder« nicht immer ein außerordentliches Vorkommnis entgegen allen Möglichkeiten und üblichen Erwartungen, obwohl es auch nicht an solchen fehlte, sondern »wunderbar« war uns dieses ganze Geschehen, in dem Gott sich verherrlichte, so daß dies oft wie mit Händen zu greifen war. Auf eine sachte, gute, vollkommene und oft großartige Art kam Gott zum Zuge, fügte die Dinge, war klüger als alle Hemmnisse und Eingriffe, triumphierte, ja spottete oder lächelte über sie und neigte sich, oh so gütig, zu uns. Wir hatten ihn nicht umsonst angefleht, kindlich das Unmögliche erwartet und ihm ein jedes zugetraut. Gott erhört Gebet.

Wir wuchsen darin im Glauben. Klein hatte es angefangen, denn wir konnten gar nichts anderes als beten. Völlig versperrt waren die Wege. Aber als wir merkten, wie groß Gott ist, wurden wir kühner; wir ergriffen seine Hand – und ließen sie nicht mehr los, und es ging gut.

Auf eine nüchterne Weise wurden wir »diesseitig«, versetzten das Himmelreich auf diese Erde, enthoben der papierenen Allgemeinheit und Unverbindlichkeit, und erwarteten und erhielten etwas gemäß dem Wort. Dieses erfüllte sich da.

Das war dann der »Glaubensweg«. Sogar auf den »rechtfertigen-en« Glauben fiel dadurch ein weiteres Licht: Auch er ist Vertrauen.

Wir brauchten eine Unterkunft. Es ging nicht mehr unten, wir mußten ausziehen. Das neue Pfarrhaus war nicht für uns. Wir hatten weder Bleibe noch Stätte. Wohin nun? Wir beteten. Und siehe da, es begab sich, daß uns eine Baracke angeboten wurde, ein altes Ding, noch aus der Arbeitsdienst-Zeit, jetzt ausgedienter Kindergarten, aber wohlverwendbar. Freunde ersteigerten sie, und beim letzten noch möglichen Preis schwieg der Mitbieter. Beim Anfahren des Lastwagens fiel ein Schüler hinterrücks vom Fahrzeug, ohne daß ihm das etwas tat. Er seiltänzerte dann über die aufgestellten Barackenwände und erwies sich als gewandter Schreiner, obwohl er

Konditor war. Dieser Wechsel der »Berufe« hat sich bei uns oft vollzogen. Aber auch gelernte Leute meldeten sich häufig gerade dann als Schüler, wenn sie nötig waren.

Den Baugrund für die Baracke bekamen wir ebenso »zugeführt«. Wir hatten ihn eigentlich schon »in Besitz genommen«, ehe er uns gehörte. Eines Abends standen wir auf der Höhe über dem Dorf und schauten in das Land. Hier war der gegebene Platz. Im Glauben riefen wir den Sieg darüber aus, der Herr könne ihn uns geben. Dem Eigentümer bot ein Freund ein wertvolles Grundstück an, und so bekamen wir den ersten schmalen Streifen. Auch der übernächste konnte erworben werden, aber der dazwischen war nicht käuflich. Wie lange beteten wir um ihn. Da erhielt eine unserer Schwestern morgens über der Bibel die Gewißheit und Zuversicht, daß der Herr noch diesen Tag den Eigentümer zu uns mit dem Angebot ins Haus führen könne, und so geschah es.

Das Wasser da hinauf mußte beschafft werden. Keine Möglichkeit dafür bot sich von den Nachbarbrunnen aus.

Wieder erhielt jene Schwester aus dem Wort die Gewißheit, daß wir das Unentbehrliche doch bekommen würden, und bei einer Begegnung auf der Straße ergab es sich, daß sich der Besitzer eines angeblich untauglichen, aber guten Brunnens gerne bereiterklärte, uns anschließen zu lassen.

Nun konnte auch der Weg auf die Anhöhe gebaut werden. Und auch hier erhielten wir vom Besitzer eines anderen Grundstücks die Erlaubnis, dieses hierfür zu benutzen. Mit »Schweiß und Pfefferminztee«, hammerschwingend und steinezertrümmernd wurde die Unterlage geschaffen, und so war auch diese Vorbedingung der Bebauung gegeben. Im Anrollen der Baracke über einen anderen, nicht so steilen Weg schien der Lastwagen auf dem schlüpfrigen Lehm steckenbleiben zu wollen. Die Räder drehten durch, aber die Brüder flehten, und es war wie von Engelhand, daß der Wagen da hinaufkam.

Fröhlich flatterten die Bänder im Wind, als wir das Richtfest feierten. Der Baum thronte auf dem Gebälk, und die breiten Streifen trugen Glaubenssprüche. Sie verlasen wir dem kleinen Häuflein der Unsern, die da unten standen. Dann gab es einen brüderlichen Tee.

Glauben und schwitzen gehören zusammen. Aus dem tiefen Entwässerungsgraben schaute oft der Kopf der jungen Männer heraus, die da schippten, und von den Wänden der Baracke mußte die alte Farbe abgekratzt und eine neue aufgepinselt werden, das taten die

Mädchen. Ohne harte Arbeit ging es nicht, ja das Äußerste trat an uns heran und warf uns oft fast um. Das Letzte herzugeben ist System im Reiche Gottes. Jesus tat es am Kreuz. Der letzte Blutstropfen! Es ist aus mit dem bürgerlichen Leben.

Zugleich wurden wir Gemeinschaft. Wir waren es vorher schon, wenn auch mit vielen Nöten, aber gemeinsame Arbeit, gemeinsames Hoffen und gemeinsame Erfahrung des *großen* Gottes verbindet wieder noch mehr. Es ging von Stück zu Stück.

»Wag es mit Jesus!«

Den ganzen Herbst 1961 war schönes Wetter, was bei dem so leicht schmierigen Erdreich und den vielen trockenen Holzteilen wunderbar war. Ebenso fiel 1964 und 1968 durch Wochen auf die Bretterdächer der nächsten Bauten kein Regen, ehe sie nicht ihren Überzug erhalten hatten. Als dankbare Kinder nahmen wir dies vom großen Herrn.

Aber nun ist noch etwas zu melden. Als dieser erste große Rohbau errichtet war, kam die Flaute. In der Wirtschaft und in unserer Tasche. Wir hatten das Gebäude ja hochziehen müssen, den Geldeingang dafür konnten wir nicht abwarten. Es war sowieso ein merkwürdiges Ineinander der Mittel, des Wagnisses und der Erhörung gewesen. Und nun lagen die Rechnungen da, 40000 DM, eine für uns unerhörte Summe! Wir warteten, und es kam nichts, oder nur wenig. Waren wir daran schuld? Streikten die Geber? Zögerte Gott? Es kam eine Stunde, da schrien wir auf den Knien zu ihm. Es drückte eine Last auf uns, buchstäblich auf dem Gehirn, wie mit einer Presse. Ich meinte zu erliegen. Konnte man so etwas aushalten, eine solche Verrücktheit, eine solche Notlage? Da kam ein Bruder auf den Gedanken, wir könnten zu den Leuten gehen, die uns Rechnungen geschickt hatten und mit ihnen sprechen. Sie waren alle voll Verständnis, und siehe, früher als wir dachten, waren diese Dinge bezahlt.

Damals kam eine große Summe. Die erste größere, noch mit vier Ziffern, die wir bekamen. Von einem einfachen Menschenkind, das schlicht gab, was ihm als Erbschaft zugefallen war. Wir standen im Hausflur und jubelten. Es war eine große Bleidecke, eine Bürde von uns gewichen. Da mußten wir das Lied singen, das mir einmal auf einem Spaziergang eingefallen war und das ich auf dem Mäuerchen vor dem Pfarrhaus in mein Notizbuch geschrieben hatte: »Herr, ich singe, singe, singe dir mein allerliebstes Lied ...« Eigentlich hatte es geheißen: »Herr, ich singe dir mein aller-, aller-, allerliebstes Lied«, so wie man in Süddeutschland halt sagt. Aber es wurde dann etwas modifiziert. Das erschallte nun, und einige Leute von der »Operation Mobilisation« standen still dabei und wurden Zeugen dieser Siegesfeier. Es war herzzerreißend, eine Atmosphäre des Glaubens durchdrang das Haus, wir waren *eine* Gemeinschaft! Das ist so ein paar Tausend Mark Kummer wert.

Der Tiefpunkt

In jener Zeit führte mich Gott durch eine äußerste Tiefe. Ich saß in der Kirche, die Mütze auf, den Kopf an die Säule gelehnt, in Decken gehüllt, mit vielfacher Unterwäsche, die Füße auf einer Wärmeplatte: Ich fror. Der Darm gab kein Blut und kein Leben mehr her, arbeitete immer weniger, und je mehr ich aß, desto hungriger wurde ich. Einige Jahre vorher hatte man mir durch die Blase eine übergroß gewordene Drüse hervorgeholt, »wie ein kleiner Fußball«, berichtete der Operateur. In einer Kur arbeitete der Arzt außer nach Dr. Mayr auch mit Kneipp und Vegetarismus, und der ausgemergelte Körper ertrug das vollends nicht. Als ich daheim nahe am Verhungern war, kaufte ich mir ein Hähnchen. Ein Bruder warnte, wieder mit Fleisch zu beginnen, aber bald kaufte ich mir wieder ein Hähnchen, und dieses aß ich.

Zugleich waren an der Schule Schwierigkeiten aufgetaucht. Wir waren uns über den Kurs nicht einig. Ich hatte immer an Bahnbrecher der Mission gedacht, die Schüler z. T. mehr an die Gemeindeanstellung. Durch das Buch von Lydia Präger »Frei für Gott und Menschen« und persönliches Offensein für diese Dinge wurde auch der Gedanke einer Bruderschaft wach, einer Kommunität, die ihr Leben ganz Gott hingab.

Er stieß auf heftigen Widerspruch. Es war, wie wenn Wasser und Feuer sich trafen, weltliche und göttliche Gesinnung. Und das bei Gläubigen, die miteinander beteten, manchmal sozusagen gegeneinander, in der Verschiedenheit der Sicht. Eine kleine Gruppe kam in einem nahen Neubau zum Gebet zusammen, auch über diesen Dingen, es war eine Gruppe des Widerstandes, und das auf beiden Seiten mit Schmerzen.

Ich war reizbar und ertrug nichts. Am Frühstückstisch war während des Singens meines Geburtstagsliedes Unsinn gemacht worden. Ich brüllte die Übermütigen nachher in meinem Zimmer an, und dann saß ich, es war während der Pause, vom Unglück wie mit

Feuer durchdrungen an meinem Barackentisch. Ich wollte essen, aber die neue, noch nicht passende Prothese massakrierte meinen Gaumen. Mir waren ja nacheinander die Zähne ausgegangen vor Schwäche. Es war wie eine Hölle. So tief führt Gott seine Kinder. Zerbruch, nicht nur sanfter Trost.

Es war klar, daß etwas geschehen mußte. Uneinigkeit ist der Tod. Wir saßen, drei Verantwortliche, auf einem Baumstamm draußen am Höhenweg. Er ist nachher von fremder Hand verbrannt worden, auch diese Reliquie sollte nicht bleiben. Wie eine Erleuchtung kam es uns, daß wir nicht alles auf einmal wollen sollten. Wir waren noch in der Formung, im Durchgang, und da konnten wir nur *ein* Ziel ansteuern, um durchzukommen. Mission war unser Lebenselement, das hielt uns frisch, da waren wir total, da half uns der Herr. Hier waren auch die Unentwegten zu finden, die keine Anstellung wollten, sondern dienen.

Die Ausbildung zum Gemeindehelfer war mehr die zu einem Hirtenamt und zu festen Verhältnissen. Noch konnten wir sie offenbar nicht vollziehen, ohne unseren Hauptpunkt aus dem Auge zu verlieren. Diese Raketenstufe hieß jetzt offenbar: missionarisch leben. Geist und Ganzes erforderten das.

Wir teilten dies also mit, und unsere Zahl verkleinerte sich. Manche gingen auf andere Ausbildungsstätten, die ihnen für ihren speziellen Zweck mehr bieten konnten und in einen anerkannten kirchlichen Lehrdienst führten.

Zu Zeiten waren wir nur vier Schüler, der leitende Mann war ja auch krank. Etwas Weittragendes hatte sich abgespielt.

Man suchte nach einem Nachfolger. Dieser und jener sagte ab. In Selbitz stellte es der Hausvater vor unsere Mitarbeiter hin, sie sollten noch ein halbes Jahr dabeibleiben; wenn sich bis dahin keine Lösung fände, sollten sie frei sein. Sie hatten auch Gedanken, auseinander zu gehen.

In jener Nacht saß ich aufrecht im Bett und weinte. Sollte alles aufhören? Sollte alles davonlaufen? »Herr, ich gehöre dir! Und wenn sie alle weggehen, so bleibe ich doch da!« Das halbe Jahr hatte man mir offenbar noch Frist gegeben, ich merkte es nachher.

Meine Zahnärztin sagte zu mir: »Herr Pfarrer, sie müssen etwas für Ihre Gesundheit tun! Sie sehen schlecht aus!« Später nannte sie mir den lateinischen Namen für diesen Anblick: facies moribundus, ein Gesicht, vom Tod gezeichnet.

Nach diesen Entscheidungen geschah im Herbst 1962 etwas Unerwartetes: die Gründung einer Bruderschaft. Im Sommer war ich lange in Urlaub gewesen, und meine Gesundheit hatte sich gebessert. Eine zweite, aber richtige Kur nach demselben Dr. Mayr hatte nun zum Ziele geführt: Durch Fasten und Massage war der Darm wieder in Tätigkeit gekommen. Die Mitarbeiter besuchten mich in meinem Gebirgsort, und angesichts der Zugspitze, vor einem gewaltigen Tal und sich hochtürmendem Massiv, sangen wir: »Du, Herr Jesus, hältst gewiß, was du versprichst.« Es war ein neues Lied. Aus den jungen Kehlen klang der Sang frisch und glaubend zu dem Berg hinüber.

Mitarbeiter und Schüler hatten sich zum Herbst für eine Woche ein Heim gesucht, wo sie etwas lernen und innerlich vorwärtskommen konnten. Einem der jungen Mithelfer wurde es hier klar, daß er bei dem Werke bleiben solle, komme, was da wolle. Er sagte dies abends den anderen. Auch sie empfingen einen Ruf. Und dann kam die Stunde, wo wir im Kreise standen und unser Leben Gott übergaben, zur freien Verfügung. Wir hatten einander abgesagt und allem, was wir hatten, Eltern, Besitz, Lebenssicherung, auch den Ansprüchen auf eine Ehe. Hier legte Gott die Hand auf uns. Wir waren beschlagnahmt.

Es war feierlich, sie so stehen zu sehen, die Hände gefaltet, eins nach dem andern sich Gott weihend, dies kam nicht von uns.

Das war der Anfang.

Dr. Mayr besuchte ich, als ich einmal dort in der Nähe in Kur war. In seiner Heimatgemeinde in der Steiermark saß er in einem behäbigen Hause, rosig und gesund. Nur der Star hinderte ihn mit seinen 90 Jahren am Sehen. Seine Frau verließ das Zimmer, da umarmte ich ihn – er konnte es ja nicht hindern. »Ihnen verdanke ich nächst Gott mein Leben!« rief ich. Er ließ es sich nicht ungern gefallen. Aber stand dieser Mann nicht an den Grenzen der Ewigkeit? Wo würde er sie zubringen? Ich mußte davon sprechen. Er meinte, er habe doch immerhin einige Verdienste um die Menschheit. Ich sagte ihm: »Drüben sind Sie nicht mehr der berühmte Dr. Mayr, da sind sie ein armer Sünder. Und Sie können dann nur sagen: Da kommt ein armer Sünder her, der gern ums Lösgeld selig wär. Dies Lösgeld ist das Blut Jesu.« Wenige Monate darauf ist er gestorben.

Von einem Denkmalsschmuck seines Dorfes nahm ich mir eine Alpenpflanze mit. Der Stamm schien nach langer Reise verdorrt, aber siehe, nach Tagen zeigte sich an der Stelle, wo ich ihn daheim in die Erde gelegt hatte, ein winziges Blättchen, und heute blüht es dort rot und üppig.

Zu der behandelnden Ärztin habe ich bei der Aufnahme gesagt: »Wenn Sie mich reparieren, helfen Sie nicht nur mir, sondern« – ich sprach burschikos – »der ganzen Bande, die an mir hängt!«

Es war geschehen, die Pflanze schlug aus.

Welch ein Freund ist unser Jesus!

In der Baracke war es schön und fürchterlich. Wir lernten die Flüchtlinge verstehen. Jeder Ton drang von einem Ende bis zum anderen. Wenn in der Küche ein Teller gegen die Schrankwand stieß, rief ich: »Herein!« Ich konnte ja nicht unterscheiden, ob der Ton von vorn, links oder rechts kam.

Zum Schluß wurde es mir zu bunt, und ich zog ins Dorf. Dort hatte ich ein Junggesellenheim, ich war wieder in einer Studentenbude. Klappbett, waschen am Hahn in der Küche, täglichen Weg hinauf und herab zur Schule, ein-, zweimal. Es tat mir gut.

Dringend wurde nun ein Neubau. Aber Gott hat uns ins Warten gestellt. Fünf Jahre. Ein Plan wurde gefertigt, denn wir konnten ja nicht in der Baracke bleiben, aber dann kam das Stoppzeichen. Damals wurden die Brocken aus einem Steinbruch als Material zur Höhe bei dem Dorf gefahren, und ein Bauer war zu einem anderen gekommen, ob dieser die Kosten für seine Fuhre übernehme. Da war ich doch erschrocken. Wer sollte das alles bezahlen? So ging es nicht! Der Bau konnte nicht begonnen werden.

Der Architekt zögerte, nochmals einen Entwurf zu fertigen, nachdem wir für den ersten Änderungswünsche hatten. Er sah, die Sache war nicht reif. So lag die Arbeit viele Jahre in seiner Schublade. Wir beteten, ob er sie nicht anfassen wolle. Wir schrieben nicht; Gott sollte handeln.

Später sagte ich: »Die Knochen unseres alten Menschen wurden in die Fundamente dieses Baues hineingelegt.« Die lange Wartezeit mußte uns klein machen. Zum erstenmal lernten wir beten und schreien. Auch mußten wir uns in der Baracke vorher zusammenleben, aneinander irrewerden, unsere Kämpfe ausfechten, die Linie suchen und geschenkt erhalten, auf eine kleine Zahl zusammenschmelzen, ehe wir begannen. Dann standen wir in der Baugrube und beteten. Es geschah auf dem Tiefpunkt. Wir mußten glauben.

Die Entscheidung fiel, als wir in meiner Wohnung um diese Dinge rangen. Sollte ich ohne genügend Geld den Bau beginnen? Was geschah, wenn dieses ausging?

Ich war ein Handwerkersohn und gewohnt, auf »Nummer Sicher« zu gehen. Die Rechnungen mußten bezahlt werden. Sonst war man bankrott. War ich dann blamiert? Die ganze Sache? Ich: »Dann werden sie im ganzen Land sagen: ›Der alte Esel hätte auch gescheiter sein können!‹ *Ich* habe die Verantwortung!« Einer warf ein: »O Herr Pfarrer! Sagen Sie nicht immer: ›*Ich* habe die Verantwortung!‹« Sie lag ja auch auf den jungen Leuten. Aber diese hatten gut reden! Sie machten mir klar, daß dies nun der Weg sei. Sie hätten allen Glauben daran. Es würde bestimmt gehen. Auch ich hielt dies für möglich. Aber – war es nicht leichtsinnig, vielleicht Gott versucht, wenn man einfach anfing? Es war, wie wenn ich auf ein ausgespanntes Drahtseil hinausmüßte. Oder auf Eis, von dem man nicht weiß, ob es einbricht. Ich stimmte dann doch zu, die Sache war ja auch einfach nötig, und ohne Wagnis ging es nun nicht mehr. So lernt man glauben.

Die vielen Steine vom alten Pfarrhaus kamen nun doch in den Boden. Sie sparten viel Baumaterial, aber wir beteten, daß Gott den Geist der Erweckung auch in diesem Haus wehen lassen möchte, das wir nun gründeten. Es war ja auch wunderbar zugegangen, ehe wir nun begannen. Ein Architekt hatte sich gefunden, der die Pläne machte. Ein Bruder war zu ihm als »Anhalter« ins Auto gestiegen, und der Mann zeigte Interesse. In letzter Minute mußte das Konzept noch einmal total umgeworfen werden, da der Platz plötzlich Baugebiet wurde und der Abstand zu einer vorgesehenen Straße eine ganz andere Baugestaltung erforderte. Innerhalb acht Tagen wurde diese entworfen, die Baugenehmigung dem zaghaft um sie vorsprechenden Bruder mündlich erteilt, und anderntags konnte der Bagger beginnen. Dieser war noch vor dieser Umplanung bestellt und für lange nur zu diesem Tag zu erhalten. Welch eine Glorie Gottes! Er hält auch Ämter und Bagger in Atem.

Der erste Spatenstich war noch an der ursprünglich geplanten Stelle gemacht worden. Ach, es war ein Tag der Bewegung, der Gnade und des Wartens. Wir standen da, ein kleines Häuflein, das so Kühnes und Unerhörtes unternahm, und doch nur Menschen. Der

Strick, der den Raum »drinnen« und »draußen« trennte, schien uns wie eine Grenze der Verantwortung. Aber wir stießen den Stahl ins Erdreich, einer nach dem andern, und sagten unseren Spruch. »Welch ein Freund ist unser Jesus!« sangen wir, und die Sonne, die sich hinter Wolken versteckt hatte, blinkte plötzlich durch. Wie schwer verhangen war der Himmel, aber dieser Gruß tat uns gut. Gott dachte an uns.

Nichts hatten wir als dieses Erdreich. Die Baulandumlegung machte große Schwierigkeiten. Man konnte es nicht glauben, daß wir Zukunft hätten, und das gewünschte Gelände erschien unwahrscheinlich groß. »Die Bibelschule ist nichts!« sagte ein Beamter und wischte sie mit einer Handbewegung vom Tisch. »In fünf bis zehn Jahren wird man mehr davon sehen«, sagte ich, »aber jetzt sind wir in einer ungünstigen Lage, wir haben noch nichts vorzuweisen.«

Es stand ja auch nur die Baracke. Inzwischen ist sehr viel mehr Ja und Bereitschaft auf uns zugekommen, und Freundlichkeit ward uns zuteil. Der Herr bekannte sich zu uns.

Die geplante Straße brauchte nicht ausgeführt zu werden, da uns Gott von Freunden und mit Geldgaben die Äcker schenkte, durch die sie führen sollte. Am Tag, als uns dies mitgeteilt wurde, trat ich in den Vorraum und rief wegen der Straße: »Sie ist gefallen!« Wie lange hatten wir hierum gebetet! Wir zogen siegreich zu der Stelle, wo sie in einem Rondell endigen sollte, und sangen: »Großer Gott, wir loben dich!« – »Himmel, *Erde*, Luft und Meere, alles ist dein Eigentum!«. Dann riefen wir den Sieg Gottes aus über diesen Platz, über Adelshofen, über die ganze Welt. Drunten im Dorf sagten sie: »Was haben sie schon wieder zu singen?«

Ungeübte bauen

Der Bau hatte seine Abenteuer. Das Kellergeschoß konnten wir gerade noch mit unseren eigenen Kräften ausführen, die Betonierarbeiten leitete ein Schüler mit seinen Kentnissen vom väterlichen Steinbruch her. Für das folgende Stockwerk aber brauchten wir unbedingt einen Fachmann. Er kam in Gestalt eines jungen Menschen, den ein hier ausgebildeter Pfarrer auf unsere Not aufmerksam gemacht hatte. Über den Sommer wollte er bei uns einspringen, bis er in einer anderen Anstalt Aufnahme fände, und er ist dann bei uns geblieben. Er wurde abends mit Kerzenschein wie ein Fürst begrüßt: »Ja, ich weiß, Gott hört Gebet« stand über der Tür auf einer bekränzten Tafel zu lesen.

Als im Keller eine Mauer gebaut werden sollte, bekamen die Brüder Streit. Der eine meinte so, der zweite anders, es war ja auch keine Autorität zur Stelle. Der Beton drückte dann auch wirklich die Wand nach vorne, wie die eine Hälfte es vorausgesehen hatte, und es gab einen großen Bauch. Da legten sie die Arbeit still, tranken im Grünen hinter der Baracke einen Versöhnungstee, brachten auch andere Dinge unter sich in Ordnung, und dann ging es weiter. Jedesmal noch, wenn ich an der betreffenden Mauer entlanggehe, denke ich an diese Szene.

Während die Decke über dem zweiten Geschoß gegossen wurde, rann der Regen nur so. Viele Helfer waren da, und ein Student stülpte sich zum Schutz einen Eimer über den Kopf. Die Sonne jenes Sommers forderte manchen Schweiß; ein Afrikaner prustete, so heiß sei es nicht einmal bei ihnen.

Immer höher wuchsen die Wände, und ich stand manches Mal staunend unterhalb der drei langen hohen Stockwerke – war so etwas möglich? Aus dem Nichts? Gott staunte ich an. Es war direkt handgreiflich: Er hatte uns das Ganze geschenkt. Hier war nichts zu deuteln.

Manche Mauer wurde etwas krumm. Die »Maurer« saßen oben auf den Kanten und legten Stein auf Stein. Es war schwindelig, dies zu sehen. Dabei stand kein Gerüst an dem Bau. Auch eine Schwester kauerte einmal so oben. Ich dachte oft, das muß gut gehen. Es ging gut. Kein Unfall bei lauter Laien. Nur ein Schüler stürzte einmal von seinem Bretterbock auf den Boden. Es tat ihm aber nichts. Die Mädchen hatten fleißig mitgeholfen, Eimer geschleppt, die Mischmaschine und den Aufzug bedient und Karren geschoben. Es ging munter her. Manches Lied wurde gesungen. Ein Besucher meinte: »Wie schön! Die singen ja beim Bauen!«

Das Richtfest nahte. Wir hatten vorher große Nöte. Von lange her war der Termin festgesetzt worden, und nun kamen zum Schluß zwei große, schwere, eiserne Balken nicht bei, welche das Dach tragen sollten. Wir telefonierten, ohne Erfolg. Da, ein Jubelschrei! »Sie kommen!« Der schwere Trakt zog den Berg herauf. 16 Zentner wog eine Schiene. Und dieser leichte Aufzug! Wir beteten, banden das Stahlseil um, schoben nach, und siehe, es ging. Engel haben wohl mitgeholfen. Oben wurden die Eisenträger auf Unterlagen immer ein Stückchen höher gewuchtet, auch das gelang den Brüdern. Am liebsten wäre ich niedergefallen und hätte angebetet, als nach zwei Tagen Zimmermannsarbeit Freitagabend ein privates »Richtfest« gefeiert wurde. Wir standen in einer langen Reihe, auch die Zimmerleute dabei, und staunten dieses schöne, lange, schmucke Gebäude an. Tintenschwarz hoben sich die Silhouetten einiger Brüder vom Himmel ab, die noch da oben herumgeisterten. Feierlich hatte sich ein Ziel erfüllt.

Im neuen Hause. Eine unfaßliche Arbeit war geleistet. Die Räume hatten sich mit geschenkten Möbeln gefüllt, von einer hilfreichen Seele waren die Vorhänge gefertigt, wie eine Ameisenkette pendelten und schleppten die Schüler die Dinge zwischen Baracke und Haus. Eine Standuhr aus Kaukasisch-Nußbaum, Geschenk meines Schwiegervaters, war zwei Tage lang auf dem Rasen zwischen beiden Gebäuden sichtbar, bis meine Ausstattung überall im Hause zerstreut war. Samstagabend kam noch die Walzmaschine und drückte den Schotter auf den Wegen platt. Es hatte so geeilt, daß nur der Pfarrer mit einigen Mädchen als letzte Reserve übrigblieb, um den Parkplatz zu richten. Im September saß es sich, wenn es Tag wurde, etwas kalt auf den Steinhaufen, trotz Sackunterlagen, und diese großen Steinstücke waren nicht gerade Hautpflegemittel, wenn sie durch die Lüfte geschleudert wurden. Aber es machte Freude. Auch hier wurde gesungen. Ich wunderte mich über dieses streitbare Geschlecht. Manchmal stöhnten sie auch.

Wir hatten so gebetet, daß das Wetter hielte. Konnte Gott es regnen lassen? Ja, es regnete, als die Einweihung begann. Jeder mußte ins Haus, und so wurden alle Zimmer auf einmal besetzt durch die Menge der Freunde. War das nicht auch eine schöne Einweihung? Nur die wenigsten hörten etwas von dem, was im Saal geredet wurde. Der Pfarrer sprach viel vom »Sterben« (wie nachher ein Hörer sagte), aus dem heraus dies Haus gebaut sei, und der Dekan meinte, es sei ein Sinnbild und ein Wahrzeichen Gottes, der hier am Werk sei. Das war ein schönes Wort. Es stand auch nachher in der Zeitung. Alle sollten das lesen.

Zur Belohnung machte die ganze Besatzung einen Ausflug nach Heidelberg. Wir standen der Balustrade entlang auf jener erstaunlichen Terrasse und hatten das Schloß vor Augen. An jenem Abend sangen wir, es war Mission, aber auch Ausdruck, überfließender Ausdruck des Innern: »Du großer Gott, wenn ich die Welt betrachte...« Wie öffnete sie sich vor uns! Die Schicksalsburg, die Stadt, der Bergpfeiler rechts! Lied und Sicht einten sich: Der Mond war da, »gleich gold'nem Schiffe, hehr und wunderbar«. Selten war uns noch so eine Stunde des Singens gegeben, Gott lobender, in langer Reihe preisender Menschen. Stille Zeugen lauschten auf den Bänken.

Auch im Eingang zum Schloßhof saß diese Schar und ließ den Tag ausklingen. Die Schönheit der Gebäude schimmerte durch das wachsende Dunkel. Die Menschen kamen und gingen. Still stimmten wir an: »Ich weiß einen Strom, dessen herrliche Flut fließt wunderbar stille durchs Land.« Einer der Unseren missionierte unterdes, es war ein langes Gespräch mit dem jungen Mann, den er aufgegabelt hatte. Nie war er zufrieden, wenn er nicht jemanden aufspürte.

All das war ein lang hin hallender Ausklang, ein Punkt hinter einem ausgedehnten Satz, den Gott mit uns gesprochen hatte. Wir hatten es durch Monate erlebt, daß er zu uns stand. Es war neu, groß, in dieser Weise unerwartet. Dem hatten wir schon beim Richtfest Ausdruck gegeben. An den rohen Mauern, in den Gängen, Räumen waren zum Mitnehmen kleine papierene »Glaubensfähnchen«, an der Außenwand auch farbige Bänder angebracht. Darauf stand zu lesen: »Gott ist treu«; »Ich schäme mich des Evangeliums von Christus nicht« (das bekam der Pfarrer in sein künftiges Arbeitszimmer); »Jesus ist Sieger«; »Gott ist Liebe«; »Groß ist der Herr«.

Wieder ein Haus

Als wir den Neubau bezogen, war er schon wieder zu klein. Eine Besucherin hat einmal gesagt: »Ich bin gerne da, wo es sprießt.« In der Tat, es »sproß« hier. Ganz von selbst vermehrte sich alles, dehnte sich aus, wuchs. Wo wollten wir die Menschen alle unterbringen? Also mußten wir bauen.

Diesmal hatten wir schon ein Stück mehr Erfahrung als zuerst. Darum auch ein Quantum mehr Mut. Dort hatten wir mit 23 000 Mark begonnen, nun mit achtzehn – einen wirklich größeren Bau. Es reichte gerade zum Kellerboden. Ein Bruder schrieb mir triumphierend in den Urlaub: »Wir haben jetzt Geld für die Kellerwände!« Und so ging es weiter.

Viele dachten an uns. Ein Glaubensanliegen macht Runde. Gott hilft. Das ist wahr. Es war so schön, beim Beginn des Ganzen diese Menschenkette zu sehen, die in großer, bunter Reihe das Gelände umfaßte und umschritt, auf welchem der ganze Bau erstellt werden sollte. Es war, wie wenn sie mit ihrer Liebe uns umwandern wollten. Und wieviel junges Volk! Der Landrat hatte mich bei der Einweihung des ersten Baues gefragt: »Wo haben Sie alle diese sauberen Gesichter her?« Ja, Gott hat noch bei uns saubere Gesichter. Sie finden sich da, wo das Glaubensbanner aufgezogen wird. Dieses schaukelte bei dem Fest des Anfangs mutig im Wind. »Wir haben einen Gott, der da hilft!« stand darauf. Mitten in dem Trubel der letzten Vorbereitungen hatten zwei Schüler das noch mit Sorgfalt daraufgemalt. Mir persönlich lag für die Fahne mehr das Wort im Sinn: »Wer glaubt, wird nicht zuschanden«. Aber das war mir zu herausfordernd. Es stimmte jedoch.

Welch ein mächtiges Loch hat dann der Bauschieber aus dem Gelände gehoben, Schaufel um Schaufel, immer dem Berge zu, hinab, hinab, oder aufgetürmt! Er arbeitete unentgeltlich. Eine andere, vom Schrotthaufen zusammengebaute Maschine zog Ablaufgräben. Freunde halfen uns bei den Kellerwänden, und wie wunderten wir uns, als wir die vielen Mauern sahen und sich so das Gebäude aus der Erde hob! War das nicht ein Monstrum, ein Wagnis, eine tolle Sache? Ach, das Reich Gottes geht oft schneller vor als wir.

Schon vom mittleren Stock hatte man einen so erfreulichen Blick, und vom oberen aus, was sah man da erst alles! Gott bevorzugte, ja verwöhnte seine Kinder. Wer was verläßt, kriegt's hundertfältig wieder!

Dieses letzte Stockwerk mußten nun doch einige Arbeiter und der Kran einer Baufirma hochbringen. Dann schwebten die großen Fertigplatten über die Wände, der Betonguß kam auf die lange, lange Fläche, das Richtfest wurde gefeiert. Brutal blies der Wind über diese Höhe weg, kalte Schauer fielen, aber am nächsten Tag schien die Sonne. Vom blauen Himmel abgehoben saß da eine Gruppe auf der Ecke, hoch oben, sie hatten sich das ausgesucht, diesen weiten, weiten Blick in die Runde, über alle Dörfer und grünen Wellen. Das war ihnen gemäß. Sie hatten schon Besitz ergriffen. Und sie sangen.

Kaum hatte das Gebäude seine Bedachung bekommen, zogen wir auch schon ein. Es konnte nur der unterste Stock sein, dahinein setzten wir die Fenster. Die Brüder brauchten ihn. Sie siedelten über, und auch da gab es ein kleines Fest. Ich wurde gerufen: Alles hatte sich mit irgendwelchen Musikinstrumenten bewaffnet, mit Gitarren, Flöten, Zimbeln, Triangeln, »Psalter« (eine Miniaturharfe), Geige, Trompete, Gong. An den Wänden entlang standen die Bänke, in der Mitte die Kerzen, und so gingen wir hinein, die Luft schwang nur so von Musik, Dank und Sang. Vor dem Ende dieses unteren Korridors hatten die Kinder ihrem Vater einen Sitz gerichtet, vor einer Decke, denn es zog greulich vom Bau herein. Aber es war erreicht! Die Brüder hatten ein Quartier! Sie froren dann noch beträchtlich, ehe auch die Heizung in Gang kam. Zum Glück war der Herbst mild.

Die große Familie

Jesus sagt einmal: was man lasse, bekomme man hundertfältig wieder. Es ist wirklich wahr. Familie, Haus, Ruhestand, Beziehungen waren hinter mir geblieben, aber es kam auf andere Weise wieder. Meine Frau war nun schon so lange von mir gegangen, und Gott schenkte mir nicht eine neue. Ich sollte im Kreis der Geschwister leben, in den er mich gestellt hatte. Manchmal wurde es mir allerdings etwas schwer, so allein in dem großen Zimmer zu sitzen und in die offene Landschaft hinauszuschauen. Wo war für mich der Partner? Lebhaft, ja leidenschaftlich impulsiv tauschte ich mich gerne aus, hatte als Lebensbedürfnis ein Gegenüber, und nun mußte ich stumm sein. Es wurde oft so bedrückend, daß ich das Radio einschaltete, nur um noch etwas außer mir im Raume zu haben. In guten Stunden klingelte Schubert oder Chopin in meine Arbeiten, aber in den dunklen konnte ich dasitzen und auch mal in die »Winterreise«, in diese aus Tränen gequollene Musik, hineinheulen. Vergebens sagten mir die Geschwister, ich müßte mich mehr an Jesus halten. Konnte ich ihn wirklich so lieben, daß ich alles andere darüber vergaß? Sie konnten es sichtlich. War ich zu weltlich dazu? Ich paßte manchmal gar nicht so recht unter sie, und war doch ein Führer. Ich mußte viel von ihnen lernen. War bürgerlich alt geworden und eben nun allein. Gott nimmt diese Schmerzen nicht von uns.

Zwar hatte ich liebe Familie. Aber diese war weit fort. Sohn und Enkel an der holländischen Grenze, später näher, der andere in Berlin. Wie weit und selten waren da zuerst die Reisen. »Die Gegenwart (Anwesenheit) ist eine mächtige Göttin«, sagt Shakespeare. Mit häufigerem Zusammensein konnte sich mehr Zuneigung und Verbundenheit verwirklichen.

Auch von Jesus her war mir das ein großes, väterliches Anliegen und Geschenk. Aber eine Einsamkeit im persönlichen Leben blieb.

Fanden sich jedoch nicht auf andere Weise in meinem Umkreis wieder viele Söhne und Töchter und Gefährten meines Lebens, die ebenbürtig neben mir standen, in gleichem Werk? Hat nicht Gottes Geist viele Familiengenossen parat, nun auf eine seltsame und geistdurchwehte Art und beständig, bis in die Ewigkeit reichend? Stießen nicht stets neue dazu, die sich freuten, mich zu sehen, mich zu lieben, mich zu haben? War das nicht unentbehrlich, notwendig, trotz der Einsamkeit? Ich schämte mich: Mit Jesus war ich nicht einsam. Ihn liebte ich. Durch das Entbehren neu und mehr.

Ein erspartes Haus besaß ich nicht. Familienvermögen und Gehalt waren durch die Zeitumstände, Krankheiten, persönliche Anforderungen und anderes draufgegangen. Konnte es bei der Schlacht für Gott große Ersparnisse geben?

Aber siehe, ich saß in einem Haus, schöner als andere, und hatte eine Aussicht, weiter als viele. Ich hatte mir solch einen großen Blick immer gewünscht, und nun ruhte mein Auge darauf. Ich liebe sehr die Blumen und konnte mich in einem Garten ergehen, den andere für mich bestellten. So viele Dahlien! Man hatte sie für mich hingesetzt mit einem Lächeln: »Herrn Pfarrers Lieblingsblumen!« Wie in einem Park ging ich. Wo vorher Krautacker war.

Ich war alt geworden, und gerade da bekam ich viele Menschen um mich. Ich konnte sie gar nicht alle mehr behalten. Zwar dachten sie oft, ich hätte sie doch schon gesehen, mit ihnen gesprochen, aber wie sollte ich das alles wissen? Auch sie lächelten und nannten mir zum zehntenmal ihren Namen. Es war mir immer wieder verwunderlich, daß so viel Jugend kam. Nun, unsere Jungen zogen an. Auch das Leben hier. Jesus war darin. Das sah man. Mit Dank und Staunen, man mußte es glauben.

So floß das Haus oft über von Jugend. Sechzig wollten kommen, und hundert rückten an. Immer war Platz. Er mußte eben bereitet werden.

Einmal traf noch eine Gruppe ein, die dann auf alte Matratzen und Gummisäcke zu liegen kam. Ihr Kleinbusmotor hatte zu rauchen angefangen, und da mußten sie eben unsere Autobahnausfahrt herabrollen. Sie begegneten hier Jesus. Ihr früherer Leiter, der auf der Freizeit war und der sehr um ihr Erscheinen gebetet hatte, sagte dann im stillen: »Herr, du hast doch das Auto kaputtgemacht, du kannst es auch wieder ganz machen!« Sie stiegen ein, starteten, und ab fuhren sie.

Nur Kinder konnten so glauben. Und die wirklichen Kinder, wie machten sie uns das vor! Ich war oft tief ergriffen und beugte mich heilig davor, wenn sie im Hause in ihrer großen Schar sangen und beteten. Hier wurde ich enttheologisiert, in Ordnung gebracht, meinem Herrn zugewandt. Hier und durch die Erfahrungen sonst. Ich achte es für einen großen Vorzug, dies gelernt zu haben.

Als ich während des Osterglaubenstreffens 1969 in dieser runden Kirche stand, überfließend von Leuten – man hatte auch auf dem Gang vor der Empore noch Bänke stellen müssen –, alle diese Gesichter auf mich sahen und der Herr mir ein Wort gab, das fühlte ich, war ich doch erstaunt über so viel Begebenheit. Wie groß ist Gott, das Reich Gottes! Eine Frau ging nachher den Berg hinab und schüttelte nur immer wieder den Kopf: »Gibt's denn so was noch? Gibt's denn so was noch? Soviel Jugend! Soviel Jugend!« Es war uns ein Zeichen. Gott kommt! Wie schon erwähnt, fragte mich bei der Einweihung des ersten Hauses der Landrat: »Wo haben Sie denn alle diese sauberen Gesichter her?« Im Saal beim Kaffee saßen damals vielleicht 400. Wo sollte ich sie her haben? Wir liefen ihnen nicht nach. Sie kamen. Hergezogen. Die Botschaft des Lebens.

Ebenso wunderbar ist es, wenn die vielen Gesichter während der Lehrstunden auf mich sehen. Wie komme ich dazu? Wäre ich Professor geworden, säße ich im Ruhestand und nähme betrübt Abschied vom Leben. So fange ich erst an!

Mit Zorn verließ ich einst die Volksschule, nachdem ich dort die letzte Religionsstunde gehalten hatte. All die Bitterkeit vieler Qualen stieg in mir auf, als in ihr, gut gemeint, ein Schüler ein Dankgedicht an den »treuen Lehrer« vorlas. Was sollte mir das jetzt? – Ach, ich hatte mich auch viel zu wenig für die Stunden vorbereitet, das weiß ich heute. Mit funkelnden Augen schaute ich zu der Schule hin, als mich der freundliche Lehrer davonfuhr, und habe sie ein oder zwei Jahre nicht mehr betreten. Aber hier, an dieser Schule, darf ich sein, darf ich immer noch sein. Sie sind voller Spontaneität, Initiative, Inspiration, diese Schüler, aus Hingabe, Glaube, Gehorsam. Sie beten: »Herr, du kannst das und das«, und trauen ihm dies und jenes ganz Konkrete zu, beten darum, danken dafür. Sie bitten für echte Sünden um Verzeihung, sind offen voreinander und vor Gott, ohne die Scham zu verletzen, rechnen mit dem Blut Jesu für diese ihre Sünden, sind sehr dankbar für alles Erfahrene, für die Wundertaten außen und innen, in Schlichtheit vollzogen, möchten mit nichts die Liebe beschädigen, wissen um deren Kümmerlichkeit, preisen Gott und trauen ihm viel zu. Das hat sich alles hier herausgesiebt, durch viele Jahre, ist unser geworden, und wir möchten noch viel mehr erfahren. Auch die Geschwister, die nachwachsen, stehen in diesem Kurs. Keine Schule soll uns daran hindern, geistlich zu leben, und sie soll in dieses Leben einbezogen sein. Auf diese Weise hat sich mein Schicksal erfüllt, zu lehren.

»Hundertfältig« ist die Antwort Gottes in hundert Kontakten. »Das Reich Gottes besteht aus Kontakten, nicht aus Büchern«, sage ich da oft. Als Fundamentalist, »Pietist«, »Traditionalist« mag ich in den Augen mancher absurd und verabschiedet sein – ich habe viele Geschwister. Sie kommen von überall, buchstäblich aus aller Welt. Wahre Ökumene braucht man nicht zu machen, sie ist da, wo Herzen sich lieben. Schwarze, braune, jüdische, christliche, gescheite und naive; fromme und weltliche Typen grüßen und suchen uns und wir sie. Wo eine Fahne erhoben wird, wo es vorwärtsgeht im Reiche Gottes, da sieht man die ganze Front entlang noch mehr Fahnen und noch mehr Vorwärtsgehen. »Operation Mobilisation« und die Glaubensmissionen wurden uns bekannt, und wir lieben selbst diese Linien der unbedingten, verbindlichen (aber nicht gesetzlichen) Nachfolge gegenüber der unverbindlichen, bürgerlich-angepaßten, die Aufbrüche in ein unbequemes, aber gesegnetes Neuland hinein.

Mit der Uganda-Bewegung in Afrika kamen wir in Berührung. Über Roy Hession. Der besuchte uns. Ebenso Nagenda. In den Anfangszeiten der Bibelschule lehrte uns der erweckliche Mann aus England über das freisprudelnde Wasser am Brunnen der Samariterin, und William Nagenda drehte sich unter der Türe der Kirche, ehe er zur Kanzel ging, noch einmal herum. Fast verschmitzt lächelnd sang er uns herein: »Glory, glory, halleluja...« – »Ehre, Ehre sei dem Lamme!« Es war so brüderlich. Seine Frau pflückte im Garten Rosen, selbst eine schwarze Rose.

Eindrücklich wirkten auch die Indonesier. Nagenda hatte ihnen ja gepredigt, aber sie waren auch von selbst darauf gekommen, wie man Leben empfängt und erhält. Pak Oktavianus und Detmar Scheunemann füllten die Kirchen – es war erstaunlich. Das hatte seinen Grund: Nach weithin hatten die Menschen gehört, daß hier etwas war, was sie suchten, Ursprünglichkeit und Gnade, und sie kamen. Dabei waren die Brüder so einfach und bescheiden und kindlich, trotz ihres Formats, aber gerade das war es ja. Uns Europäern predigten sie diese Bescheidenheit des Denkens und des Geistes, und ihnen stimmten wir tief zu. Wir hatten das auch erkannt: Hier ist die entscheidende Stelle. Sie machten es vor, dieses Leben aus Jesus in Einfalt, und was an Wundern geschah, draußen in Indonesien, war eigentlich nur eine schlichte Folge dieser Ermöglichung für das Wirken Gottes. Nicht Mache, sondern Beugung. Sie meinten, bei uns seien sie erstmals nach Hause gekommen. Ein großes Wort.

Ähnliches strahlte von den Hamburger Zigeunern aus. Durch ihr Jesus-Gehören. Wieder lernte ich, was ich im Anfang der Erwekkung hier erfaßt hatte: Das Zusammenleben mit Jesus ist alles. »Wenn ihr nicht werdet wie die Kinder… – sonst ist's nichts bei euch mit dem Reiche Gottes!« Wahrlich eine Bedingung! Sie waren rasant, schmissig, gemäß ihrer Rasse, aber darin lebte das Herz, das Herz für Jesus. Es war unverkennbar. Dieser Charme umhüllte sie, war beständig bei ihnen geblieben, noch nach Jahren. Welch ein Wunder!

Billy Graham lud nach Berlin ein. Ich hatte ihn erstmals gesehen, damals, als er in Düsseldorf war und sich die Ränge des Stadions mit lauter leuchtenden Punkten füllten, Menschen, die in langen Schnüren innen entlangzogen. Er hatte mich angeschaut, so liebend, als er auf der Tribüne einmal nach hinten blickte; gewiß hat er mich nicht gekannt. Er hatte das Buch in der Hand gewogen, hin und her, als er sprach, es war die Bibel. Von ihr lebte er. Nun war da aus aller Welt eine Schar evangelistischer Geister; auch ich war hingeflogen, erstmals zu Luft, durch die goldenen Wolkenberge. Ich hörte viel Gutes und Wesentliches, eine ganze Evangelistik. Auch die Aucas, einst Mörder, jetzt Jünger. Mit tiefem Baß sangen sie nur immer einen einzigen Ton, ein Loblied Gottes. Es war vielleicht nicht die erweckliche Neubelebung in weite Kreise der Welt hinein, die der Kongreß bringen konnte, aber ein Aufleuchten des Reiches Gottes. Auch Haile Selassie sah ich, einen ernsten, sachlichen, schlichten Christen, Kaiser von Äthiopien, später wohl ermordet. Und »Billy«, frisch, dringend, klar, entschlossen. Ich wohnte in jenen Tagen in einem Luxushotel. Gleiche Pauschale überall. Ich nahm es von Gott. Das war ungewohnt. Eigentlich ungewohnt schön.

In den Tagen von Berlin war ich ein- oder zweimal dort im Osten. Ich habe nicht viel Besonderes zu berichten. An einer Vertiefung des Hasses liegt mir nichts. Es berührte mich traurig, die etwas trostlosen Straßen zu sehen, das Brandenburger Tor von hinten, einen jungen Deutschen als Wache an der Sperre weit davor. Aus einer Gruppe russischer Soldaten zeigte ein Offizier über das Niemandsland hin: »Germansky Reichstag!« – »Deutscher Reichstag!« Scheu, seltsam berührt, schaute ich sie von der Seite an. Wo früher das Schloß und wohl noch so vieles gestanden hatte, gähnte ein riesengroßer Platz. Wie wohl einst in Petersburg blickten die nächsten Fassaden nur ganz von weitem herüber. In der Ehrenwache hingen

Kränze mit Schleifen der kommunistischen Partei und Stadtverwaltung für die Opfer des Faschismus. In den Kiosken gab es »Neues Deutschland«, in den Läden aber Lederwaren für die Damen, immer noch ähnlich wie bei uns. Einige Männer im blauen Hemd erklärten mir nach dem Mittagskaffee auf meine Frage, die Bedienung bekomme kein Trinkgeld, sie habe ja ihren Gehalt; der Kuchen war offenbar an diesem Tage ausgefallen. Die Karte zeigte erstaunlich billige Preise. Als ich wissen wollte, wo die Stalin-Allee sei, schickte mich eine Frau offenbar absichtlich in die falsche Richtung; die Frage hatte ihr wohl nicht gefallen. Mit einem Bekannten hatte ich ein langes Gespräch. Es tat ihm wohl, Liebe zu finden. Wir standen dann noch am Geländer des Spree-Kanals und beteten, jenseits die dunklen Umrisse des Bahnhofs. Dort hatte ich morgens vor dem Durchschleusen neben einem Juden englischer Staatsangehörigkeit, einem Emigranten, gesessen, er hatte mir seinen Paß gezeigt. Er war schon wieder auf dem Rückweg, als ich ihn nach dem Durchlaß auf der anderen Seite antraf. Erfreut gab ich ihm die Hand und nannte ihn »Bruder«.

Eine Vielzahl reicher Kontakte bekam ich durch die Mitarbeit in der Konferenz der bibelgläubigen Seminare. Das waren Brüder. Ja, es wurde eine so schöne Sache daraus, wie sie vielleicht im ursprünglichen Plan gar nicht gesehen worden war. Ich hatte Gott oft angefleht, meinen Glaubensbrüdern im Land dienen zu können, vielleicht auch mit dem, was uns geworden war. Ich bat um Bescheidenheit dabei, aber um Wirkungskraft. Ja, ich hatte mich Gott zur Verfügung gestellt, als ich im langen Ringen um die Wiederbelebung unserer gläubigen Kreise, in Sorge und Kummer um manche Gehemmtheit, Missionsferne, Lethargie und Unbeweglichkeit dahinging und nirgends jemanden sah, der hier helfen, ja es nur einmal aufzeigen konnte. Immer, wenn ich niemanden finde, denke ich: »Vielleicht bist du dran?« Und als es wie eine starke, unausweichliche Frage an mich kam, sagte ich: »Herr, wenn du keinen sonst findest, bin ich bereit.« Es war, als ich auf die Mauerecke unten an unserem Berg zuging und um sie bog. – Hier war nun ein Stück Erfüllung. Immer findet sich die, wie nie gedacht. Bescheidener, sachlicher, brüderlicher. Im Austausch. Einige Male hatte ich dort Vorträge zu halten über das geistliche, missionarische, erweckliche Leben an einer Bibelschule; ich war glücklich und konnte so ganz frei sprechen, so ganz ungehemmt. Ich erlebte, als ich hier »vom Leder zog«, deutlich wurde, ganz vom innersten Anliegen her spritzig und aus dem Augenblick geformt sprach, daß es »ankam«, als brüderlicher Erweis gewertet wurde. Eine neue Art zu reden. Ja, zu schreiben. Ich habe es seither noch mehr geübt und erfahren, daß der Heilige Geist auch so leitet. Es gab dann einige kleine Schriften, die aus diesem »Idiom« entstanden sind.

Eine weitere Beteiligung brachte die »Bekenntnisbewegung«. Ich hatte schwer darunter gelitten, daß sich niemand erhob, alles schwieg, als die »neue Lehre« der »Entmythologisierung« wie eine Flut hereinbrach. Ein Gedicht hatte ich gemacht, des Nachts, wie immer, wenn Qual ist.

Nach Bethel war ich gefahren, zu dem dortigen Kreis, und war erfreut, viele ähnlich Bekümmerte zu finden. Man konnte die Kirche doch nicht einfach im Stich lassen, schlicht die Verantwortung abschieben. Da war man gerufen. Und es wirkte wie eine Befreiung, daß wir nun öffentlich das Wort ergriffen. Dies veränderte die Atmosphäre, von Gott her. Wir mußten Jesus bezeugen. Zum Besten all der vielen.

Zu Hause meinte ein lieber Bruder, wir würden die Gläubigen über die Kirche enttäuschen, wenn wir offen redeten. Aber ich meinte, sie seien enttäuscht, wenn wir schwiegen. Die Dinge wären ihnen doch alle bekannt. Und so haben wir, heißen Herzens, kummervollen Herzens, oft auch bedrängten und suchenden Herzens den Weg durch all den Wirrwarr und die Verantwortlichkeit uns von Gott erbeten und beschritten. Gleich fern von Leidenschaft und Haß wie von Weichheit und Feigheit möchten wir ihn gehen; von beidem wird man angefochten. Nicht wie damals in der ersten Gemeinde soll die Erweckung über dem Kämpfen verlorengehen; nein, sie soll sich kräftigen, siegen, weiterschreiten. Das ist schwer. Das erste Herz ist aber doch hier. Und sie schreitet. Wie es eben Gott gibt. Und nur so ist der Kirche zu helfen.

Als der Rohbau unseres ersten Hauses aufgeführt war, stand ich unterhalb der »Hütte«, des Schuppens, der bei der Baracke in der Tiefe liegt. Ich hob meine Blicke und – in einer wunderbaren Anordnung lagen sie hintereinander, dieses Häuschen, das lange, eingeschossige Gebäude des primitiven »Bethlehem,« und der hohe Bau darüber hereinschauend. Und ich, dieser kleine Mann, darunter. So türmte sich dieses ganze Werk auf, aus dem Nichts entstanden. Da zog es tief durch meine Seele: »Herr, ich verdiene gar nicht die Barmherzigkeit, die du an deinem Knecht getan hast. Ich hatte nichts, als diesen Stab, da ich über den Jordan zog, und nun bin ich zwei Heere geworden.«

Jetzt befinde ich mich mit dem Tod im Wettlauf. Die Zeiten werden teuer, jede Minute. Die Auslese im Tun des Alltags ist deshalb aber doch wie meist, man kann nicht hetzen. Ich habe geschrieben, wie ich das am Anfang sagte – lauter sichtbare Szenen. Ich weiß nicht einmal, ob sie von übergewöhnlicher Bedeutung sind, ich stehe mitten drin. Ich muß es Gott überlassen.

Wie ich das alles so durchlese, was ich vor sechs oder sieben Jahren geschrieben und manchmal ergänzt oder geändert habe, wird mir der Abstand bewußt, der sich innerlich und äußerlich zwischen jene Zeit und heute gelegt hat. Ich habe gleich eine Skizze gemacht, als ich mit der Durchsicht bis dahin fertig war, und es ist eine ganze Menge, die sich da zusammengefunden hat. Wie soll ich das ordnen? Bringe ich eben viele Vorkommnisse, wie sie in dem langen Zeitraum meines Lebens »seither« liegen? Oder wird es mehr akademisch? Gott behüte! Ich habe eine Platte eingestellt, Brahms erste Symphonie für Orchester und Klavier (mit Arthur Rubinstein, dessen Selbstbiographie ich – mit einiger Distanz – eben beendet habe), gleich die zweite Seite, mit diesem schönen Moderato oder Adagio – und sie nochmal in Wiederholung angesetzt. An und für sich hätte ich eine Menge zu tun: eine Steuererklärung ausfertigen, ein Rundschreiben verfassen – es geht an die bibeltreuen Ausbildungsstätten in Sachen Weiterbildung, ebenso dringend –, und wie soll ich den Rest der Biographie in einen kurzen Monat hineinbringen? Es ist noch so viel abzuschließen, bevor ich, wie in den letzten Jahren, mit einem Begleiter nach Hellas fliege, wo mir immer so wohl wird. Aber wie schon oft beim Schreiben, bekommt dieses den Vorzug. Ich ging also in den Unterrichtsraum – ganz ausnahmsweise –, wo Traugott, auf der Reise mein Betreuer, schon mit dem Lehren begonnen hatte. Ich rief Monika, z. Z. die »zuständige« Tipperin, sie möge mir die Diktiermaschine bringen. Und nun schreibe ich.

Äußerlich ist inzwischen Wundervolles geschehen. Die Leute staunen, wenn sie hier heraufkommen. Es erhebt sich eine Reihe von Häusern; soeben ist der zweite große Bau, der für die Mitarbeiterinnen und Schülerinnen, nach dreijährigem Warten – wegen des Geldes – herrlich und frisch verputzt worden; dann, weiter hinten, jener ragende Block, vollends ein Wunder, der mir nicht faßbar wäre, wenn er nicht dastände.

Als uns bei der Geschwisterbesprechung jemand den Plan mit dem

Durchschnitt durch alle Geschosse hinhielt, dachte ich: »Das ist ja absurd, das gibt es doch gar nicht, diese vier z. T. hallenartigen Stockwerke übereinander, und die langen Verbindungen dahin!« Aber es gab das. Wir sahen es dann.

Höchster Geschmack. Die Glaswände großartig. Der Himmel leuchtet durch die Glasbausteine so hell herein, daß der Mut festlich wird wie in der Herrlichkeit. Manchmal inszeniert Gott etwas, daß einem »die Spucke wegbleibt«. Das Thema einer Freizeit »Ewigkeit leuchtet in die Zeit« stand mit Schwung und Grazie auf die hohe Wand vor uns geschrieben. Unsere leitende Schwester sprach. Und da, da brach durch die Glaswand ein so heller Schein und beleuchtete sie, schien beharrlich, stets und stumm die Anfangsbuchstaben der Schrift und das daraus hervorbrechende Strahlenbündel an, daß es eine himmlische Szenerie war, unverkennbar, erhaben. Alles Leid und alle Opfer, die hier gebracht worden waren, wurden gegenstandslos. Gott redete. Dann verglomm der Schein langsam, langsam. Wie alles Göttliche, Stille. Das konnte man nicht machen, das wurde. Viele haben es bemerkt, man sprach nicht darüber. – Der Garten ringsum ist ein Paradies. Das ist nicht zuviel gesagt. Immer wieder äußern es die Leute, wenn sie hindurchgehen. So gut die Luft, so herrlich die Blumen, so parkartig die Bäume, so weitgedehnt der Rasen. Etwas von der Unschuld des ersten Tages, des ersten Menschenpaares, der ersten Frühe ist darin. Ein Stück heimgebrachtes Eden, ein Stück der kommenden Welt tritt uns entgegen. »O große Erlösung, erkauft durch sein Blut!« – »Eine Oase des Friedens«, sagen die Menschen.

Und alles ganz natürlich. Der Rasen wird geschoren, die Blumen werden gepflanzt, die Wege wie von Künstlerhand angelegt. Trotzdem: Es ist Gnade darin.

Beim ersten Mütterabend des von uns unter herbem Verzicht auf Mitarbeiterinnen besetzten Kindergartens wurden Dias dieser grünen Welt gezeigt. Die Frauen sagten: »Wir haben gar nicht gewußt, daß es bei uns so etwas gibt!« – Ich gehe oft darin, bevor ich zu arbeiten anfange, mich zu strecken, zu atmen, Beine und Arme zu schlenkern, die Kunstform einer eben erschlossenen roten Mohnknospe bewundernd, den Duft einer weiß gebreiteten Heckenrose einziehend. Die Bienen wüten darin und schlenkern auch so seltsam ihre Beine.

Viele stille Nischen sind grün umhegt, die Leute sitzen dort, wenn sie im Haus sind, nachdenkend über der Bibel, die Landschaft beschauend.

Und, um dies vorauszunehmen: Nach der Staroperation 1976 eröffnete sich mir hier eine ungeahnte Welt der Farben und Formen voller Frische und Leuchtkraft. Wie groß ist Gott!

Drollige Skala

Was will Gott mit mir, mit diesen späten Jahren? Ich bin nun über achtzig. Gelegentlich kommt ein Freund aus meiner alten Heimat und besucht mich. Er wird auch nächsten Sonntag wieder da sein. Wir sind zwei »Überlebende«. Von unserem Abitur-Jahrgang sanken einige gleich in die Erde, im Krieg; der letzte, ein Rektor, starb an Herzschlag, nachdem er kurz vorher mit uns beiden noch auf der Ravensburg bei einem Gläschen Wein geruhsam die Aussicht genossen und wir uns aus unserem Leben erzählt hatten. Ich dachte damals: Wie nahe sind wir der Ewigkeit, und wie wenig können wir von ihr sprechen! Im Walde gestand ich ihnen, was mir die Liebe Gottes bedeute. Meinem Freund bot ich später an, er kenne ja meine religiösen Interessen, und wenn er wolle, stünde ich ihm auch da zur Verfügung. Wir bogen auf der Heimfahrt von einem schönen Nachmittag gerade um eine Straßenecke des Nachbardorfes. An ihr wollte ich sprechen, hatte ich mir vorgenommen. Es entstand eine lange Pause. War es Verlegenheit, war es Ewigkeit? Dann dankte er mir für mein Angebot, aber er wolle lieber keinen Gebrauch davon machen. – Ich werde ihm weiter Freundschaft erweisen.

Er kommt schon sehr gebückt daher, und auch ich gebe mir immer wieder einen Ruck. Ich muß diesen Kampf führen. Um meine Lebenskraft. Um mein Werkzeug-Bleiben. Sport. Nicht auf der Rennbahn, sondern auf meine Weise. Einsatz der Kräfte zur Übung und zum Fitsein. Etwas Gymnastik, Morgendusche, Spaziergänge, Körperdrehen und -schütteln (– die Autos machen manchmal einen Bogen um mich). Hierbei kommen mir die besten Gedanken, Überschriften, treffendere Fassungen. Auch Gedichte.

Was mache ich mit all dem literarisch Angelaufenen? Es ist eine ganze Menge, daran merke ich mein Alter. Der Stapel meiner Manuskripte nähert sich dem Metermaß. Ich kann mich nicht davon trennen, obwohl mir dies meine Freunde hier immer wieder anraten. Wer will das alles auch einmal sichten, wenn ich abgerufen werde? Von »Bildung und Heiliger Geist – geistiges und geistliches Leben« befinden sich fünf oder sechs Bearbeitungen in jenem Stoß.

Und von den anderen Veröffentlichungen auch jeweils drei oder vier. Darin zahllose Veränderungen und Verbesserungen. Lebensarbeit. Soll ich die vernichten?

Ich bin mir immer noch nicht schlüssig.

Wer bin ich denn? Ich kann mich selbst nicht einordnen. Ich stehe mir hierfür zu nahe. Ich bin aufs Glauben gestellt und aufs Erfahren. Nicht aufs Wissen. Ich glaube, daß alle diese Arbeit bestimmt nicht vergeblich ist und erfahre, daß sie Nutzen bringt, aber ich habe kein letztes Wissen um mich. Mit heißem Herzen arbeite ich an allen diesen Dingen, erfülle darin eine Berufung.

Es ist oft belustigend, auf die Reaktion der Umwelt zu treffen. Einerseits bin ich ein ganz verborgenes Hühnchen, besonders wenn ich so durch meinen Garten marschiere. Auch hier im Getriebe werde ich ein immer kleineres Rädchen. Und wenn ich hinauskomme, ist es manchmal wie ein Blitzlicht, man wird beleuchtet. Irgendwie enthüllt sich dann der literarische Name. Man ist bekannt geworden und wurde in seinen Büchern herumgereicht. Das merkt man. Und doch ist man unbekannt. Auf das eine oder andere zu treffen, ist irgendwie interessant, auch für meinen alten Menschen.

Ich war in einem christlichen Kurhaus. Man hatte mir einen Platz bei einem Dekan und einem Missionsinspektor angewiesen. Ich erstaunte, wie ehrerbietig sie mich behandelten. Sie nannten mich immer »Herr Professor«. Ich sagte, ich sei kein Professor, sondern ein Pfarrer. Sie wiesen auf meine Serviettentasche hin. In deren Schildchen stand: »Professor Dr. Riecker«. Ich wiederholte, ich leitete wohl ein Seminar, aber ich sei nur ein Pfarrer. Hinfort stand ich unterhalb des Dekans und gleichwertig dem Missionsinspektor.

Diesen ermahnte ich, mit dem Vorstand zusammen den neuen Missionsleiter abzutakeln, wenn er der alten Linie des Werkes nicht entspräche. Neubesetzung von Spitzenpositionen. Ich habe über das bedrohliche Thema immer mal geschrieben. Als ich diese schöne Titelsache zu Hause erzählte und hinzufügte: »Da bin ich doch endlich einmal Professor gewesen«, erntete ich das entzückende, fröhliche Gelächter der jungen Leute.

In jenen Urlaubstagen stießen noch zwei Mitarbeiter zu mir, und wir sollten an einem Abend über unser Werk berichten. Der Dekan jener Stadt, in der ich Krankenhausgeistlicher gewesen war und der damals mein vieles Fortsein moniert hatte, nahm nachher meine

Hand in die seinen und dankte mir freudig. Er war erstaunlich alt und kleiner geworden und gab mir diese brüderliche Genugtuung.

Ich fand dort niemanden, mit dem ich beten konnte, obwohl ich mehrere »Vermutliche« hierauf ansprach. Ich suchte nun in der Stadt nach so etwas. Um des Lebens willen. Ich vermochte einfach so nicht zu existieren. Im Haus eines Gemeinschaftspredigers traf ich nur eine alte Oma an, weißhaarig, aus dem Volke. Ich verstand mich sofort mit ihr. Sie hatte gerade ihren Enkel auf das Töpfchen gesetzt, und es duftete lieblich in dem Raum. Ich dachte an Bethlehem. Ihre Angaben konnte ich zeitlich nicht benutzen, erhielt aber dann nach einer freikirchlichen Missionsveranstaltung Gelegenheit zu dem Gesuchten. Auch das noch etwas förmlich, wie ich empfand. »Man kann ja doch miteinander beten!« Ich kam nicht wieder.

Vielleicht bin ich etwas anspruchsvoll geworden, oder wird es immer schwieriger, Geistesgleiche zu finden. Besonders im Urlaub.

Solche traf ich während eines anderen Erholungsaufenthaltes. Dort ließ ich es erstmals zu, daß man mich »Herr Doktor« nannte, machte aber eine heilsame Erfahrung. Beim Nachtisch wies ein Mitspeisender darauf hin, daß man mir wohl eine besondere Zubereitung vorgesetzt hätte. Ich meinte, wohl aus Diätgründen. »Nein«, sagte er, »aus Standesrücksichten.« Ein anderer nickte zustimmend. Sie meinten, wohl wegen des Doktors. Ich sagte: »Ich bin auch nur ein gewöhnlicher Mensch, und ein Sünder.« Von da an hatte ich mit ihnen Gemeinschaft. Ich merkte, wie solche Titel Wände aufbauen, und warum Jesus sagte: »Ihr sollt niemand Lehrer nennen.« Unter Brüdern.

Ich mußte mehrmals über unsere Erfahrungen im Reich Gottes sprechen. Die Botschaft vom »unbürgerlichen« Leben eines Jüngers hakte besonders ein. Ich hatte Seelsorge und konnte dabei selbst in Seelsorge gehen.

Beim Besuch einer volltheologischen Ausbildungsstätte sollte ich ebenfalls reden. Ich hielt eine Kurzandacht über das, was mir am Herzen lag: »Du hast es den Weisen und Klugen verborgen und den Unmündigen offenbart.« Es fand sich ein unmittelbarer Ausdruck. Beim Mittagessen am Tisch des Vorstehers sagte einer der Lehrer, er habe bei meiner Andacht an einen Ausspruch Pascals, ein Wortspiel denken müssen: »Le coeur a des raisons que la raison ne connaît pas« – »Das Herz hat Äußerungen, welche die Vernunft nicht kennt.« Ich fühlte mich sehr verstanden und habe über das Wort seither noch oft nachgedacht.

Wir leitenden Geschwister des Werkes waren zu einigen Tagen der Stille und Besprechung in einem christlichen Heim. Der Hausvater war uns herzlich zugetan. Irgendwo verwandte er einmal auf mich die Bezeichnung »erlaucht« oder »durchlaucht«. »Ja«, fur es mir heraus, »Schnittlauch!« Die Brüder zogen fröhlich den Mund in die Breite; ich habe mich aber doch nachher bei ihm über diese etwas rauhe Abfuhr entschuldigt.

Weil ich mich so wenig akademisch, hochoffiziell und als geistige »Potenz« benehme, sondern eher salopp-bürgerlich und klein, vielleicht in Erinnerung an das kleine »Ottole« zu Hause, bin ich auch wenig zu einer Gallionsfigur geschaffen und habe eher mit Disziplin- und Achtungsschwierigkeiten zu tun. Aber das ist ganz gut. Die Versuchung zum »Höherklettern« vor mir selbst ist ohnedies groß. Gerade von Hause her.

Ebenso ist mir von der frei schwebenden Haltung meines Schreibens her alles feierlich-getragene Auftreten im Grunde meines Herzens verhaßt. Ich höre gerne Platten und laufe geistig nicht im Talar herum. Und durchs Altwerden bricht immer wieder ein Feuerstrahl hindurch.

Bewältigung des Alters

Wenn ich in den Zeilen lese, die bis zu meinem letzten Lebensabschnitt, vor meinem eigentlichen Alter, reichen, so sehe ich, daß das Heutige nun doch wieder irgendwie anders, reicher, satter, kräftiger, weiser, stiller, auch leidvoller geworden ist. Soll man so etwas alles aufschreiben? Die Jungen hier sagen: »Ja!« Und ich finde es auch. Vielleicht ist sogar für die jetzt Nachwachsenden interessant, wie so ein alt Gewordener das Leben fühlt, noch nicht abgestorben, noch offen, mehr überschauend, mehr vergleichend als sie, Nutzen ziehend, ihn weitergebend. Ich habe sogar oft das Ohr der Jungen – manchmal fällt es mir zu, so zu sprechen, daß sie in einen Klatschsturm ausbrechen. Spritzig, mit Humor, mich selbst »veräppelnd«, von einer gewissen Höhe und Grandezza herunterschauend auf dies arme Leben, das so schnell verflieht, so ernst genommen wird und letztlich doch nur von dem her Bestand hat, was da so laut und ohne

Worte hineintönt in solche Altersbetrachtungen. »Galgenhumor« kann man nicht sagen, es ist mehr der Humor Gottes, oder der von Überwundenem herkommt. Auch von Einsamkeiten. Was man durchlebt hat, tönt nachher so laut-leise.

Ich habe da schon oft gesagt: »Ich muß hinnerschich wachse, wie ein Kuhschwanz.« Ob so ein wackeliges Ding wirklich rückwärts wächst, weiß ich nicht; auf jeden Fall bin ich jetzt da dran. Das ist eine Erfahrung, die theoretisch im Buch steht, praktisch nun gemacht werden muß. Das ist mit vielen Prozeduren verknüpft. Ich will davon erzählen.

Zuerst mal kommt, wo ich dies schreibe, das schlechte Sehen und das schlechte Hören. Die Musik kann ich mir auf die richtige Lautstärke einstellen, aber nicht die Münder der anderen. Ich erfahre zwar viel Liebe und Rücksichtnahme, aber gerade Neulinge bringen mich oft zur Verzweiflung: Bald brüllen sie mir in mein Hörgerät, daß ich um Erbarmen bitten muß, bald lispeln sie, weil sie eben nicht an den armen alten Pfarrer denken. Ich kann das auch nicht immer verlangen. Aber oft werde ich ärgerlich. Dann meide ich diese Kongregationen, diese Zusammenkünfte, die so sehr schön, aber auch so sehr schwer sind für mich. Sie kosten die fünffache Kraft. Das vereinsamt. Notwendig. Das muß man hinnehmen. Das gehört dazu, nicht wahr?

Das Gleiche ist es mit dem Sehen. Ich *muß* doch sehen. Ich lese viel. In meinen einsamen Stunden. Bis die Augen müde werden. Und sie werden schneller müde. Dann reibe ich sie und denke: »Ihr dummen Augen. Warum pariert ihr nicht?« Aber sie wollen nicht. Es ist so, wie mit dem Herzen. Auf das habe ich auch schon oft geschlagen und gesagt: »Du dummes Ding, warum bist du so am Lieben und Leiden?« Aber es will es eben so. Es ist unvernünftig.

Ich habe mir zu diesen »seltsamen Betrachtungen« die a-moll-Platte von Schumann, jene herzzerreißenden Läufe des Klaviers von oben nach unten mitten im Getöse des Orchesters angestellt. Die war in einer sehr schweren Zeit meines Lebens oft der Ausdruck meiner Leiden. Auch jetzt kommen mir die Tränen. Aber man braucht sich der Tränen nicht zu schämen.

So weit war ich mit meinem Anlauf des ersten Tages zur Wiederaufnahme meiner Autobiographie gekommen, als es klopfte und eine Schülerin hereinkam, um mir, wie sie versprochen hatte, etwas von einer Expedition zur Bibel- und Literaturverbreitung im Osten zu erzählen, die manch herzhaften Einsatz gefordert hatte. Sollte ich damit aus einer vielleicht selbstquälerischen Betrachtung gezogen werden? Oder entsprach diese der Wirklichkeit? Darf man so persönlich werden? Ich denke immer, die Menschen haben etwas davon, wenn man auch das Verborgenste enthüllt; und das, was am meisten angeht, sind immer die Leiden des Herzens. Sie sind ganz unkonform für einen passionierten Theologen, aber ganz angemessen für den Sohn seiner Mutter. Also werde ich fortfahren.

Ich war nun an den Leiden des Alters. Leiden und Leiden sind ja verschieden. Die einen werden hingenommen, die anderen werden erlebt und verarbeitet, vor Gott, aber auch vor den Menschen. Eines der schwierigsten Themen, die ich zu studieren habe, ist die Neigung zu einer trübsinnigeren Auffassung des Lebens als früher. Es sind wohl die alten, dick vollgestopften Arterien des Gehirns oder die von tausend Ängsten und Kämpfen, Mühen und Gnaden abstrapazierten Kräfte des Körpers, die so etwas mit sich bringen. Viele machen es durch, aber schön ist das nicht. Ich war immer gewohnt, meine Geige zu stimmen und dann zu spielen. Aber wenn nun diese alten Wirbel leichter nachgeben und die Saiten schlaffer werden? *Man muß trotzdem darauf spielen!* Und man spielt.

Das bedeutet einen neuen Unsicherheitsfaktor im Leben. Es ist, wie wenn der tragende Boden unter einem nicht mehr so fest wäre. Das bedarf noch einer zusätzlichen Kontrolle der Überlegung und des Bewußtseins. Man hat ja Psychologie und Beurteilung von Innenvorgängen gelernt, auch gegenüber sich selbst. Aber auch diese Betrachtungsweise kann nun verunsichert werden. Was ist etwa bei einer kirchlichen Stellungnahme prophetisch, sachlich berechtigt, nur-negativ? Man muß aber leben und handeln. Also lebt und handelt man. Auch aufs Ungewisse, auch auf Glauben hin. Das ist eine neue Art des Glaubens. Man hängt sich in die Arme Gottes. Das ist nun die Grundlage.

Die Geschwister bieten gleichfalls einen guten Rückhalt. Ich höre ihnen so gerne zu, rede mit, bewege unsere Interessen, erfahre die Gnade der Gemeinschaft des Gebets unter uns. Ich erfrische mich an dem jugendlichen Sinn, den sie ohne weiteres in sich tragen, gebe oft auch einen Weisheitsspruch des Alters von mir, bin in ihrer Mitte wie ein Junger. Und sie nehmen Rücksicht. Sie kennen das. Auch sie sind angefochten. Nie sind wir etwas. Stets der Herr. Er allein dominiert, er wackelt nicht. Das ist gut.

Gestern war ich mit jenem Jugendgenossen auf einer nahegelegenen Burg. Dort sind Adler zu sehen und Geier, wie sie fliegen. Es war ein erhabener Anblick. Ein großartiges Getier. Eben Adler. Aus der Nähe. Wie sie ihre Flügel spreizten, zusammenlegten, die braunen Federn ineinanderfalteten! Und flogen! Gleich einem Pfeil schossen sie in die freie Mitte des Zuschauerraumes und holten dort irgend etwas. – Hier konnte man Majestät absehen.

Auf der Heimfahrt unterhielt ich mich mit meinem Arzt-Freund über Altersbeschwerden. Man muß über sich Bescheid wissen. Abends las ich dann noch eine der zahlreichen Betrachtungen zu Thomas Manns 100. Geburtstag. Diesmal Worte von ihm selbst. Es entzückte mich, wie er davon sprach, man schreibe zunächst immer von sich persönlich aus, aber eben im öffentlichen Auftrag. Für diesen müsse man erst einen weiteren Raum annehmen lernen. Ich liebe solche großen Geister und lese oft abends noch »große Literatur«, um eben diesen weiten Raum zu haben. Auch zur Ablenkung. Dann denkt man nicht mehr an sich. Man ist eben in einer bestimmten Heimat. Wie seltsam ist dies Schriftstellern! Das sagt auch Thomas Mann.

Heute früh machte ich dann zwei Gedichte. Zuerst über das Alter, dann über die Adler. Ich lag bis gegen Mittag in Ruhe, nun kamen die zwei ersten Zeilen angeschlichen. Ich wies sie ab – was soll mir jetzt diese Störung? Aber bald schrieb ich doch. Ab der fünften Zeile erklang zuerst der Verstakt, dann suchte ich die Worte dazu. Ich will das einmal hierhersetzen:

Alter

Länger fallen nun die Schatten,
kürzer ist des Tages Lauf;
was die Jahr' versprochen hatten,
löst sich nun in Nebel auf.
Gehst du nieder,
kehrst du wieder,
ruhig wird dir nun der Schritt;
denkst du weiter,
planst du breiter,
geht schon stets die Schranke mit.

Hast du einst die Kraft besessen,
ungehemmt stets vorzugehn,
mußt du nun die Länge messen,
das Vermögen übersehn:
Schien so vieles
fernen Zieles
dir noch zu erreichen sein,
mußt du sehen,
wie zu gehen
dir noch dieser Abschnitt klein.

Schmerzlich ist's, nicht mehr zu können,
was das Wollen dir ansagt;
statt nur frisch drauf los zu rennen,
das Bedenken dich nun plagt.
Deinen Willen
Wolken hüllen
in ein lästig Dunkel ein –,
immer mußt du
nun voll Unruh
in dem Kampf begriffen sein.

Doch die Wege sind beschieden,
die das Alter dir jetzt beut,
faß es, tu es, sei zufrieden,
wenn nun weniger dich freut.
Gehst du vorwärts,
gehst du rückwärts,
ist nicht mehr entscheidend dir,
lernst du leiden,
lernst du Freuden,
stets ist es bemessen dir.

Adler

Wie die Adler dort nur flogen,
wie die Geier spreizten sich!
Immer höher zogen Bogen
diese Tiere königlich!

Und ich staunte, wie behende
sie die Flügel klappten auf,
wenn des Meisters sachte Hände
stießen sie in Windeslauf.

Mächtig waren ihre Schwingen,
hoben sie und senkten sie,
schwebten über allen Dingen
immer weiter ohne Müh'.

So, mein Herz, so steige immer
in die Höhe, in die Weit',
lasse dieses Streben nimmer
bis in alle Ewigkeit!

Was ist jetzt vorrangig?

Was war mir nun eigentlich für den Rest meines Lebens aufgetragen? Ich mußte ja nun die Stunden sparen! Und doch gingen so viele ungenutzt, in Ruhe, in notwendiger! Das Werk wuchs, und ich wurde benötigt. Aber die Schwergewichte verlagerten sich. Alles Organisatorische, alles, was den Tag betrifft, mußte nun in jüngerer Hand liegen. Es galt abzugeben. Das war nicht immer leicht. Wo man früher in der Mitte stand, war man nun am Rand, öfters sogar im Drang der Geschäfte vergessen. Vieles erfuhren alle anderen vor mir. Die Überfülle des Mitzuteilenden war immer noch groß genug. Da durfte man nicht empfindlich sein, aber das Herz ist halt doch empfindlich. Da gab es manches zu schlucken. Geistlich richtig, menschlich schwierig. Loslassen ist schwerer als festhalten. Das lernte ich jetzt.

»Die Kunst ist, sich überflüssig zu machen. Dann bekommt man desto mehr zu tun!« Dies verkündigte ich oft. »Dann wächst das Werk, weil mehr Menschen in Aktion kommen!« Das war wirklich der Fall. Die Kommunität wuchs, die Zahl der freien Mitarbeiter wuchs. Es wurde eine Lebensschule eingerichtet, in der junge Menschen auf Zeit bei uns einsprangen und gemeinschaftliches Leben in der Nachfolge lernten. Besucher kamen und gingen. In aller Welt waren nun immer mehr »Ehemalige« tätig, ihre Sorgen waren unsere Sorgen. Junges Volk drängte in Scharen auf die Freizeiten, so daß wir ein »Stammpublikum« und die Bejahrten nicht mehr so unbeschränkt da haben konnten. Die Schule brauchte tausend Bemühungen und persönliche Liebe – wo sollten wir das alles nur immer her haben? Aber Gott gab es. Die Liebe zu Jesus schenkte uns ein Quantum, das nie verging. Wenn wir zu Ende waren, fing der Herr an.

So schöne »Geschwisterabende« gab es. Auf ihnen wurde berichtet aus dem Erleben des jeweiligen Alltags, der Dienste außerhalb, aus den Erfahrungen von Gebetserhörungen, aus Durchhilfen zum Glauben für dritte, aus Kontakten mit anderen Bestrebungen und Gruppen. Daran teilzunehmen mußte ich mir oft verkneifen, aus Vorsicht, aus Weisheit, aus Schmerzen. Wo war die Grenze? Sollte ich mehr vertrauen? Oder klug sein? Ich lernte es. Mal so, mal so war richtig.

Nun konnte ich ganze Bücher durchlesen. Ich vermochte nicht immer geistig zu produzieren. Es war zu viel für das Gehirn. Dieses schaffte es nicht mehr. Ein gewisses Maß, dann Punkt. Ich brachte meine schon seit länger daliegenden Manuskripte und Vorträge in die endgültige Form. Manche meinten: »Der Riecker schreibt jetzt jedes Jahr einige Bücher.«

Noch einmal geboren waren sie, ehe sie herauskamen. Verantwortung, Mühe und Kämpfe brachten sie, so besonders »Bildung und Heiliger Geist«, dieser Vorstoß in die dämonisierte Intellektualität und in den weiten Bereich der abendländischen Geistigkeit. Hier eröffneten sich mir ganz ungewohnte Perspektiven. Für den Lauf dieses Buches kann ich nur beten. Dagegen nahm ich in »Leben unter Gottes Führung« die Geschwister nur liebend an die Hand und teilte ihnen mit, was ich ungestümes Temperament gelernt und begriffen hatte, oft auch andere mich gelehrt hatten. Und wie sehr benötige ich nun erst recht diese Führung! »Wenn du aber alt wirst...!« (Joh. 21, 18). Und was soll ich den Christen schreiben? Immer mein wirkliches Leben!

Wenige Echos erreichten mich. Ein Schriftsteller ist wie ein Sender, der immer sendet. Also bin ich auch da auf Gott geworfen.

Mühen um die Kirche

Die kirchliche Lage rief mich. Es war mir selbst ein Rätsel, weshalb mit dieser Dringlichkeit. Konnte ich meinen Hauptanteil an der mir verbliebenen Kraft nicht am besten im »eigenen Betrieb« und dann ganz besonders noch im Dienst an der so notwendigen erwecklichen Bewegung investieren? Schadete ich ihr vielleicht geistlich durch dieses Engagement? Hatte ich nicht immer noch die leitende Mitverantwortung in Schule und Missionswerk? Waren hier nicht alle Kräfte von uns Mitarbeitern bis zum Zerreißen angespannt? Machte mir nicht manchmal das erschöpfte und bis zum Äußersten in Anspruch genommene Aussehen der mit mir im Dienst Stehenden Sorge? Wurde ich nicht dann und wann – sicher ungerechterweise – darüber unwillig, wie viele Menschen an dem hier vorliegenden Brotlaib ihre Scheibe abschneiden wollten und nicht bedachten, daß es deren auch nur eine beschränkte Anzahl hatte? Welche Zeit beanspruchte nur der immer mehr sich ausdehnende Bedarf von persönlicher Seelsorge an Schülern des Hauses, Jugendlichen, Verheirateten und besonders an Ehepaaren mit deren Konflikten? War nicht die Erweckung, die immer neu gerade unter Kindern und jungen Erwachsenen durch missionarische Einsätze vieler Seiten geschenkt wurde, die einzig erstrebenswerte und lohnende Möglichkeit?

Also, weshalb noch die Kirche? Verdiente sie diese Mühe überhaupt? War nicht schon so viel des Abschreckenden, ja manchmal ans Lästerliche Grenzenden in der Theologie geschehen, daß man am besten die Finger von allem ließ? Schien nicht jeder Warnruf vergeblich, und gingen die Dinge, etwa in der Ökumene, erst recht und desto entschiedener ihren unerwünschten Lauf?

Oder sah man sie etwa einseitig und unvollständig? Konnten so viele vernünftige Männer so lange und so unbelehrbar falsch handeln? Wertete man die Tatbestände verzerrt und ungerecht aus? War man intolerant und falsch radikal? Unweise, unpraktisch, ebenfalls unbelehrbar?

Was konnte man der Kirche zumuten und was nicht? Was war in ihr erträglich, und was war nicht mehr tragbar? Was war von ihr als Volkskirche, die doch keine Glaubenskirche ist, zu verlangen, und welche Anforderungen konnte man an ihre Leitenden stellen, die doch lange nicht alle in vollem Sinn Glaubende waren, wenn sie dies auch mit Leidenschaft beanspruchten? Nahm nicht die Volks- und Massenkirche ihrem Ansatze nach auch an allen zeitgeschichtlichen Strömungen, Philosophien und sozialen Bewegungen und Aufgaben irgendeinen notwendigen Anteil, und wie sollte sich dieser ohne Schwierigkeiten und Verwirrungen vollziehen? Was hatten die Gläubigen hierzu zu sagen, und besaßen sie hier überhaupt einen gerechten Auftrag? Viele bestritten das, distanzierten sich, überließen die Dinge ihrem Lauf.

Wir aber konnten nicht so tun. Auch ich nicht. Als die Bultmann-Schule losging, in die Breite wuchs, die Kirche überschwemmte und sich nichts rührte, lag ich mit heißem Herzen auf meinem Lager und sann darüber, wie zu helfen sei. Der Not machte ich mit einem Gedicht Luft, das noch einige drastische Verse mehr enthielt als bei der Veröffentlichung, und dessen letzte Zeilen lauteten:

»...hilf, Herr Jesu, Jesu, hilf!
Und mein Haupt neigt sich wie Schilf,
und die Kirche ich beweine.«

Ich tat dies wirklich. – Von dort bis zu dem schon vergangenen »Gemeindetag unter dem Wort« in Stuttgart ist ein weiter Weg. Beim Veranlasser-Kreis in Bethel waren es nur wenige, nun füllte ein zahlloses Volk die Ränge. Sie mußte ich immer wieder durchs Fernglas betrachten. Erhaben war das, großartig! Eine Erscheinung. Eine Manifestation – des Himmelreichs. So muß es einmal am »Tag der Herrlichkeit« sein, wenn die Unzähligen, all die Weißgekleideten sich in der Runde sammeln und auf das Lamm hören und schauen, das sie erlöst hat. Und alle diese hatten ein Anliegen, die die zahllosen Stufen besetzten: sie waren gekommen, sich zu bekennen, Jesus zu lieben.

Vieles Gute wurde gesagt. Aber besonders eindrücklich war jemand aus dem Osten, in schlichtem Kleid, eine Zeugin, die aus einer Wirklichkeit kam, welche uns noch verborgen ist. Echt, nah, ohne großen Aufwand grüßte sie uns.

Mich freute eine gewisse Lockerheit, eine zeitnahe Aussagekraft im Aufbau, Singen, Reden und Bußgebet. Man hatte gelernt, man war weitergekommen. Manchmal vermute ich, daß auch meine Anregungen in »Herausforderung an die Gemeinde« im stillen »angekommen« sind. Diese entsprangen ja den selbst erlebten geschwisterlichen Stilnöten.

Auf der Heimfahrt von dem prächtigen Stuttgarter Eindruck brachte ich vor den Brüdern im Auto zur Sprache, was mich schon länger bewegte: ein Bild auf der Titelseite der badischen Kirchenzeitung. Es zeigte in Amtstracht den katholischen Erzbischof und den badischen Landesbischof während eines gemeinsamen Gottesdienstes. Soeben hatten wir geschaut, was sonst nie zu sehen ist: eine Heerschar von Gläubigen, auf allen Rängen versammelt. »Wiedergeboren zu neuem Leben« war ihr Kennzeichen, ihre Gnade, ihr Einigungsgrund. Was sollte man nun zu diesem Bild einer neuen Ökumene sagen? Sollte man schweigen? Sollte man reden? Sollte man sich unbeliebt machen, sich in die Nesseln setzen, die Erwekkung kompromittieren, den Anschein der Lieblosigkeit, der Verurteilung, des Nicht-Untertänigseins erwecken? Die große Totenerweckung von Hesekiel 37 war in Parallele gestellt worden zur Annäherung der beiden Kirchen, nun rückten die Gebeine zusammen. War denn also die Trennung die Ursache der angesprochenen Todeskrise, oder nicht doch der Mangel an wirklichem, erneuertem Leben?

Sollte ich wieder einmal reden? Weshalb nicht die anderen? Warum taten sie es nicht? Gab vielleicht die Erweckung die Freiheit, die hier nötig war? Der ungebrochene Ansatz von der Schrift her? War hier ein prophetischer Auftrag vorhanden? Galt es Rücksicht und Schweigen zu üben – oder? Alles das brachte ich bebenden Herzens vor.

Wir sahen, es war unvermeidlich. Diese Dinge kamen eben auf uns zu. Alles Überlegen half nichts. Entweder schweigen oder handeln. Ich verharrte lange stille in dem schaukelnden Wagen. War es nicht auch blöde, so die Kräfte zu verpulvern? Um 1/2 6 Uhr war der Tag angegangen, es hatte keine Mittagspause gegeben, Eindrücke waren noch und noch da, eine stark gewürzte Mittagssuppe war in den Magen gepumpt, jetzt dieses Thema?

Als ich nach Hause kam, ließ ich das Abendbrot stehen, ergriff das Diktiergerät und legte meine Meinung nieder. Nur auf diese Weise kam das zu Papier, sonst nie. Unmittelbar vor dem Absenden des Aufsatzes gab es für mich nochmals ein Ringen. Verletzte er nicht die Zartheit? War ich nicht mit einem der beiden Sprecher befreundet? Entstand nicht auch in der katholischen Kirche neues Leben? Brachte nicht ein Bruder, der von einer Begegnung mit Gläubigen dort zurückkam, den Hauch dieser lieblichen, echten Gemeinschaftlichkeit mit? War ich nicht zu streng, zu aggressiv, vielleicht zu pessimistisch? Aber dann ergriff ich doch den Artikel und sandte die Umschläge in der Mittagspause vor einer eiligen Angelegenheit zum Vergleich an einige Brüder ein – für die dann folgende Veröffentlichung. Das Kind war geboren. Es sollte leben. In der Schublade schwieg es. Es lag eine Notwendigkeit vor.

Vielleicht mußten wir widerstehen, wenn eine »volle Einigung« angestrebt wurde (Erzbischof), und Bruderschaft üben, wo wirklich Brüder vorhanden waren.

Aber wer sind diese Brüder? Alle, die sich Christen nennen? So wird es ja häufig gemeint. Können wir an der Tatsache vorbei, daß nur Wiedergeborene Brüder sind? »Wer Gott liebt, der ihn geboren hat, der liebt auch den, der von ihm geboren ist« (1. Joh. 5, 1). Jeder, der Bekehrung, Wiedergeburt, Rechtfertigung aus Glauben kennt, weiß das. Aber viele leben nicht in dieser Wirklichkeit, ja bestreiten sie, und dann wird es schwierig. Gerade in der Kirche und unter maßgeblichen Leuten. Und besonders, wenn man sich gegenübersitzt.

Wir erfuhren dies, als wir zu einer Besprechung in die Landeskirchenleitung eingeladen waren. Es sollte versucht werden, die Gegensätze zu koordinieren, uns Bekenntnisleute praktisch und positiv in die Kirche zu integrieren. Nun, ein Gespräch und einen solchen Kontakt begrüßten auch wir.

Aber wir kamen nicht hinüber und herüber und schieden auch ohne rechtes Ergebnis. – Wegen der späten Stunde schlüpften wir unten durch eine Nebentür aus dem Haus. Vor ihr fragte ich die Freunde: »War ich zu aggressiv?« Sie wußten auch nicht zu antworten. Es war alles so undurchschaubar. Mein Hemd war feucht, durchschwitzt.

In der Folgezeit gab es dann noch zwei Besprechungen mit Landessynodalen. Ein Ausschuß aus dieser obersten Versammlung unserer Kirche wollte mit uns Fühlung nehmen, uns hören, mit uns austauschen. Es war letztlich ähnlich wie vor der Kirchenleitung – wenn auch etwas gelockerter, weniger diplomatisch und weniger mit Schweigen und nur Anhören. Man hatte immer in die Luft gestochen. Hier wurden wirklich die beiderseitigen Standpunkte abgeklärt. Aber als bei der zweiten Zusammenkunft dieser Runde unser leitender Bruder 13 Punkte herausstellte, bei denen in der heutigen Theologie Irrlehren vorlägen, saßen ihm doch Vertreter jener Anschauungen gegenüber und hüllten sich in Schweigen. Nur einer machte an einem Nebenpunkt heftige Ausfälle. Wir merkten wieder, wie schwer und eine Art Gericht es ist, persönlich und grundsätzlich Lehrgegensätze auszutragen. Das ist im gleichen Kreis nicht oft möglich. Ich hatte meinen Freunden gesagt, nun müßten sie auch das Wort ergreifen. Und sie taten es wacker. Ich selbst konnte gegen Ende auf die Jugenderweckung hinweisen, die in unserem Mittelland im Gange sei und der wir uns widmeten als der Hauptsache. (Der Gesprächsleiter lächelte mir dabei freundlich zu.) Diese Lehrfragen, die theologische Not, die Verwirrung in den Gemeinden anzugehen sei uns und mir selbst etwas Leidiges, wir hätten keine Freude daran, sagte ich von Herzen. So war es auch hier, die Gegensätze bleiben ungelöst. Aber gesprochen hatten wir, das Zeugnis war erschollen.

Dabei hätte man so gerne eine kirchliche Gemeinsamkeit gehabt! Sie war auch sonst da, wenn diese Sachen nicht besprochen wurden. Aber ein unterirdisches Zittern ging los, eine gespannte Atmosphäre stand in der Luft, wenn alles wie hier einmal an den Tag kam. Gott rumorte und ließ keine Ruhe. Ich empfand das heftig, und es war eine höchst kitzlige Situation. Hier vollzog sich etwas. Es war auf keinen Nenner zu bringen. Schuld wurde offenbar, Schuld, die sonst verdeckt blieb, Schuld vor einem ganzen Zeitalter. Man *war* schuld, und das zeigte sich jetzt. Mit Schaudern erlebte man dieses Ungreifbare mit, d.h. mit dumpfem Bedrücktsein und Nicht-Entrinnen aus diesem Zangengriff der Stunde. Man war froh, wenn man wieder draußen war. So muß es am Weltgericht sein. Alles kommt zur Sprache.

Immer wieder fiel mir die Aufgabe zu, die Dinge beim Namen zu nennen. Dieses »Prophetsein« war mir ein großes Leiden. Oft seufzte ich: »Ich bin nachgerade der badische Wauwau.« Ein Freund sagte vor andern Mitkämpfern: »Du bist auch ein Doktor, da sind wir kleine Kläffer dagegen.« Der Zeit, dem Zeitalter muß man sagen, was recht ist. Das ist der prophetische Auftrag.

Die Geistfrage

Eine ähnliche Kalamität wie mit der Kirche war die mit den »Pfingstlern«. Was sollte man da sagen?

Stellungnahmen wurden verlangt. »Wie steht ihr zu ihnen?« Wir haben es immer abgelehnt, überhaupt solche Deklarationen allgemeiner Art abzugeben. Damit wird oft nur hausiert und bös Blut gemacht. Über uns oder über die Beurteilten. Das wollen wir nicht.

Kalamität heißt Schwierigkeit, Mißlichkeit, Notstand, Verlegenheit, Klemme. Sie kommt mehr aus der Situation als aus unserem Willen. Sie tritt an uns heran, und wir müssen zu ihr ein Verhalten finden. Solche Erzkalamitäten sind in den letzten Jahren die Kirche, die Ökumene und die Geistesfrage geworden. Wahre Zerreißproben für jeden werden da veranstaltet. Dahinter steht wohl ganz still und schrecklich die Tatsache, daß wir uns in einem alles verunsichernden Übergangszustand befinden. Sein Wesen und Ziel ist noch undeutlich, seine Auswirkungen sind aber zu erleiden. Insofern ist Ratlosigkeit keine Schande, Vorsicht angebracht und Führung notwendig.

Ich habe einen Geigerzähler in mir, den viele, vielleicht alle Jünger kennen: eine Warnung, wenn es ungeistlich, unrichtig, schief wird. Er ist eine notwendige und dankenswerte Ausrüstung für diese katastrophalen, immer mehr letzten Zeiten. Er schlägt sowohl unrichtiger Theologie wie unrichtigem seelischem Verhalten gegenüber aus. Eigentlich ist nur damit durchzukommen. Denn selbst die Bibel wird immer wieder falsch angewendet, wenn sie auch untrüglicher Maßstab ist. Wir sind also auf Führung angewiesen. Wir müssen glauben, daß der Herr uns durchbringt, warnt, richtig führt. Und hierum beten. Der Heilige Geist legt die Bibel aber wiederum richtig aus und gibt in die Gemeinde die Gabe der Geisterunterscheidung, den Durchblick durch sehr differenzierte unterschiedliche geistliche Vorgänge. Geschichtlich und theologisch haben sich mir diese seit Anfang vielfach auseinandergelegt, und ich bin dankbar, daß mir dies eine einfache Gegebenheit ist.

In ähnlicher Weise ist es mir viel wert, daß ich von meinen Eltern, soviel ich sehe, einen nüchternen Sinn mitbekommen habe. Sie waren Geschäftsleute und beurteilten die Dinge realistisch. So wurde bei Tisch gedacht und gesprochen – immer habhaft, wirklichkeitsnah, konkret. »Überhirnisch« nannte mein Vater alle hohen Gedanken ohne Hintergrund. Es war für ihn die Bezeichnung für «verrückt», lebensfern, unrealisierbar.

So bleibe ich eben streng auf der Linie der Nüchternheit – gegenüber allem Extravaganten, Übertriebenen, allzu Intensiven, selbst wenn ich Kunst als Ausdruck und auch als tiefes Gefühl kenne.

Heute ist leider viel gegeneinander, und das besonders in der Geistfrage. Wir Gläubigen gehören auch wieder zusammen und wissen das und tun das. Aber hier ist es schwierig. Mit Recht ist man argwöhnisch und leidet doch darunter. Wie ein Bazillus breitet sich diese Spiritualität aus, diese Betonung des Geistlichen, Unmittelbaren, Direkten. Aber das ist gerade der Haken. Kommt nicht letzten Endes alles aus dem Wort? Auch das Geistliche? Nicht aus sich selbst und nicht für sich selbst? Der Schwerpunkt, das ist es! Es muß aus dem von Gott Offenbarten, Mitgeteilten, gnädig Dargereichten, dem Heilswort der Bibel kommen, nicht aus dem Erlebnis! Ich sage oft: Bei Paulus ist »Glaube« das Kern- und Schlüsselwort, nicht »Erleben«. Die hohle Hand, die dankbar nimmt, nicht der gesuchte Erfülltheitszustand. Das sind zwei sehr verschiedene Glaubensweisen, so ähnlich sie sich sind. Und obwohl sich beide auf die Bibel berufen, und obwohl die zweite ihr näherzustehen scheint. So sehe ich es, und das gerade, weil ich so viel erlebt und erfahren habe. Ich brauche Gesundheit, nicht Traum, nicht Rausch, nicht Steigerung. Man prüfe sich.

Kommunikationsstelle

Trotzdem kann ich nicht auf alles Neue, geistlich Betonte herabschauen. Es gibt Neubildungen, die das Alte, Bisherige nicht nur wiederholen und doch nicht einseitig »geistlich« sind. Die Grenze nach dahin ist undefinierbar, fließend, undurchsichtig. Ist bei ihr eine leere Stelle oder sind da Übergangserscheinungen? Was ringt sich da durch? Oft scheint es, als ob man auf einem schmalen Grat gehen müsse, von dem es auf beiden Seiten steil in die Abgründe fällt.

Ich lernte hervorragende Vertreter der *guten* »neuen Art« kennen. Etwa George Verwer, den Leiter von Operation Mobilisation. Er tauchte hier auf, wohnte in meines Sohnes kleinem Durchgangszimmer neben mir. Ich hatte ihn noch nicht gesehen und zweifelte, ob er es überhaupt sei, als er aus der Türe trat. Ein schmaler, liebenswerter junger Mann, in einem fast fadenscheinigen, abgenutzten Anzug, ganz bescheiden und ohne großes Getöse. Etwas blaß und abgearbeitet. Nachher hielt er einen fulminanten Vortrag über Indien und seine 500 Millionen und kniete uns fast auf der Seele herum, doch auch einmal dorthin zu gehen. Ein Genie an Strategie, Weitblick, Organisation, Geistlichkeit. Das sind Typen, die braucht das Reich Gottes.

Oder William MacDonald kam ins Haus. Sein Buch »Wahre Jüngerschaft« hatte mich sehr angesprochen. Ich dachte: »Genau das hättest auch du schreiben können!« Dies klingt vielleicht anmaßend, ist aber nur der Ausdruck dafür, wie sehr er mir verwandt war. Das alles hatte auch ich so geschaut, gelebt und gelehrt, und es war mir ein Beweis dafür, daß der Geist zu gleichen Zeiten an verschiedenen Orten dasselbe wirkt. Sicher noch an vielen andern. – Nun saß er mir am Frühstückstisch gegenüber, und es war eine eigene, hohe, uns beide tief ansprechende Freude, sich von seinem Schreiben im Reich Gottes erzählen zu dürfen. Sich darin ganz zu verstehen. Wie selten ist das! Denn christliche Schreiber sind eigentlich rar. Nun waren wir einmal zusammen und genossen es. Das heißt, der Herr segnete uns. In ihm, mit der Auffassung, im Dienst, in der Hingabe waren wir uns ganz einig. Dann ging er wieder. Wie kurz sind solche Augenblicke! Aber sie ermutigen, bestätigen, beauftragen. Das ist Erquickung.

Von verschiedenen Teestuben und Zentren kamen die Mitarbeiter und erzählten, was der Menschensohn dort getan hatte. Süchtige befreit, Gammler zurechtgebracht, Mithelfer erweckt. Das war groß. Daß Jesus aus der Dämonie des Rauschgiftes rausholt und aus ihnen Brüder und Schwestern werden läßt, war ein Beweis gegenüber der Zeit heute. Vieles besprachen wir, gerade auch, wie man in geschwisterlicher Gemeinschaft zusammenwächst und aushält.

Eine eben im Werden befindliche junge Schwesternschaft aus einem Nachbarland kam mit uns in Verbindung. Es war bewegend, ihre ersten Schritte des Glaubens und des Gehorsams zu sehen, diese unverfälschte erste Frische und Nähe zum Herrn mitzuerleben und sie zu beraten. Wie erfahren konnte man sich da vorkommen, und wir waren doch auch erst am Anfang und unterwegs!

Wie dankbar waren wir, gleich ihnen unseren Weg, wenn auch mit tastenden und zögernden Schritten, uns selbst vom Herrn erbeten und ihn gewagt zu haben. Diese Selbstständigkeit ist kostbar, für viele andere fruchtbar. Sie macht frei von Menschenabhängigkeit und Angst vor anderen. Das ist eine Gnade. Sie ist für alle da.

Eine weitere Gnade ist es, Menschen zu begegnen, welche in der Gegenwart innerhalb des Reiches Gottes ein Wort haben, einen Auftrag, eine echte, geschenkte Bedeutung. Da wir ja so etwas wie eine Kommunikationsstelle für die verschiedenen Gruppen geworden waren, begegneten wir auch einem uns oft beglückenden Vertrauen und hatten werte Gäste im Hause. Oder arbeiteten mit ihnen außerhalb zusammen. Der Leiter der »Bekenntnisbewegung – kein anderes Evangelium« in Deutschland sagte mir einmal mit liebendem Blick: »Gott erhalte Ihnen Ihren Humor!« Und auch ein anderer lobte Gott darüber, daß ich aus meinem früheren Ernst nun zu dieser aufgelegten Art gekommen sei. Manchmal erwidere ich eben dann: »Wer viel geheult hat, kann auch viel lachen.« Ein in der Bekenntnisbewegung und Allianz führender Pfarrer trat auf einer zentralen Zusammenkunft an mich heran, rieb seine Wange an meinem Rockaufschlag und murmelte etwas dazu. Auf meine Bitte wiederholte er es, und sah dabei zu mir auf: »Lieber Vater in Christo!« Ich war gerührt und beschämt. Das sind seltene Geschenke von Jesus. Er bedankte sich auch einmal für meine kleine Schrift über die »Kindlichkeit«. Sie habe ihm viel zu sagen gehabt. Wie froh war ich.

Zum zwanzigjährigen Gedenken der Erweckung hier kam der Bruder, der zu ihr das Werkzeug geworden war, wieder in die Gemeinde und sprach in ihr. In der Kirche traten die damals Erweckten zusammen mit der »Jungen Gemeinde« von heute heraus und sangen ein Lied. Als ich sie so ansah, kamen mir von ganz tief unten herauf die Tränen. Ich mußte diese Stöße in der Brust zu unterdrükken versuchen. Aber es ging kaum, und die Nässe floß. Welch ein Leiden war mit diesen Menschen verbunden! Ob sie es sahen? Ich dachte an andere, die um ihre Gemeinden weinten und an unsern großen Herrn.

Eine belebende Freude war es, mit dem Verleger von »Jesu Name nie verklinget« zusammenzuarbeiten. Das Buch hatte inzwischen seinen Weg bis nach Brasilien und Siebenbürgen gefunden. Es verdankte seine Wucht sehr der geistlich-musikalischen Initiative dieses Kenners und Könners. Wie schön ist es, gerade in der neueren jüngeren Generation solche Täter und Spurfinder anzutreffen, welche Fähigkeiten, Energie und Leistungsgaben mit echter Modernität der geistlichen Schau und mit Fortschrittlichkeit der Praxis verbinden. Wer sich etwa als junger Theologe der Zeit gegenüber durchsetzt, ist doppelt durch sie »gefeit«, wie man früher sagte, gestählt, erprobt, bewiesen. Das sind Kapitäne im Reich Gottes, Maßgebende, echt Beauftragte. Einige nachkommende Brüder gehören zu dieser Garde, so auch der, der bei meinem Buch »Bildung und Heiliger Geist« mitarbeitete. Ich bin dankbar dafür und sehe, daß der Herr schon für die Zukunft sorgt.

So ist auch mein Neffe Helmfried R. in die Reihe der Streiter getreten, den ich hier als Beispiel dieser Art aufführen möchte. Früher unübertrefflich in Motorradsprüngen, Schwierigkeitsfahrten, Mutproben, wortkarg und sachlich, wirbt er nun beredt und schlagkräftig Sportler für Jesus. Welch eine Gnade! Auch für mich.

Wichtige Folgen hatte die Bekanntschaft mit dem Leiter der ersten volltheologischen schrifttreuen Ausbildungsstätte im deutschsprachigen Raum. Er besuchte uns schon im alten Pfarrhaus und empfahl mir für meine Darmkrankheit seine Weizenkeim-Diät. Der junge Wissenschaftler reiste damals zur Ausbildung nach Holland und machte auf meine Frau und mich durch seinen Ernst und seine unentwegte Gesinnung für Jesus einen bewegenden Eindruck. Was ich schon in Beatenberg begriffen hatte, wurde mir nun durch diesen systematischen Neuansatz erst recht bestätigt: Die Stellung zur Schrift ist mit entscheidend für unsere ganze Fruchtbarkeit im Dienste Gottes. Die historische Grundeinstellung, die kritische

Sonde im Theologen macht diesen kaputt in seiner Wirksamkeit. Auch wenn er gläubig ist. Dies ist noch lange nicht genügend erkannt, gerade in Deutschland, und es bekannt zu machen, ist eine schwere und dringende Aufgabe. Die Mentalität bei uns ist so verdorben, das allgemeine Klima so verhindert und verbiestert, daß es einen wahren Entschluß kostet, dem entgegenzutreten. »Geistiges und geistliches Leben« war mein Sachtitel für die Arbeit, die sich mit diesen Dingen und gerade mit der Erscheinung des »Theologismus« beschäftigte. Ich sah hinter vieles, gerade auch hinter die Mächte, die hier alles fein und gründlich überlagern, und sagte manchmal zu mir: »Entweder sind die verrückt, oder bin ich verrückt«, so diametral auseinander lagen hier die Auffassungen. Was sollte ich da tönen? Aber es mußte gewagt sein. »Bildung und Heiliger Geist« war dann der endgültige Titel dieses Buches. Ich sagte beim Schreiben, wie auch schon öfter in früheren Fällen, etwa bei der »Herausforderung«: »Herr, wenn du mir das gegeben hast, kannst du es auch unter die Leute bringen!«

Meistens gehen ja meine Sachen von Hand zu Hand weiter und kommen langsam zum Zuge. »Ruf aus Indonesien« war hierin eine Ausnahme. Das wurde ein »Knüller«, ein »Bestseller«. Aber da war ich ja auch nur der Herausgeber.

Jedenfalls gehörte ein eminenter Mut dazu, diese Art volltheologische Ausbildung zu starten, und niemand wäre hier damit durchgebrochen, wenn nicht ein beauftragter Mann mit eisernem Willen. Bei uns Deutschen ist die Kritik groß, aber selten solche Taten.

Den Unterschied in der Denkweise empfand ich auf fast groteske Art, als ich auf einer Tagung meist gläubiger Pfarrer noch als Tagesgast dazustieß. Nachher sagte man, mein Distanzgefühl habe sich aus mangelndem Kontakt mit der laufenden Betrachtung über Jesus ergeben. Aber es war doch etwas anderes. Ein früherer Hörer des lehrenden Professors bestätigte mir, daß er selbst auch schon während des Studiums bei diesem eine gewisse Begriffs-Akrobatik empfunden habe. Es waren mehrere Bälle – Linien – gleichzeitig in der Luft. Vor mir vollzog sich ein kunstvolles Umgehen mit theologischen Beobachtungen und Vergleichen in höchster geistiger Steigerung. Konnte man das aber in bezug auf den leidenden Heiland tun? War diese Art Denken und Argumentieren für die Majestät seines Opfers und seines Eintretens für uns nicht einfach unsachgemäß? Ja, im Grunde abscheulich? Ich hatte alle Mühe, mich in diese hochkomplizierten, wenn auch frommen Gedankengänge hineinzufinden; mein Gehirn, aber auch mein innerer Mensch, streikten.

So konnte ich nicht mittun. War ich zu simpel, zu einfach geworden auf meinem Bauerndorf? In der Abgelegenheit einer theologisch einfach brutal-realistischen Existenz? Ich empfand einen tiefen Widerwillen, auch diesem lieben gläubigen Bruder gegenüber, wie er da mit Jesus umging. Mit meinem geliebten, armen Jesus.

Als ich nachher bei Tisch leise meine Bedenken anmeldete, meine Erfahrung andeutete, kam ich damit nicht an. Alle fanden das großartig, fromm, heilig, ganz der Sache entsprechend. Sie hätten wirklich etwas davon gehabt. Sie verstanden mich nicht. Oder ich sie nicht?

Auf der Heimfahrt unterhielten wir uns lange über diese Erfahrung. Es wurde uns klar: das kommt von der Stellung zur Schrift her! Sowie man letztere geistig handhabt, sie als Theologe »bearbeitet«, die übliche wissenschaftliche Methode und Denkweise auf sie anwendet, wird die Sache so. Und da fast alle in dieser leben, empfinden sie es als ganz entsprechend. Aber so kunstvoll kann man es nicht machen. Nie! Ich hatte einen anderen Sinn bekommen. Einen von Jesus her. Für Jesus. Und seinen Dienst. Einen neuen Ansatz!

Vieles hatte mich »umgepolt«: die Seelsorge, die Mission, das Zusammenleben mit den Geschwistern, die einfachen Realitäten der Schlacht für Gott, das Mühen um die Seelen und auch um die richtige Lehre, die Nöte mit dem Zeitgeist – gerade in der Theologie –, die Erfahrung mit meiner eigenen Sünde, dem Hochmut, der Verzagtheit, der Bedürftigkeit für Jesus. Alles dies hatte mich einen »andern« Jesus gelehrt, ein anderes Reden von ihm und ein anderes Denken über meinen Herrn. Es hatte mich die Schrift erkennen lassen in ihrer einzigartigen Wahrheit, Richtigkeit und Vollendung. Ich konnte nicht mehr deuteln, drehen, wenden, benutzen, ich mußte gehorchen. Mit einem Entschluß. Den habe ich getroffen.

Und das gibt neue Theologie.

Erfüllte Tage

Im »Birkenwald« saß ich auf einer Bank. Es hallte noch einmal in meiner Seele nach, was ich heute geschrieben hatte. Besonders über das Verzwirbelte und Verzwickte im geistlichen Leben und über die Erlösung davon. »O wie wunderbar ist das Einfache in Gott! Ich hab mal was über die Kindlichkeit geschrieben, das ging dahin«, stieg in mir ein Satz auf. Ich lernte ihn gleich auswendig, wie Solschenizyn den Wortlaut seiner Gedichte im Lager. Die genannte kleine Schrift kam auf Taubenfüßen, wie alles Schöne. In der Morgenfrühe, ehe ich aufstand. Auch der Aufriß des hier neuerdings Geschriebenen fand sich so ein.

Ich hatte den Herrn gebeten, mir den Abschluß meines Lebensberichtes zu geben, es lag zunächst alles so auf der Ebene des Gewöhnlichen, Ungestalteten vor mir. Nun füllte sich Blatt um Blatt der Skizze, so daß ich aufstand, für einen Atemzug frischer Luft durch den Garten schritt, frühstückte und ans Schreiben ging. Ich sah gleich, das gibt Stoff für zwei Tage. Und abends saß ich dann im Wald und konnte schon über diese erste entworfene Hälfte nachdenken.

Wie ich dort hinkam? Mit einem herrlichen, rotlackierten Ford. Er gehörte uns. Ein Missionar hatte ihn uns zum Kauf angeboten, dann schenkte er ihn uns. Auch wir sind ja am Schenken und Bekommen. Der junge Mitzeuge jener so ernst gemeinten theologischen Akrobatik hatte mir zugerufen: »Haben Sie schon unsern neuen Ford gesehen?! Wollen Sie eine Probefahrt machen?« – »Du kannst mich darin gleich zum Wald fahren!« Immer handeln! »Er ist sehr schnell! Er fährt 180!« betonte der Mitarbeiter zweimal. »Wir müssen aufpassen, daß wir keine großen Protzen werden, wenn wir in solchen Wagen fahren. Das ist eine Gefahr!« meinte ich. »Die schönen Häuser fressen uns sonst auf!«

Ohne Sicherungen

Mit Gott ist es immer ein Wagnis. Er läßt es nie zu, daß wir uns ihm gegenüber sichern. Er will uns so – ohne das – haben, ausgeliefert, hingegeben, ganz zur Verfügung. Das ist das Problem. Das ist die Lösung. Bis zum Ende.

Zwar schenkt er auch einige Sicherungen. Ich habe mich oft gefragt, und auch andere fragen mich, was wohl der Grund dessen ist, daß ich so lange am Leben bin. Ich kann es nur so verstehen, daß ich mit meiner reifen Erfahrung erhalten bleibe, bis alles »ausgeschaukelt« ist. Deshalb hat er mir ja auch diesen guten Arzt geschickt, der mich immer wieder »restauriert«.

Der Doktor ist ein Freund der Menschheit. An seinem Teil kämpft er gegen die zunehmende Verseuchung und Verschmutzung der Welt. Er erzählte mir, Piccard habe unter Wasser getaucht und habe in 300 Meter Tiefe das Absterben der dortigen kleinsten Meeresflora festgestellt. Von dieser käme ein Drittel des Sauerstoffes. Noch könne er, der Arzt, die Organschäden aus Vergiftung beheben, aber in zehn Jahren könne er das nicht mehr. Ich sagte: »Da ist's wie in der Apokalypse – Jesus muß wiederkommen, um die Welt zu reparieren.« Er schien eigentlich einverstanden.

Auch durch diese letzten Zeiten führt ein Glaubensweg. Viele befällt ein Grauen, und doch rettet Jesus auch da hindurch! Wie lange werden wir noch in unserer Halle bleiben? Und wer wird vielleicht einmal darin tönen! Mir ist es heute schon leid darum. Aber ich muß es Gott anheimstellen. »Weg hast du allerwegen.« Auch für uns. Jeden Schritt weiß er und gibt er. Auch durch Kerker.

Wir erziehen unsere jungen Menschen jetzt schon darauf hin. Sie lernen die Bibel auswendig, für den Fall, daß ihnen einmal das Buch weggenommen wird. Wir lehren sie, sich nicht zu fürchten, wenn sie vor hohe Gerichte geführt werden. Gott wird ihnen das rechte Wort geben, auch das, was ihnen aus der Schlinge hilft. Wir weisen sie an, auch von den hübschen Dingen Abschied zu nehmen, die uns umgeben, und ohne sie auszukommen. Der praktische Glaubensweg, von Tag zu Tag, von der Hand in den Mund, wird vielfach auch bei den Schülern gegangen als notwendige Vorübung, aber auch als notwendige Praxis und Gnade für heute.

Aus allen diesen meinen Erfahrungen ist mir klar geworden, wie nötig es ist, grundsätzlich und glaubensmäßig seine Existenz auch unter den heutigen Verhältnissen ganz im Vertrauen auf Gott hin zu führen. Ein Leben auf Sicherungen hin ist typisch bürgerlich. Neben dem Intellektualismus ist dies der größte Hemmschuh bei uns europäischen Christen. Jesus will uns freimachen. Das ist eine große Hilfe. Zum Verständnis der Schrift. Zu seinem eigenen Verständnis. Einmal wird wohl diese Lebensart zwangsweise kommen. Dann müssen wir geübt sein.

Einmal rief uns unser leitender Bruder in die Halle. Alles kam. Wir hatten vorher im Geschwisterkreis durchgesprochen, was wohl an Kosten vor der endgültigen Einweihung dieses großen Gebäudekomplexes anfällt, und was da echtes oder falsches Glaubensziel sei. Es war eine Unsumme. Wir sprechen nach außen nicht vom Geld, und manche meinen, wir hätten genug davon, etwa weil wir nun den ISMAEL-Dienst begonnen haben. Aus Glauben.

Abschnittsweise legten wir als Hausgemeinschaft alles vor Gott hin: die gestaffelten Sitzreihen der Emporen – auch die hatten wir anzuschaffen beschlossen –, den Kronleuchter, die Glasbalustraden – damit die Kinder nicht herunterfallen –, das Podium, die Verdunkelungsrollos, die Garderobe, die Klinkerverkleidung der Halle, die Rechnung des Dachdeckers, die des Maurers für die Plattenbekleidung der Vorplätze, die Zahlungsreste für die Heizung, Küche, Schwesternhausverputz, Straßenanschluß. Als Glaubensziel steckten wir uns noch für absehbare Zeit den Neuaufbau der Baracke zu einem Freizeitenheim – wir müssen bei jeder Tagung fast alle umziehen – und die Asphaltierung unserer Küchenzufahrt.

Wir flehten nach jedem der drei Abschnitte den Herrn an, trauten ihm das zu, was menschlich unmöglich ist, gerade in einer Zeit des wirtschaftlichen Rückgangs, und riefen den Sieg darüber aus. »Jesus ist« ja über alles »Sieger«.

Das stand an der Wand. Nun wurde es praktisch. Nicht zum erstenmal. Aber nun erst recht.

Es wurde uns eigentlich leicht über dem allem. Wir waren wieder im Glaubensstatus. Und alles wurde uns geschenkt.

Müssen wir nicht für alles andere genauso hoffen?

Es ist unsinnig – nach landläufigen Begriffen –, wenn wir unseren drei Ausbildungsjahren noch nahezu ein viertes angefügt haben, welches der praktischen inneren und äußeren Bewährung und verantwortlichen Mitarbeit dient. Wenn aber durch die ganze missionarische und seelsorgerliche Gestaltung unseres Unterrichts und unserer Lebensweise erweckliche Gnade und Leben aus Jesus eher gegeben werden, sollen wir dann nicht auf das eben Richtige vertrauen? Ist das nicht auch eine Spur für andere? Die Überbildung unseres Unterrichtswesens schreit zum Himmel! Wo ist Erwekkung? Dahin geht's! Das sind aber Randbemerkungen eines Redaktors zu dem Geschehen und den Lehren daraus.

Sollen wir nicht glauben, daß uns der Herr geeignete Lehrer zuführt? Entweder aus unserer Ausbildung selbst oder von außen? Nur solche können eigentlich letztlich hier mitreden und mitleben. Also vertrauen wir.

Ist nicht der Herr auch da, wenn die Schüler- und Mitarbeiterzahl wächst und die gewiß schöne Intimität des Anfangs scheinbar verlorengeht? Die Menschen fressen uns fast auf. Auch die von außen.

Wo bleibt da die Kraft und Muße für sie? Diese reichen dann immer wieder aus! »Als die Sterbenden, und siehe, wir leben!« Das ist ein stets wiederholter Durchgang. Wir müssen uns zu immer neuen Zielen verstehen, falls der Herr sie zeigt. Wenn es viele Lernende werden, bekommen wir auch viele Mitarbeiter. So ist dann wieder vermehrte Berücksichtigung anderer möglich. Gerade der älteste Jahrgang kann da einspuren. Wir haben durch ihn schon erstaunliche Seelsorge, auch auf Freizeiten oder Evangelisationen erlebt. Eine Gnade, die der Herr gibt.

Auch den Beistand, den benötigten, den betenden. Dieses große Haus möchte und kann wirklich das werden, was seit Anfang über ihm steht: »Ein Bethaus für alle Völker«. Bei einem der letzten Treffen hatten wir Gruppen amerikanischer Soldaten, koreanischer Krankenschwestern, indonesischer Studenten und Bauern aus dem Elsaß hier. Bei den ersteren befanden sich in den letzten Jahren zerstrittene Ehepaare, Rauschgiftsüchtige, Teufelsanbeter. Da war etwas Eindringliches nötig. Es wurde gegeben. Ich trat zu der letzten amerikanischen Gruppe in den Speiseraum und sagte: »Ich kann nicht gut Englisch. Aber ich liebe euch!« Sie sind immer wieder über die Liebe erstaunt, die sie hier finden – leider sonst oft in Deutschland nicht. Das ist von Jesus. Wir sind so froh darüber.

Sollte nicht Gott auch den weiteren Kurs der Bibelschule bestimmen? Hat er das nicht in den Händen? In dieser wirren Zeit? Wo auch die Verführungen über die Gläubigen kommen? Wo wir so viele neue Wege gegangen sind und gehen, ist stets auch die Gefahr des Abgleitens da. Wo wir mit dem Geist, dem Geist Jesu, dem Geist der Bibel, dem Geist von heute ernst machen, kann das auch Spiritualismus, einseitige Geistlichkeit werden. Aber vermag uns nicht Gott davor zu behüten? Gibt er nicht die Geschwister, die sich da gegenseitig tragen? Schenkt er nicht immer wieder die Erkenntnis durch das Wort, die weiterführt? Durch all den Wirrwarr? Er gibt sie! Das ist unsere Erfahrung.

Jedenfalls wollen wir nie vom Leben entfernt werden. Von ihm entfernt leben. Von Jesus, wie er ist. Er garantiert. Er ist der Seinen Herr. Nüchtern und ergeben gehören wir ihm.

Jetzt muß ich etwas ganz Tolles sagen: Von Anfang an legte sich mir für die Siedlung da auf dem Berg das Wort »Zion« nahe. Schon nach einer Gemeinschaftsstunde in der alten Kinderschule, die in ihrer Geschwisterlichkeit und Nachfolgewirklichkeit eine eigentümliche Herrlichkeit ausstrahlte, ging es mir durch den Sinn: »Aus Zion bricht an der schöne Glanz Gottes.« Wie dankbar wurde ich für hier. Freilich dachte ich, und das ist wohl richtig, daß eigentlich alle Gemeinden und Gruppen für Jesus eine solche eigenartige Ausstattung und Ausstrahlung haben sollten und können. Am Anfang rief ich oft: »Man kann auch statt Adelshofen Jesushofen sagen!« Ich meinte damit, *jede* Gemeinde sei berufen, eine Jesusstätte zu sein und habe gar keinen speziellen Ruhm. Also ist »Zion« ein eigentlicher Name für alle Jesuskreise, sich widerspiegelnd in jener endzeitlichen goldenen Stadt, die zugleich Gemeinde und Bauwerk ist – Zion. Aber sei dem, wie dem sei, unsere Berufung ist es.

Nun habe ich Unzulänglicher große Worte gesprochen. Und meine Geschwister werden sagen: »Lieber nicht!« Aber soll man sich nicht auch zu Berufungen bekennen, im Glauben? Allzuviel davon geschieht nicht unter Christen. Gehört es aber nicht einfach dazu, zu unserem Jüngersein? Ich empfinde es so. Gewiß ist es schwer, wie ich schon öfter sagte, sich selbst zu beurteilen – das wird sich erst herausstellen – und gewiß ist auch stets die Möglichkeit des Versagens, des Rückganges, des Abgleitens gegeben. Aber muß man da nicht einfach im Glauben hinein- und durchgehen? Wer gibt uns Garantie? *ER* ist Garantie! Er hat uns schon oft herumgeholt.

Manchmal denke ich: Wie es wohl am Ende bei mir gehen wird? Der Ausgang kommt ja. Und mir ist bange davor. »Sterben ist eine schwere Buß' – weh', daß ich sterben muß.« An dieses Wort des alten Volksliedes habe ich schon oft gedacht. So schön ist das Leben, trotz alles Schweren, und ich habe Rubinstein wohlverstanden, wenn er das Leben liebt, nur weil es eben Leben ist. Egal, wie es ist. Es ist geschöpflich, aus Gottes Hand, und eine allererste Gnade und Gabe. Gerade wenn man es tief fühlt, wie ich, ist es einem besonders kostbar, dies Leben. Ob ich's meinen Söhnen und Enkeln vererbe, dieses Lebensempfinden?

Sie lieben mich und kommen mir darin stets näher. Aber wenn dann der Faden reißt, wie wird das sein? Manchmal streikt auf meinen Gängen etwas das Herz. Ich stehe still und denke: »Wenn du jetzt hier auf der Straße umfielest? Wäre das dann das Ende?« Es ist doch etwas unheimlich.

Aber ich weiß: Es wird dann auch nicht anders sein als sonst. Es muß halt geglaubt werden. Ich habe erfahren, daß die Anwesenheit des Herrn nicht immer so dick aufgetragen ist, wie sie es gelegentlich herumposaunen. Er ist durch viele Wüsten und Paradiese mitgegangen, eigentlich kaum festzustellen. Nachher hat man's gewußt, oder auch im Gebet ihn dagehabt. Er ist aber unsichtbar und bleibt unsichtbar, was man glauben muß. (Ich möchte es oft gerne mit Händen fassen, als Wissenschaftler. Das geht nicht.) Nach all den Durchgängen und Proben schaue ich manchmal verlangenden Auges nach jener Welt der leuchtenden Kleider. Auch dahin werd' ich unsichtbar geleitet werden. Aber ich werde ankommen.

Literaturverzeichnis

I Vom Verfasser sind früher erschienen:

1935 Das evangelistische Wort
Pneumatologie und Psychologie der evangelistischen Bewegung, Träger, Rede und Versammlung
Bertelsmann, Gütersloh
1953 2. Auflage
1974 3. Auflage, Hänssler, Neuhausen-Stuttgart
1937 Die Wiedererweckung der Kirche
Von der innerkirchlichen zur missionarischen Haltung
Klotz, Leipzig
1939 Ruf zur Seelsorge
Klotz, Leipzig
1946 Der Ausweg aus der seelischen Not der Gegenwart
Christlicher Zeitschriftenverlag, Berlin
1947 Die seelsorgerliche Begegnung
Bertelsmann, Gütersloh
1956 Illusion um Gott
Brockhaus, Wuppertal
1958 Erweckung heute und ihre Botschaft an uns
Brockhaus, Wuppertal
1961 Dänische Übersetzung

II Im Manuskript liegen vor

Die innere Geschichte der Kirche; Rückgänge und Einseitigkeiten, Anliegen und Erneuerungsfaktoren der Kirchengeschichte, 735 S.
Kultur- und Weltgeschichte aus christlicher Schau, 851 S.

III Im Buchhandel erhältlich:

1962 Ruf an alle – George Whitefield
Brockhaus, Wuppertal
Paperback-Ausgabe Schriftenstelle Lebenszentrum Adelshofen, Eppingen
1962 Liedersammlung »Jesu Name nie verklinget«, Band I
1969 Band II
1974 Band III
Hänssler, Neuhausen-Stuttgart
1967 Erwecklich singen?
Wert und Bedeutung des erwecklichen Liedes
Frohe Botschaft im Lied, Wetzlar
1968 Mission oder Tod
Persönlicher missionarischer Einsatz als Lebensnotwendigkeit

für den einzelnen und für die Gemeinschaft
Ev. Gesellschaft für Deutschland, Wuppertal
1973 2. Auflage, TELOS-Taschenbuch Nr. 47
1971 Ruf aus Indonesien
Ansprachen von P. Oktavianus und Brüder Scheunemann
TELOS-Taschenbuch Nr. 9
Hänssler, Neuhausen-Stuttgart
1972 2. Auflage
3. Auflage
1972 Herausforderung an die Gemeinde
Der erweckliche Geist und die Lebendigkeit der Gläubigen
TELOS-Paperback Nr. 1011
Hänssler, Neuhausen-Stuttgart
1972 Geschaffen aus dem Nichts
Bericht über das Werden des Lebenszentrums Adelshofen
Verfaßt von der Kommunität Adelshofen
Verlag Lebenszentrum Eppingen-Adelshofen
1974 Bildung und Heiliger Geist
TELOS-Paperback Nr. 1045
Hänssler, Neuhausen-Stuttgart
1974 Das evangelistische Wort
3. Auflage, unverkürzter Neudruck der 1. Auflage
TELOS-Wissenschaftliche Reihe Nr. 4006
Hänssler, Neuhausen-Stuttgart
1975 Leben unter Gottes Führung
TELOS-Taschenbuch Nr. 90
Hänssler, Neuhausen-Stuttgart

IV Kleinere Schriften

bei der Schriftenstelle des Lebenszentrums Adelshofen,
7519 Eppingen, erhältlich:

1965 Vollberuflich für Jesus
1966 Theologismus und Pastorismus
als Hindernis der Erweckung und der Nacharbeit
und ihre Überwindung
1970 Wie behalten wir Anteil an der lebendigen Bewegung des Reiches Gottes?
1971 Von der Kindlichkeit
1971 Konkreter Glaube
1971 Wunder heute
1972 Von Gott geführt
1972 Angepaßtes Christentum
1972 Sei ganz getrost fromm!
1973 Die große Scheidung
1973 Der Sinn des Lebens
1974 Wie das Liederbuch »Jesu Name nie
verklinget« entstand
1974 Gebete werden erhört
Geschichte des Lebenszentrums Adelshofen
1975 Bekehrung – Phantom oder Wirklichkeit?

Soli deo gloria

Ein Nachwort

Ich hatte das Vorrecht, Pfr. Dr. Riecker die letzten 30 Jahre seines Lebens zu begleiten. Eben gerade in der Zeit, als »mit 60« noch einmal ein entscheidender Lebensabschnitt für ihn beginnt. Wo andere an ihren Ruhestand denken, bricht für ihn die eigentliche Lebenserfüllung noch einmal ganz neu auf. Als sein »Adjudant«, seine »rechte Hand«, habe ich ihn aus nächster Nähe miterlebt, Freude und Leid mit ihm geteilt und echte Bruderschaft erfahren. Sehr bald wurde er mir ein geistlicher Vater, dem ich zeit meines Lebens viel verdanke. Seine unverblümte Art sich zu äußern, mir teil zu geben an seinem Erleben, hat mich tief beeindruckt. Er war einfach eine »ehrliche Haut«, aufrichtig und tief empfindend. Ein Künstler-Typ. Ein Nonkonformist.

Obwohl er sich auch als 80jähriger noch sehr für die Entwicklung in seinem Lebenswerk, die Bibelschule, verantwortlich fühlt, hat er uns als junge Mannschaft doch schon sehr früh mit in die Verantwortung hineingenommen. Er kann loslassen, abgeben, Raum schaffen, so daß wir als Mitarbeiter in seiner Umgebung Eigeninitiative entwickeln können. Teamwork ist ihm Herzensanliegen auch in dem wachsenden Zentrum. Er macht es sich zum Prinzip, Entscheidungen abzusprechen und nicht als Chef eigenmächtig zu handeln.
1984 übergibt er dann offiziell die Leitung an uns als junges Team. Er begleitet weiter das Unternehmen, geht durch die Häuser, hält hier und dort ein Schwätzchen und betet im Stillen für die weitere Entwicklung. Auch im hohen Alter bleibt Otto Riecker für das öffentliche Leben aufgeschlossen: Engagiert verfolgt er die Vorgänge in Politik und Kirche. Regelmäßige Spaziergänge, gesunde Ernährung und das Bemühen, gottferne Menschen für Jesus zu gewinnen, halten ihn fit. Nicht zuletzt auch sein Umgang mit der jungen Generation an der Bibelschule.

1984 erscheint auch noch aus seiner Feder eine 400 Seiten umfassende kirchengeschichtliche Studie: »Kirche und Christen im Wandel der Zeiten«. Symptomatische Ereignisse werden skizzenhaft dargestellt, Folgerungen und Perspektiven aufgezeigt, um so die Vorgänge der Gegenwart verstehen und deuten zu können.
Eine besondere Freude ist es für den Hochbetagten, daß er seinen 90. Geburtstag noch bewußt erleben kann. Seine geistliche Familie, die Kommunität, überreicht ihm aus diesem Anlaß einen Sammelband mit dem Titel: »Ganz ungeniert«. Persönliche Erfahrungen mit ihm, wie

auch Grundsatzartikel namhafter Persönlichkeiten füllen das Buch. Viele Zeitgenossen gratulieren ihm an diesem Festtag und bewundern seine Vitalität, sein Interesse, ja seine Unmittelbarkeit der Liebe zu Gott und den Mitmenschen. Als er bei diesem Festakt vor das Mikrofon tritt, sagt er nur wenige Sätze, die allen unvergeßlich bleiben: »Soli deo gloria, Gott allein die Ehre«. Er erinnert daran, daß dies Johann Sebastian Bach unter alle seine Werke schrieb. Das ist dem Jubilar wichtig, das soll über seinem Leben stehen.

Wie er seine Situation als 90jähriger erlebt, reflektiert er in einem kleinen Artikel: »›Mit meinem Gott kann ich über Mauern springen!‹ Das gilt sogar noch von mir 90jährigem. Zwar ›täpple‹ ich oft wie ein richtiger alter Mann, aber der Geist ist doch frisch geblieben. Sowie ich ein bißchen japsen kann, geht das Pferd eben gleich wieder los, und ich muß mit meinen treuen Begleitern (meist Zivis) immer wieder gucken, wie ich mit meinen Kräften durchkomme. Nicht zuviel und nicht zuwenig auf einmal! Das ist mir zwar oft lästig, und ich brauche sehr viel Geduld mit mir selbst. Aber ich habe schon viel davon gelernt!«

Das 92. Lebensjahr wird doch zunehmend beschwerlich. Es geht auf und ab. Er schreibt einmal selbst davon: »Eine Durchblutungsstörung der Herzkranzgefäße, die noch vor Wochen meist nach Mitternacht einsetzte und mir und meiner Umgebung manche Angst verursachte, ist auf vieler Menschen Bitten hin wieder ausgeblieben, so daß ich durchschlafen kann. Wie groß!«
Dann geschieht es während eines Erholungsaufenthaltes in Bad Herrenalb im August 1989: Er bekommt einen Schlaganfall und wird sofort nach Karlsruhe in das Diakonissen-Krankenhaus Rüppurr überführt. Es folgen drei Wochen intensiver Begleitung durch die Ärzte und Krankenhauspersonal, wie auch durch die Schwestern und Brüder der Kommunität. Das, was ihm seit seiner Bekehrung zu Christus immer wichtig war, leuchtet jetzt im Sterben verklärt auf. Mit gebrochener Stimme sagt er: »Jesus ist mein Retter ... Erlöser. Ich lebe von seiner Gnade ...« Das war seine Botschaft gewesen, auf der Kanzel, im seelsorgerlichen Gespräch. Das war sein Thema, wann immer er konnte, verkündigte er den Sühnetod Jesu. Daran hielt er sich selbst – und nun auch im Sterben. Er bittet um das Lied: »Mir ist Erbarmung widerfahren, Erbarmung, derer ich nicht wert ...«
Am 9. September 1989 geht er dann ganz im Frieden heim in der großen Freude auf die Herrlichkeit bei Jesus. Über die Traueranzeige schrieben wir das Bibelwort, das sein Lebensmotto war: »Ich wußte unter euch nichts als Jesus – und den als Gekreuzigten.« Ein Leben war vollendet. Nein, es hatte gewiß nicht erst mit 60 begonnen. Die Jahrzehnte bewegter Jugend und reichen Dienstes in den mittleren Jahren

gehörten dazu. Aber es ist ein Geheimnis: Gott bereitet seine Werkzeuge oft durch einen langen Prozeß mit seinen Höhen und Tiefen menschlicher Existenz zu, bis sie dann zur eigentlichen Aufgabe kommen. In diesem Sinne hat für Otto Riecker seine Lebenserfüllung mit 60 begonnen und sich noch einmal reich entfaltet. Wie oft wurde dem alternden Kämpfer das Psalmwort gesagt, das in besonderer Weise auf ihn zutraf: »Wenn sie auch alt werden, werden sie dennoch blühen, fruchtbar und frisch sein, daß sie verkündigen, wie der Herr es recht macht.«

Peter Lohmann,
Leiter des Lebenszentrums Adelshofen